你哪儿也去不了……

欢迎来到 UNCUT 的《经典摇滚音乐指南：鲍勃·迪伦》

1973 年年初，著名音乐杂志 *Melody Maker* 的采访记者 Michael Watts 和电影《比利小子》(*Pat Garrett & Billy The Kid*) 的几位演职人员搭飞机从杜兰戈去墨西哥城。坐在 Watts 过道对面的，是即将成为本片主演的电影演员 Kris Kristofferson。他人不错，正大方地和 Watts 分享一瓶尊美醇威士忌。Kristofferson 后面坐着另一位演员，草帽盖着脸。虽然在拍摄现场他和 Kristofferson 共用一个休息车，但他也可以连着好几天不和这个"朋友"讲一句话。他当演员没多久，对于他这种病态的戒心，剧组的公关人员做出的评价是："非常无礼。"为了 Sam Peckinpah 导演的这部片子，他被迫改名叫 Alias。"这人什么都会。" Kristofferson 惊叹道，"剧本里要求他扔一把飞刀，这其实挺难的，可他学了十来分钟就扔得'嗖嗖'的。他会做很多令你完全意想不到的事。他会玩西班牙风格的音乐，像是波萨诺伐舞曲和弗拉门戈调……有一天晚上，他弹了一首弗拉门戈的曲子，他妻子 Sara 说她从来不知道他还有这一手。"

可能是借了点酒劲儿，Watts 坦白地告诉 Kristofferson，自己其实挺怕和这个谜一样的男子说话的。"天哪，哥们儿！" Kristofferson 嚷嚷道，"你怕什么？我才怕呢，我正和这人一起拍电影呢！"

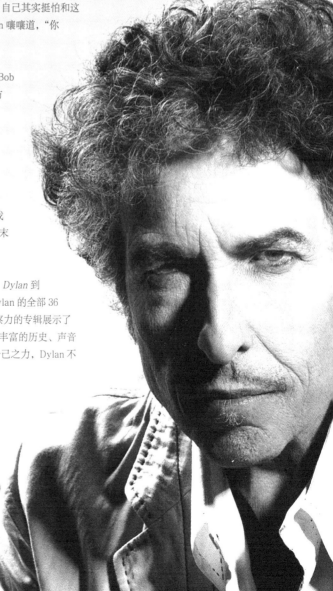

可怕、神秘、使人困惑又令人畏惧。大半个世纪以来，Bob Dylan 用他充满魅力的奇异之感征服了世界，几乎所有效仿者都被笼罩在他长长的阴影之下。为这位伟大的音乐人编纂《经典摇滚音乐指南：鲍勃·迪伦》是一项十分艰巨的任务，我们花了很长时间搜集整理素材，直到现在才推出这本诚意之作。在接下来的内容中，我们翻遍 *NME* 和 *Melody Maker*，带你探寻摇滚史上最让人捉摸不定的天才，重温多年来 Bob Dylan 与我们共度的珍贵时光，看他是如何从一个在梅费尔酒店抱怨着"为什么人们总是对我鸡蛋里挑骨头"的天真大男孩儿，一步一步变成后来预言末日将至、"撒旦无处不在"的啰嗦"先知"。

作为这些档案资料的补充，从 1962 年第一张同名专辑 *Bob Dylan* 到 2015 年最新的 *Shadows In The Night*，我们还专门为 Dylan 的全部 36 张传奇专辑撰写了全新的深度解析。这 36 张勇敢而有洞察力的专辑展示了 Dylan 一生无与伦比的创造力，它们一次又一次地把美国丰富的历史、声音和荒诞故事抽离出来，描绘得新鲜又刺激。几乎是凭借一己之力，Dylan 不止一次用这些专辑革命性地改变了美国的文化。

"*Tombstone Blues* 证明 Dylan 没有完全放弃'抗议音乐'，反而扩大了反抗的范围，更准确地反映了现代西方文化中那令人不安的超现实 (hyper-reality) 的部分。" Andy Gill 在一篇教科书般的文章中这样评价专辑 *Highway 61 Revisited*，"这种转变，后来改变了艺术家和观众对于自己与世界关系的认知。这是摇滚乐的壮举。"

目录

专辑回顾

经典访谈

图书在版编目（CIP）数据

鲍勃·迪伦 / 英国UNCUT编辑部著；乐童翻译组，宋世超译.
— 北京：北京联合出版公司，2016.12（经典摇滚音乐指南）
ISBN 978-7-5502-7296-5

Ⅰ.①鲍… Ⅱ.①英… ②乐… ③宋… Ⅲ.①迪伦，B.–生平事迹 Ⅳ.①K837.125.76

中国版本图书馆CIP数据核字(2016)第057782号

经典摇滚音乐指南：鲍勃·迪伦

作　者：	英国UNCUT编辑部	译　者：	乐童翻译组–宋世超
校　译：	甘雨	特约审编：	李英松 毛以为 董晓娣
出品人：	唐学雷	总策划：	马客
出版监制：	郭小寒	选题策划：	联合天际 乐童音乐
项目统筹：	曾紫悦	特约编辑：	李鹏程 冯瓦特
责任编辑：	李伟 刘凯	视觉传达：	付禹霖 詹盼
商务执行：	唐清亮 张爱华	美术编辑：	裴雷思

未讀 | 艺术家

联合天际Club
官方直销平台

关注乐读
立体阅读 多元聆听

北京联合出版公司出版
（北京市西城区德外大街83号楼9层 100088）
北京联合天畅发行公司发行
北京联兴盛业印刷股份有限公司印刷 新华书店经销
字数144千字 787毫米×1092毫米 1/16 8.5印张
2016年12月第1版 2016年12月第1次印刷
ISBN 978-7-5502-7296-5

定价：68.00元

发行日期 19 | MARCH | 1962

BOB DYLAN

· 鲍勃 · 迪伦 ·

一个疯狂崇拜 Woody Guthrie 的野嗓寓言家?
每个人总要有个起点……

JIM WIRTH

1961 年 1 月, Bob Dylan 来到纽约。正如后来他在 *Talkin' New York* 中表明的, 那是 17 年来纽约最冷的一个冬天。这位满怀抱负的 19 岁民谣歌手此行有两个目的 : 一是与偶像 Woody Guthrie 见面, 当时 Guthrie 在医院日渐憔悴, 只有周末才能出门 ; 二是奔赴格林尼治村参加各种音乐现场。他第一站去了 Café Wha?, 这是造就民谣音乐繁荣文化的众多酒吧和咖啡厅之一。接下来的几个月, Dylan 的名气逐渐飙升, 他那难以掩饰的才华和狂放不羁的性格, 让他结交到了格林尼治村的很多音乐先驱, 包括 Dave Van Ronk、Tom Paxton 和 Liam Clancy 等。

"Dylan 无处不在, 任何时间、任意一间咖啡馆, 你都能看到他在演出。" The Greenbriar Boys 的 John Herald 回忆道, "你根本躲不掉他。" 当然, 并不是所有人都欣赏他。Dylan 接触了 Vanguard、Elektra 和 Folkways 等民谣厂牌, 还联系了杂志《大声唱》(*Sing Out!*), 希望得到他们的报道, 但都被断然拒绝了。其中一些人认为, 他不入流的出身(他是生于新墨西哥州的孤儿, 混迹狂欢节讨生活)会令人厌烦而不是充满魅力 ; 另一些人则认为他不过是个盗版 Guthrie, 无论是他的黑色灯芯绒帽子, 还是伪装出来的俄克拉何马州的乡下口音。然而, 事实证明 Dylan 赢了。哥伦比亚唱片公司的制作人 John Hammond(正是他一手发掘了 Billie Holiday)在歌手 Carolyn Hester 的一次录音中注意到了 Dylan, 当时 Dylan 担任口琴伴奏。歌手 Odetta 精明的经纪人 Albert Grossman 也和 Dylan 建立起联系。Dylan 还有一位粉丝 Robert Shelton, 是

《纽约时报》的评论家, 他为 Dylan 写了一篇极富溢美之词的乐评, 正好在 Hester 录音的同一天发表。于是 Hammond 很快就签下了他。

几周之后, Dylan 花了 3 个下午的时间录制他的第一张专辑。他总共录了 16 首歌, 最终选了其中 12 首。此前几周, Dylan 一直在重新修订自己的全部曲目, 但这些歌主要是合并改写别人的老歌——虽然这段时间里他也写了一些新歌——所以整张专辑刚刚完成就已经过时了。仅仅一个月后, 他又做了一次为时 2 小时的非正式即兴录音, 但其中几乎没有一首 *Bob Dylan* 中的曲目。尽管 Hammond 的权力很大, 但这张唱片的发行还是遇到些阻碍。哥伦比亚唱片公司对这位新人(他们称之为 "Hammond 干的蠢事")不是很满意, 尤其是整张专辑连一首能拿来做单曲的歌都没有, 媒体也反响平平, 除了懂行的艺术评论杂志《村声》(*Village Voice*)称赞这张专辑是 "爆炸式的乡村布鲁斯首秀" 外, 其他媒体都很诧异 Dylan 的破嗓子和描述厄运来袭的布鲁斯歌曲, 是如何跻身由真诚而形象健康的 Joan Baez 领衔的民谣音乐界的。

Bob Dylan 的形象一点都不健康(1961 年的他是出了名的邋遢), 但他的演出相当迷人。他为自己翻唱的那些歌曲赋予了急切和痛苦的色彩, 而他自己的作品又带着古怪的幽默。同时, 他的口琴技巧之高也颇为不同寻常。第一张专辑中的大部分歌曲几乎是录了一遍就过, 充分捕捉到了他的特质。整张专辑的基调很冷峻 : Bukka White 的 *Fixin'*

To Die、Blind Lemon Jefferson 的 *See That My Grave Is Kept Clean* 以及福音标准曲 *In My Time of Dyin'*……对于一个 20 岁上下的健康小伙来说，这些歌显得有些黑暗和深沉，但它们带着边缘生活的气息。

House Of The Risin' Sun 写的是一个被迫出卖肉体的女人，感到极度的"罪恶和痛苦"，十分黑暗而深沉。Dylan 知道这首歌，但它独特的编曲出自 Van Ronk 之手。尽管 Shelton 在乐评的翻唱注脚中提到了这点，但收录这首歌还是毁掉了 Dylan 和 Van Ronk 的友谊。这可能也表明两个非常优秀的翻唱版本都或多或少借鉴了成名歌手的演绎。另一首歌 *Baby Let Me Follow You Down* 则如 Dylan 自己在歌曲开头介绍的，是在"哈佛大学的绿草地上"从 Eric Von Schmidt 那里学来的，而后者的版本则是从 Reverend Gary Davis 那里学的，不过 Dylan 的编曲更加优雅。另外几首翻唱歌曲就算不在 Dylan 的常备曲目中，也都是民谣界的标准曲目。*Man Of Constant Sorrow* 被 Judy Collins 翻唱后一炮而红；*Pretty Peggy-O* 是一首叙事歌谣，这里的版本格外欢快，Baez 以及 Simon & Garfunkel 都翻唱过；*Gospel Plow* 早已是 Odetta 的重要曲目；John Lair 的乡村歌曲 *Freight Train Blues* 则可能是 Dylan 听了 Hank Williams 的版本后才知道的。Jesse Fuller 的 *You're No Good* 是一年前 Dylan 去丹佛的路上跟这位加州布鲁斯艺术家学的。这些歌都融合了抑扬顿挫的口琴声和不怎么特别的吉他声。可以说，"作曲家"Dylan 已经上路，但尚未成熟，"词作家"Dylan 也是如此，即

便两首原创作品已经将他的处子秀推向了更高的境界。正如他在 *Talkin' New York* 中所展示的：宛如交谈，娓娓道来，冷嘲热讽，口白布鲁斯（talking blues）这种风格再适合他不过了（他还写了好几首类似的歌词）。这首歌从 Woody Guthrie 那里借鉴良多，主要使用了 *Talkin' Columbia* 的结构，还借用了 *Pretty Boy Floyd* 这首歌里的一句歌词（"有些人是用钢笔来抢劫"[Some people rob you with a fountain pen]）。这首歌讲述了 Bob 如何试图打入纽约的民谣圈子，但圈子里的人却告诉他"你唱得像个山地佬"。不过，鉴于他之前 9 个月过得挺轻松，所以其实也没什么好抱怨的。

Song To Woody 的意义更加重大。一个周末，Dylan 在 Bob 和 Sidsel Gleason 夫妇家中和 Guthrie 初次会面之后，写下了这首歌。旋律取自 Guthrie 的 *1913 Massacre*，比专辑中任何一首歌都更为温和。Dylan 怀着罕有的谦卑之心，向这位伟大的美国吟游诗人及其同路人亲切地致敬。这首歌还带有一丝政治色彩，Dylan 意识到，"一个奇怪的旧世界正在到来……好像就要死掉，又好像还没出生"（A funny old world that's coming along... It looks like it's dyin' and it's hardly been born）。*Bob Dylan* 这张专辑是一个好的开始，但也仅此而已。Dylan 本人、他的制作人以及新经纪人 Grossman 都清楚这一点。虽然由于未得到哥伦比亚唱片的支持，这张专辑的销量很不理想，但实际上在它刚刚开始发行之时，Dylan 就已经迈出了下一步。

发行日期 27 | MAY | 1963

THE FREEWHEELIN' BOB DYLAN

· 放任自流的鲍勃·迪伦 ·

一位新的大师悄然而坚定地代表新一代要求接管世界。

JIM WIRTH

1963 年 12 月 13 日，Bob Dylan 带着怒气出席了美国紧急公民自由委员会的年度权利法案晚宴，并接受 Tom Paine 奖。他的情绪是大西洋两岸的人都能理解的。他对获得这个奖感到不太舒服，因为得奖原因是委员会认为他对激进运动做出了贡献。于是，22 岁的 Dylan 着手毁掉这个夜晚。他先是多少有些拙劣地嘲笑了老左派们的光头，接着嘲笑开始火上浇油：他谈起 22 天前刺杀约翰·F. 肯尼迪总统的 Lee Harvey Oswald，对他的弑父冲动表示出同情之心。"对我而言，已经没有任何白人或者黑人，左派或者右派的概念存在了。"Dylan 痛斥道，非常成功地终结了成为激进派宠儿的可能性。"对我而言，只有向上和向下。向下就是靠近地面，所以我要努力向上，根本没工夫考虑其他破事儿，比如政治。"

如果说他的首张个人专辑受惠于 Woody Guthrie（就连他在专辑封面上戴的那顶帽子也算）和美国传统激进词曲的话，The Freewheelin' Bob Dylan 则记录了他和那个旧世界散伙了。这张唱片是从过去一年中 8 次单独的录音中拼凑出来的，捕捉了一个艺术家的剧烈转变、提炼与重塑自我的过程。第一版几乎都要上架的时候，哥伦比亚唱片公司担心歌曲 Talkin' John Birch Blues 可能会遭到法律诉讼，紧急把这首歌撤了下来。趁着这个机会，Dylan 和他的新经纪人 Albert Grossman 又删掉了 3 首老掉牙的歌——Rocks And Gravel、Let Me Die In My Footsteps 和 Gamblin' Willie's Dead Man's Hand。取而代之的是 Talkin' World War III、Masters Of War、Girl From The North Country 和 Bob Dylan's Dream，简直像是用火箭换掉了长号。

Dylan 在那次权利法案晚宴上还含糊地说了这么句话："我花了好长时间去成为一个年轻人，但现在我认为我很年轻，并为此骄傲。"这是 Dylan 黄金时代的第一张专辑，尽管其中的 Oxford Town 还是老式的民谣体事件报道，也收入了好几首模仿传统风格的歌曲（如 Down The Highway 和 Bob Dylan's Blues），但它执着于青年，因此才彻底地把握住了自己的时代。

"一个男人要走多少路才能称得上男子汉？"（How many roads must a man walk down before you call him a man?）Dylan 在 Blowin' In The Wind 的第一句这样问道，悄然而坚定地代表新一代，要求接管这个世界。Masters Of War 又回到了相同的主题，尽管是以一种可以供 Peter, Paul & Mary 用来争取金曲榜头名的方式。Dylan 认为核时代的怪兽不是从左派或右派中产生的，而是从无能为力导致的犬儒主义中产生的。充满希望的激进分子也许会把 Masters Of War 和 A Hard Rain's A-Gonna Fall 作为 Dylan 至今为止最有力的政治宣言——就像对于 1962 年 10 月的古巴导弹危机和美苏"相互威慑理论（MAD）"幽灵的启示录般的回应。不过，A Hard Rain's A-Gonna Fall 无疑更加诡异。愤怒的 Dylan 描绘着种种细节，令人

目眩的画面如同一部核冬天的动物寓言集："我见到一个新生婴儿被野狼团团包围"（I saw a newborn baby with wild wolves around it），"我见到一个年轻女人，她的尸体正在熊熊燃烧"（I met a young woman whose body was burning）；但也同样像是在模仿充满狂热谵妄的《启示录》，比如"我见到一个牵着黑狗的白种男人"（I met a white man who walked a black dog），"我见到一个年轻女人，她给了我一道彩虹"（I met a young woman, she gave me a rainbow）。这些歌词也许如宗教仪式中无人知晓其意的自语，但这语言本身依旧是神圣的。想想看，又过了多少年，其他"流行"艺人才能写出如同"在那里黑色是唯一的颜色，零是唯一的数字"这般模糊而又令人畏惧的词句，你会惊叹的。

当然，Freewheelin' 也有它平庸的部分，不过 Honey, Just Allow Me One More Chance、I Shall Be Free 和 Talkin' World War III Blues 里那种闹剧般的趣味，却是 Bob Dylan 正在摒弃的。"他刚出道的时候幽默顽皮，像是 Woody Guthrie 和 Harpo Marx 的结合体，他用自己的性格作为这两种风格的融合剂。"Dylan 当时的女友、唱片封面的女主角 Suze Rotolo 回忆道，"正是那份玩世不恭的态度吸引了最初的一批观众。但渐渐地，他不再需要那种把戏了。"

1963 年后期的 Bob Dylan 变成了一个不再极度渴求被人喜爱的艺术家。看看这触动人心的封面——在那个洋溢着青春、乐观和雪花的纽约清晨，一个男人走在路上，看起来对任何触碰他的人、任何对他有所要求的人，都怀着深深的矛盾态度。

这份冷漠为 Freewheelin' 带来了两首经典的爱情歌曲。应该是从几位旧情人那里得到的灵感（也许是 Echo Helmstrom 或 Bonnie Beecher）。Girl From The North Country 是一幅忧郁的自画像，描述了布满灰尘的旧爱。歌词很美："如你远去，风雪肆虐，河流冰封，夏日将尽。"（If you go when the snowflakes storm, when the rivers freeze and summer ends.）但其中没有愉快或悔恨，更多是放弃幼稚感情的决心。

另一方面，Don't Think Twice, It's Alright 则把感情色彩隐藏得很深。据说因为 Rotolo "背叛"他跑去意大利学习，Dylan 把怒气全部发泄在这首古老的歌谣里，但又用一种冷漠的口吻小心翼翼地把它掩藏起来。"亲爱的，亮起你的灯是没有用的。"（An' it ain't no use in turnin' on your light, babe.）他唱道，冷酷而伤怀，"我走在道路黑暗的这一旁"（I'm on the dark side of the road）。

随着事业的腾飞，这就是 Dylan 对自己最终的定位——圆滑、冷漠、不讨喜也不被人理解。不是任何人的继承人，也不是任何人的点缀，他只是自己命运的主宰。

THE TIMES THEY ARE A-CHANGIN'

· 改变的时代 ·

作为抗议歌手的 Dylan 被奉上神坛的传奇之作
"把眼光放长远，机会不会再来……"

PETER WATTS

1963 年 8 月 28 日，Bob Dylan 暂停了第三张个人专辑的录制，转而去了 20 世纪最重大事件之一的华盛顿大游行上表演。游行中，马丁·路德·金发表了著名演讲《我有一个梦想》，而 Dylan 似乎也就此确立了自己作为美国白人社会良知代表的角色。他演唱了即将发行的专辑中的两首歌，以不同方式触及了马丁·路德·金主张的社会公正和种族平等，并颠覆了流行音乐卫道士的攻击和非难。但是，尽管 The Times They Are A-Changin' 后来成了他音乐生涯中最具政治意味的专辑，但 Dylan 在华盛顿游行上选唱的歌，实际上是在表达自己不愿被归类为受任何人豢养的抗议歌手。

When The Ship Comes In 这首歌乍听上去像一首经过改造的简洁赞美诗，充满了对航海的隐喻和击败敌人后的欢乐。它虽是 Dylan 在旅馆遭别人粗暴对待后、怀着愤怒写成的，却很符合集会的气氛。Only A Pawn In Their Game 则包含更复杂的情结，这是为不久前被杀害的民权活动人士 Medgar Evers 创作的挽歌。Dylan 从更高的角度审视了这场暗杀，几乎赦免了凶手的罪恶，而把注意力放在指责警察和政客们所扮演的角色上：他们为了私利，挑动贫苦的白人和黑人互相残杀。这对于华盛顿集会上的群众来说是个颇为不受欢迎的选择，愤世嫉俗而又包含深刻的道德含义，简单却又模糊。

之后，永远在打破常规的 Dylan 被习俗与期待的紧身衣困得浑身不自在，所以很少再在类似活动上演出。事实上，

在 The Times They Are A-Changin' 之后，他也很少如此清晰地表达自己对当代政治的意见。这一章已然完结。

然而，不可否认的是，华盛顿游行使这张专辑充满了持续、剧烈而集中的愤怒情绪，这是民谣世界中不可或缺的特质。专辑的开始曲 The Times They Are A-Changin' 写于游行结束不久后，被看作是 Dylan 对民权运动的宣言，可以说是 Blowin' In The Wind 的续篇。他后来解释说，这首歌谣 "用催眠的方式，把一堆简洁的诗句堆砌在一起"。在歌中，Dylan 警告作家、评论家、议员以及父母们，改变即将到来。"不懂的事情不要妄加评论，子女们已摆脱你们的掌控"（Don't criticise what you can't understand, your sons and your daughters are beyond your command），他像一个明尼苏达的魔笛手那般吟诵着，一针见血，足以引起人们的惊恐，但又没有描写任何具体的、会令这首歌过时的东西。这首歌最初的几次首演，其中就有一次发生在肯尼迪总统遇刺后的晚上。

Dylan 没有想到的是，观众们的反响异常热烈，在动荡的 60 年代剩余的岁月里，他被奉上神坛，成为代际冲突中一代人的旗手。专辑中最强有力的一首歌 The Lonesome Death Of Hattie Carroll 同样受华盛顿大游行影响。这首歌描写的是 1963 年 2 月有钱的白人醉汉 William Zantzinger 杀害黑人女酒保的事件。法院在大游行的同一天宣布 William Zantzinger 为过失杀人，仅判处 500 美元的罚款和 6 个月的监禁，并缓期 3 个星期执行，好

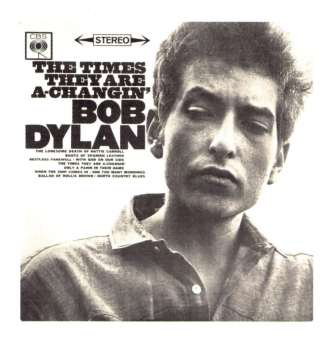

让他回家收割烟草。愤怒的 Dylan 把这件案子的细节写进这首歌里,恶毒的怒火与精彩的戏剧性中蕴含着高贵。*With God On Our Side* 这首歌则要追溯至 1963 年春天。它小心列举了一连串被深信不疑的"美国例外论"。Dylan 仔细分析了其中的各种冲突,指出虽然美国声称自己永远是正确的一方,但他不知道犹大是不是也这么认为,并且怀疑美国是否足以逃脱核毁灭的命运。这首歌的旋律取自爱尔兰民歌 *The Merry Month Of May*,而 Dominic Behan 创作的爱尔兰民族主义颂歌 *The Patriot Game* 也改编于此。Behan 指责 Dylan 剽窃他的作品,Dylan 则在专辑封套内的题词里间接回答了这个存在已久的问题:"是的,我会偷取别人的想法……无论是一个词、旋律、一个故事、一句诗、风中的调子——一切能打开我灵感的东西。"这是 Dylan 走向成熟的另一个标志。他第一次亲自撰写专辑的封套题词,迷人又散乱。抛开被人指责剽窃不谈,这也是他第一张全原创专辑。这张专辑分两批在纽约录制完成,前后相隔两个月。1963 年 8 月,他分三次完成了五首歌的录制,10 月份又分别用了三次完成另外五首歌。有几首不错的作品很遗憾没能最终采用,其中包括 *Percy's Song* 和 *Lay Down Your Weary Tune*。

有两首歌涉及"贫困"这个政治题材。带有哥特风格的 *Ballad Of Hollis Brown* 扣人心弦,使用简洁的布鲁斯 flatpicking 弹法,讲述了一个人因不愿面对家人忍受饥饿的痛苦而选择将其全部杀害的故事。歌曲 *North Country Blues* 是一首 Guthrie 式的民谣,讲述了一个女人对一个

工矿城镇消亡的哀叹("南方小镇真够贱,矿工干活没工钱"),这也是他早期对经济全球化的理解。除了谈及政治,Dylan 还在两首不错的爱情歌曲里写了自己的私事。这两首歌的灵感可能都来自他和 Suze Rotolo 的恋爱关系,这段关系后来因为各种压力走向了尽头,其中包括 Dylan 和 Joan Baez 的绯闻。优美的 *One Too Many Mornings* 悲伤地记录了这段感情的消逝,叙事者富有哲理地回顾道:"从你的角度来说你都对,从我的角度来说我没错。"(You're right from your side, I'm right from mine.)这首歌看似平淡,后来却成为 Dylan 最适合改编的作品之一。*Boots Of Spanish Leather* 有着 *Scarborough Fair* 中轻快的调子和吉他指弹,讲述了远隔海峡的演唱者和他的爱人靠写信支撑从激烈转为冷淡的感情(译注:1962 年夏天,Rotolo 离开 Dylan 去了意大利),一段用几双新鞋就可以收买的感情。这是整张专辑里相对而言最幽默诙谐的一首歌了。

Dylan 在专辑的最后一首歌 *Restless Farewell* 中做了整个专辑中最为个人化的宣言。曲子松散地借鉴了另一首凯尔特民谣,是 Dylan 对批评者的正面回应。通篇之中,他一边从"每一个我伤害过的女孩"和"每一个我奋斗过的事业"旁边离去,一边要求人们宽恕他那些错误与受到的责难。最后,他用一句堪称格言的歌词结束:"我有我的立场,我就是我自己。我什么都不在乎,再见。"以此为标志,Dylan 正式告别了他抗议歌手的身份,虽然全世界还要再过好几年才能真正意识到这一点。

我不喜欢看到
人们不开心

在豪华的梅费尔酒店里，Bob Dylan 难得一见地向记者 MAX JONES 敞开心扉。他们聊到了成功、民谣的正宗性、纽约对他的思维拓展的冲击，以及他无法取悦所有人的问题。"我人好，善良又温柔，也不想伤害任何人。"他抗议道，"但就是有人要挑我的刺儿……"

★ 摘自 1964 年 5 月 23 日

MELODY MAKER

在某个午餐时间，我打电话约见了 Bob Dylan。他即将在皇家节日音乐厅开唱，门票早已售罄。这位 23 岁的美国歌手、吉他手、口琴演奏者与歌曲创作者，并没有"好，好，好"地敷衍我，而是热情地邀请我一同品尝博若莱葡萄酒。鉴于他在很多歌里猛烈地批判过社会，我们在梅费尔酒店充满上流社会氛围的环境里会面显得多少有些违和。尤其是他还穿着牛仔裤、靴子和皮衣。他自己也觉察到气氛有些不协调。我们聊到了这一点，还聊了聊他的演唱和创作、戏剧、图书以及英国的民谣界。以下是他的部分采访记录……

"我一点儿也不了解英国民谣界，一点儿也不。1962 年我去过伦敦的一个民谣酒吧，但没待多久。我认识一些英国作家和演员，比如 Ewan MacColl。我非常喜欢他写的东西。我喜欢写东西，我也欣赏作家。我的一个朋友 Len Chandler 就写得挺好。我打算以后唱几首他的歌。但他们的有些语言表达我不是很理解。现阶段我只唱自己写的歌和一些传统歌曲。

"你问我创作的时候遇到过什么困难？怎么说呢，这些灵感经常自己就冒出来了，然后就留在我的脑袋里，有时还会留很长时间，我只要在对的时候把它们写下来就行。歌词先出来，然后我再配点儿旋律或是几个和弦。说真的，我不擅长写旋律。这些歌其实有点儿束缚我，我现在已经不写那么多歌了。

"我写的很多东西都没什么结构，我想唱什么就写什么。比如 Tempest，我随手拿了张纸就写出来了。但我找不到合适的旋律，就只好试着弹了几个和弦。这种音乐也许有个定义，但我不在乎，倒是别人似乎在努力地给它找定义。是的，我喜欢写东西，大部分时间也都是在写作……这让我保持清醒。我还写过一个剧本呢，准确地说是我最近一有空就在琢磨一个剧本，不过还没写完。我已经写了很多，但不太满意。还没有人演过我的剧本。我想找人演吗？反正不是现在。

"我在写的这个本子，不能剧透太多。它像一个迷宫，反正就是一堆人演呗，是真的表演，试着演吧至少，就是对着彼此说话，对着你说话，说关于你的事，在你上面说，在你下面说。同时，他们全都试图关心各种事物以及和其他人发生的关系，以便生存下去。反正就是一堆无意识的写作。它没有标题。

"你知道我正和一个摄影师合作 3 本书吗？就是 Peter, Paul & Mary 里面 Mary 的老公，叫 Barry Feinstein。他从事摄影已经 10 年了。第一本应该在前段时间就弄完，不过现在要拖到秋天了。我就是顺着照片的情绪写点儿文字搭上去。所有照片都是在好莱坞拍的，好莱坞的一切。有山上那个漂亮的好莱坞招牌，也有马龙·白兰度在讲话，旁边有人举着牌子，上面写着'黑鬼情人'的场景。对啊，我喜欢这个摄影师，我也喜欢被别人拍照。

"你问过我关于唱传统歌曲的想法，是，我确实唱过。我唱过民谣和乡村歌曲，也弹过摇滚钢琴。哦，我还玩过 R&B 乐队。我所有的改变，都源于我来到纽约的那一天……你懂吗？我的纽约！想在纽约混下去，你就必须听它摆布。我就是这么改变的，我把纽约翻了个底儿朝天，不停找些新东西。没有什么是不值得听、不值得想、不值得唱的。我去见各种人，一开始我还很在乎别人，后来就越来越不在乎，也不会为任何事感觉愧疚，我毫无负罪感，但突然间我又好像彻底有罪一样。如果有人被杀了，谁来证明是谁开的枪？为什么？他开枪只是因为他太紧张。每个人的行为都来自他了解、学到的东西，以及接触的人和事情。他的教育告诉他

只有一种方法，才是安全的。所以他看到异常事物就会紧张。我们得问问为什么这些人会保护他和教他这些，这都是有原因的。

"至于这个酒店，是别人给我订的。其实还行，真的。但除了这些房间，酒吧是我唯一不打领带也能进的地方，我不打领带没有任何更深的哲学原因，就是真的没有领带。对，我也没有法拉利，不会费心去思考成功的事。等我有冲动想要法拉利，又付得起钱的时候，再说吧。

"我知道自己不可能取悦所有人，总会有人对你不爽。他们如果想黑你，怎么都能黑。我觉得我人好、善良又温柔，我觉得我也不想伤害任何人，但就是有人要挑我的刺儿。他们要不就是喜欢我，要不就是侮辱我，我经常被贬低。但当他们出于一些奇怪的原因侮辱我的时候，其实我是理解的。

"对于英国歌手唱外国歌、布鲁斯之类的，我觉得如果有人想唱南方布鲁斯，也挺好的。想唱就唱。谁定的规矩？谁说不能唱？谁说你不许尝试？就是要不断尝试才能发现真正的自我，这就像写完一本关于你的书。所有的麻烦，都是由那些不做事的人、墨守成规的人引起的。一个人唱了他爷爷不会唱的歌儿，竟然还有人去管这事儿。人生苦短啊！如果有英国歌手喜欢唱美国南部的歌，我希望他能快乐地唱下去，且不会被打扰。我不喜欢看到人们不开心。

"这样不正宗？民谣音乐我一听就知道正不正宗。但那又有什么区别？"

发行日期 08 | AUGUST | 1964

ANOTHER SIDE OF BOB DYLAN

· 鲍勃·迪伦的另一面 ·

放弃权力的一代之声。伴着葡萄酒，与 Suze Rotolo 和原声民谣匆匆吻别。

TOM PINNOCK

虽然作为"抗议歌手"的 Bob Dylan 依然在阴魂不散地影响着当今的流行文化，不过到 1964 年，这个男人已经抛弃了抗议歌手的过去，只是新身份的真正本质尚不太清晰，其或对于 Dylan 本人也是如此。"我再也不想为了别人写歌了，你懂吗？像个发言人似的。"那一年，他对《纽约客》说道，"从现在起，我只想表达自己内心的东西，我要找回自己 10 岁时写歌的状态——那种自然的表达方式。"所以，他为第四张专辑拿出的素材，不再是那些有问题的人的压抑故事，也不再是对体制的犀利指责，而是用个人化的歌词和刻薄的细节，去审视自己的众多关系。一段段歌词如同神秘的奇迹，比他之前的创作更有野心，也更含混不清，其至还有一些幽默、煽动性的歌词。但是，正如他对《纽约客》说的那样，这张专辑里"没有指责的歌"——好吧，可能就一首。

Dylan 的这种全新的创作方向来源于他在生活中的一些新尝试。1964 年早些时候，他第一次尝试了迷幻药。那时他和 Suze Rotolo 已经分手，和 Joan Baez 的关系也若即若离，那些想让他安定下来的人根本管不了他。"我染上了毒瘾，"他在 1966 年回忆道，"不骗你，是非常严重的毒瘾。"离开格林尼治村后，Dylan 在美国各地旅行，然后和 Nico 一起去了欧洲，最终抵达希腊，在沃里亚戈米尼的一栋别墅里创作了许多新歌。回美国之后，Dylan 的生活实验仍在继续。前两张专辑 Freewheelin' 和 Times 都是分了几次录制而成，Another Side 却只花了一晚上。从 1964 年 6 月 9 日晚 7 点半至次日凌晨 1 点半，伴着一瓶博若莱葡萄酒，Dylan 一次性完成了整张专辑。你想象不到这张专辑只用了这么短的时间。专辑全长 50 分钟，但还有值得改进的地方。如果 Black Crow Blues 和 Motorpsycho Nitemare 这两首以钢琴为主导的歌曲再精致一点就好了，又或者把他当时写的其他歌曲换进来也好，比如他写给 Nico 的 I'll Keep It With Mine，或者 6 月 9 日当晚 Ramblin' Jack Elliott 帮他和声的 Mr. Tambourine Man（前者后来出现在 Nico 1967 年处女作 Chelsea Girl 中，后者收录于专辑 Bringing It All Back Home 中）。不过，随着专辑中最直接的第一首歌 All I Really Want To Do，Another Side 还是有力地开场了。这首歌只录了一遍就成功了，Dylan 轻松又诙谐，不时的真假音转换伴着微妙的押韵。"我无意阻碍或者恐吓你、打击你或者私藏你"（I ain't lookin' to block you up, shock or knock or lock you up），他（难以令人信服地）唱道，试图说服一个女人他只想和她做普通朋友："我不想分析你，把你归类、敲定你或是宣传你……"（Analyse you, categorise you, finalise you or advertise you...）

接下来几首歌展现了这张唱片多变的风格。简洁迷人的 Spanish Harlem Incident 描述了一个对吉普赛女人一见钟情的故事；Chimes Of Freedom 则是一场史诗般的幻妙旅程，像是给 Visions Of Johanna（收录于专辑 Blonde on Blonde）这样的佳作开路的先锋。"穿过肆虐的冰雹令人敬畏的疯狂锤击，天空以赤裸的奇迹裂出诗篇"（Through the mad mystic hammering of the wild ripping hail, the sky cracked its poems in naked wonder），Dylan 伴随着一段仿佛无休无止的吉他声吟唱着，传达出一种难以名

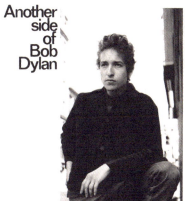

状的激动和喜悦——这也许是他在某次嗑药之后得到的灵感。紧随而来的是内心呓语般的 *I Shall Be Free No. 10*，歌中提到了拳王阿里和 Barry Goldwater，以及"俄罗斯人"和一只"非常搞笑"的猴子。这首嗑了药般的意识流作品已经很能表达 Dylan 追求的"一切都应顺其自然"。不过，下一首 *To Ramona* 其实更好，像是给接下来的更个人化、更温柔的 *I Want You* 或是 *Lay Lady Lay* 的排练。*To Ramona* 明显是一首献给 Baez 的民谣华尔兹，尽管 Dylan 弹得有些不太顺畅，而且吉他的高音弦好像没调好，但这首歌的歌词和演唱依旧十分迷人。

B 面第一首是听起来叽叽嘎嘎的 *Motorpsycho Nitemare*，接下来就是整张专辑中或许最重要的一首歌：充满忧郁气息的 *My Back Pages*——后来被 The Byrds 成功翻唱过——能很好地代表 Dylan 的新方向。它最核心的一句副歌是"昔日我曾苍老，而今却风华正茂"，看上去远离了 Dylan "一代人的声音"这个形象，整体词句亦熠熠生辉，段落间连贯如行云流水。他唱道："我梦见一个声音在我头脑里，诉说人生非黑即白的谎言。"（Lies that life is black and white, spoke from my skull, I dreamed.）灵感也许来自他的新偶像 Arthur Rimbaud 那些形象鲜明的对句。接下来的两首歌在从政治转向内心的过程中产生了不尽相同的结果。*I Don't Believe You(She Acts Like We Never Have Met)* 剖析了典型的一夜情后始乱终弃的故事。当然，这是 Dylan 写的歌，背后的意图不为人知。相反，你很难理解 *Ballad In Plain D* 这首歌。在这首反思他和 Rotolo 分手过程的宏大作品里，Dylan 用了长达 8

分钟的时间，将矛头怨恨地指向他前女友那"寄生虫般的姐妹"Carla 以及她们的母亲，有点像民谣歌曲 *The Twa Sisters*。尽管这首歌符合他更加"自然"的创作方式，却仍是一次不舒服的经历。Dylan 用了 13 段发飙一般的歌词一一细数了这对情侣最后几次争吵的细节。看起来，Dylan 揭开的伤疤让他自己也很痛苦，若干年后，他承认"我当时一定蠢到了极点才写下那首歌"。和 *Another Side* 里的大部分作品一样，这首歌也只用了一把原声吉他，用指弹而不是拨片演奏，而且因为是新作品，偶尔会弹错。

不同于其他作品，Dylan 演唱 *It Ain't Me Babe* 时更自信，也少见地展示了他强大的音域。或许这首歌是这张专辑里最经久不衰的一首，歌速适中，像是满怀感情地在和爱人吻别——想必吻别对象是 Rotolo（抑或是他身上"一代人的声音"的标签）。他成熟地捕捉了他们恋情中的困惑，虽然基本上是在说"那不是你的问题，是我的"。除去对它粗糙的演唱、没有重点和有一丝"出卖自己"的感觉的批评外（最后一点在事后看来十分荒唐，另外两点还算有道理），*Another Side* 作为 Dylan 此后 30 年间的唯一一张原声唱片，其成功主要在于它以自己的方式展现了一个新的空间。这是 Dylan 不断转型的音乐生涯中一张真正的转型唱片，他在创作过程中遇到的突破和困境，都预示了未来几年内他的作品。不过，还有一件事，在 *Another Side* 发行不到一个月后，Dylan 和几个超级粉丝见了个面，给他们尝了尝大麻，并且影响他们的主唱 John Lennon 走上了探寻自我内在精神的道路。反过来，The Beatles 以及整个摇滚乐对 Dylan 的影响，也越发清晰起来。

发行日期 22 | MARCH | 1965

BRINGING IT ALL BACK HOME

· 全部带回家 ·

**"再划一支火柴，从头再来！"
革命从这里开始。**

ANDREW MUELLER

Bringing It All Back Home 是 Dylan 的第五张专辑。就算从此停止创作，他也已经可以凭这张专辑跻身 20 世纪最有影响力的音乐人之列。即使这是他音乐生涯的唯一一张唱片，也足以让他青史留名。这张专辑简练又全面地萃取了 Dylan 的各种矛盾性：愤怒而怪异，讽刺而热情，个性主张和政治倾向穿插出现，木吉他和电吉他交汇其中。*Uncut* 在 2002 年推出的 40 首 Dylan 金曲中，这张专辑的 11 首歌有 7 首入选。正是插电与不插电的强烈对立，使这张专辑马上引起了人们的关注。当然，它获得的并不都是认可。Dylan 的前 4 张专辑以朴实无华的弹奏赢得了无数民谣拥趸——他们和现在的民谣迷一样，并不擅长阐释自己的传统。这张专辑共两面：A 面包含与电声摇滚乐团合作的 7 首歌；B 面 4 首则是熟悉的原声民谣诗人模式。1965 年的大部分时间，Dylan 演出时都必须让乐队大声弹奏才能盖住台下观众的嘘声。1966 年，曼彻斯特自由贸易大厅中上演了著名的一幕：质问者将他和史上最臭名昭著的叛徒相提并论。

无论是在 Dylan 还是其他人的作品中，你都很难找出像是 *Subterranean Homesick Blues* 这样强硬的专辑开场单曲。这是一首两分半钟的歌曲，效果就像 Jack Kerouac 像 Chuck Berry 那样唱歌，但同时也是一首对 20 世纪 60 年代中期美国文化和政治动荡的巧妙总结，从民权斗争（"最好避开那些人，他们总是拖着灭火带转来转去" [Better stay away from those who carry round a fire hose]），到越南战争（"失败了就参军吧" [Join the army if you fail]），再到战后城郊反传统文化中的不满情绪（"上了 20 年学，他们就让你上个白班" [Twenty years of schooling, and they put you on the day shift]）。其中反对穿凉鞋的几句歌词，被认为是对愤怒的民谣歌迷先发制人的挑衅（同样的动机也存在于在音乐上很相似的歌曲 *Maggie's Farm* 中，尽管那首歌被解释成对工作的普遍反抗貌似更合理）。这首歌后来被许多艺术家引用或提及过，其中最著名的要数 Radiohead 的 *Subterranean Homesick Alien*。Dylan 这首歌的音乐录影带由 DA Pennebaker 在伦敦萨伏依酒店后面拍摄。影片中，Dylan 快速翻过一张张提示卡，Allen Ginsberg 和 Bob Neuwirth 则在背景中闲晃，这绝对是史上被引用次数最多的摇滚乐视频。其中一句歌词 "你并不需要气象员告诉你风往哪个方向吹"（You don't need a weatherman to know which way the wind blows）还被恐怖组织 The Weathermen 借鉴，该组织曾在 20 世纪 70 年代初期实施了一次堂吉诃德式的爆炸活动。歌中所呈现的自由联想的独白式技巧，在整张专辑中随处可见，展示了 Dylan 其实可以是个很有趣的作者。

On The Road Again 是一首吵闹的泽地布鲁斯歌曲，为 Creedence Clearwater Revival 乐队的音乐生涯提供了模板。这首歌至少用两种方式对波希米亚一族的生活做了不算全面的研究，可以是在写受惊又古板的 Jones 先生（*Ballad of A Thin Man* 的主角）不清楚到底发生了什么时（"我想要点吃的，我饿得像一头猪，结果得到了糙米、海草和一只脏热狗" [I asked for something to eat, I'm as hungry as a hog, I get brown rice, seaweed and

a dirty hot dog]），也可以是简单地在讲郁闷的 Dylan 想不通为什么他的嬉皮士信徒没法把他们该死的院子扫干净（"然后你问到我为何不住在这儿。宝贝，因为你没搬走啊" [Then you ask why I don't live here, honey, how come you don't move]）。*Bob Dylan's 115th Dream* 以他突发的笑声开场，用既辉煌又荒谬的 6 分钟扯了扯他刚发现了什么搞笑的事：通篇是一个疯子对美国的历史喋喋不休，把美国描述成一个滑稽马戏团，最后叙事者被迫放弃，把它留给了一个初来乍到的意大利人。（"他说他名叫哥伦布。我说：'祝你好运。'" [He said his name was Columbus. I just said, "Good luck."]）

用木吉他伴奏的 B 面尽管只有 4 首歌，但同样是 Dylan 迄今最雄心勃勃的几首作品——对他整个生涯来讲，也不为过。*Mr. Tambourine Man* 发表后，很快被 The Byrds 改编成更适合跟着一起唱的版本，迅速走红。但 Dylan 的版本则意义严肃很多，像是一个身心俱疲的人在请求被遗忘（"让所有的记忆和命运都淹没于浪底。让我忘记今天，直到明天来临" [With all memory and fate driven deep beneath the waves, let me forget about today until tomorrow]）。所以不难理解的是，欢快的 Byrds 把除第二段之外的歌词全删了。*Gates Of Eden* 相比而言更为阴郁，听起来像 Hieronymus Bosch 活了 500 年之后在弹吉他（"阿拉丁带着他的神灯，和来自乌托邦的隐士圣僧席地而坐，侧身躺在金牛犊上。" [Aladdin and his lamp, sits with Utopian hermit monks, sidesaddle on the Golden Calf]）。*It's Alright Ma (I'm Only Bleeding)*

是一首长达 7 分半钟的佳作，以《麦田里的守望者》中的 Holden Caulfield 超文化式的口吻，表达了对现代伪善的谴责，这也是 Dylan 最常被引用的歌曲之一。

这张专辑还私藏了 Dylan 一些典型的爱情歌曲和人格诋毁。*She Belongs To Me* 是一封写给某个让人难以忍受的女艺术诗人的模棱两可的情书，而其中可能指向的有 Joan Baez、Nico、Caroline Coon，以及即将成为第一位 Dylan 夫人的 Sara Lownds。Dylan 嘲笑的声音和精致的编排间，显出精明的平衡；很明显，他并不是很喜欢他唱的那个人，但更讨厌那个还有点喜欢她的自己。*Love Minus Zero/No Limit* 则是对 Lownds 比较直白的赞美，说她像是来拯救自己的静谧的圣人（"她见多识广，无须争论和评判" [She knows too much to argue or to judge]）。作为专辑的最后一首歌，*It's All Over Now, Baby Blue* 常被作为（又一首）无情的告别去解读和翻唱，但放在当时，这首歌至少是作者写给自己的备忘录（"再划一支火柴，从头再来 [Strike another match, go start anew]）。表面看，*Outlaw Blues* 是本专辑中最不重要的作品，普通的 12 小节曲子配上凑数一样的歌词。但这首歌的第二段歌词却可能是整张专辑最说明问题的四句话（"不要挂什么相片，也不要挂什么相框，我可能长得像 Robert Ford，但我觉得自己是 Jesse James" [Ain't gonna hang no picture, ain't gonna hang no picture frame, I might look like Robert Ford, but I feel just like a Jesse James]）。不顾任何质疑，Dylan 决定从此按照自己的规则活着，不受任何人束缚，不惜任何代价。

我做的一切都是在抗议，随便你说什么，我都能抗议它

不要追随领袖……在一系列光怪陆离的访问和新闻发布会之前，Dylan 直面电吉他、国际骂名以及迪伦热等话题。在这些疯狂的访谈中，诸如 Bartók、Vivaldi、Porky The Wild Elephant Shooter，甚至 Donovan 等名字均被提及。此外，Dylan 还回顾了一些单曲，并揭秘自己对 Tom Jones 出人意料的喜爱之情。

★ 摘自 1965 年 3 月 27 日
MELODY MAKER

大约 3 年前，Dylan 第一次访问英国。当时，除了民谣圈之外并没有多少人关注他。不过现在，凭借 4 张专辑的影响力，他在皇家阿尔伯特音乐厅的演出门票，在短短两天便已全部售罄。

当地宣传公司预计 Bob Dylan 即将开启的英国巡演，将是门票最快售罄的巡演之一，这是一个好的征兆，表明人们认可他是当代最有才华的民谣歌手之一。目前，仅有伦敦和曼彻斯特的两场演出门票开放销售，并已被抢购一空。

伦敦的皇家阿尔伯特音乐厅于周六开始售票，到周一中午时仅剩站票可供选择，到了下午 4 点前全部门票售罄。曼彻斯特自由贸易厅的门票也以差不多的速度卖完了。

加上站票，皇家阿尔伯特音乐厅可容纳约 5500 人。演唱会直到 5 月 10 日才开始，但即使 Dylan 加演一场，也完全能够爆满宽敞的 Kensington 演出大厅。

事实上，巡演的推广人 Tito Burns 已经在着手处理加演事宜。他说："我们正在考虑增加贝尔法斯特、都柏林以及格拉斯哥等演出地的可能性。同时，我们也希望在阿尔伯特音乐厅加演一场。5 月 10 日的演出之后，Dylan 将去欧洲各地巡演，然后我们会尽量安排他回到伦敦再待上七八天。"

这对没买到票的伦敦市民或许是个好消息。此外，谢菲尔德市政厅以及莱斯特城的德蒙福特音乐厅将于明天（周五）开放售票。这些地区的 Dylan 乐迷就不要再犹豫了。

1962 年时，Bob Dylan 曾在伦敦 Troubadour 等一些民谣酒吧演出过，但当时几乎无人问津。考虑到此次巡演的轰动性，这就显得更加讽刺了。

从很多层面来讲，Dylan 都是一个奇幻的人物——A hard Rain's A-Gonna Fall 这首歌中有那么多的幻想——这个奇幻的人物又让人联想到各种传奇和奇异的概念。

我和他的电话采访大概是这个样子的……

○ **我听说你刚录了一首非常出色的作品，一首单曲。**
哦，真的吗？

○ **是啊，我听说这首歌叫 Subterranean Homesick Blues，特别成功。这歌说了些什么？**
就是个小故事，真的没啥。

○ **你是专门制作了这首单曲吗？**
不是的。这是我下张专辑的首发歌曲而已。我们做了一次录音，我录了不少歌——大概

12 首——然后他们选了这首先发了。

○ 我想这张专辑还用了别的乐器吧？比如电吉他。

对，在唱片的一面里有，是我的朋友们弹的。几个朋友？好几个吧。我记得好多人都来了，但同时演奏的人不多。我觉得也就 5 个人吧。

○ *Subterranean Homesick Blues* 这首歌有什么特别之处吗？

没有。

○ 你听说自己已经引起很多粉丝狂热了吗？The Beatles 都在称赞你的作品。

并不知道。

○ George Harrison 说他们很欣赏"Dylan 的生活方式"。这事儿你知道吗？你是怎么想的？

不知道。我觉得这有点怪怪的。

○ 如果你们这些美国的民谣歌手不只做民谣音乐的话，你们会做商业化的包装吗？

我还真不知道。我不认识做这些事的人，我也不和做这些事的人一起玩儿的。你懂的，我喜欢所有人。

○ 你对作为艺术家和作为普通人的 The Beatles 怎么看？

哦，我觉得他们是最棒的。他们既是艺术家也是普通人。
MAX JONES

★ 摘自 1965 年 5 月 1 日
MELODY MAKER

周一晚上，Bob Dylan 在伦敦机场得到了巨星般的待遇。这位 24 岁的"民谣诗人"一走出入境大厅，便被约 150 名年轻歌迷团团围住。其中

一些人戴着 Bob Dylan 的标志性帽子，一些人举着核裁军运动的徽章，还有人带来了签名本和他的最新单曲 *Subterranean Homesick Blues*。

歌迷们簇拥着他，有人揪他的头发，有人拽他的衣服，就这样一直走进新闻发布会的会场。他有点儿被吓到了，脸色苍白，不过最终还是一笑了之。"还好啦，他们也没伤害到我，也就是给我剪了个头发而已。我现在已准备好大醉一场！"

看着周围一群警察和各路媒体，Dylan 说："我希望确认我的朋友能进得来。"他指的是 Joan Baez、他的经纪人 Al Grossman 和他的公关 Ken Pitt——Pitt 正在处理混乱之中受伤流血的手。

他们的行李已经在早些时候被运到了机场大厅，而大厅的一块玻璃竟被打碎了。来访

友的 Lena Horne 则完全被无视了。

Dylan 戴着墨镜，身着黑色夹克、开领牛仔衬衫、蓝色牛仔裤和黑色皮靴。面对记者们的一连串问题，Dylan 开启了他的嘲弄模式。他回避了与 Joan Baez 的友谊的问题，当被问及他是否会和她结婚时，Bob 回应道："我可能会和她的胳膊结婚吧。"

几分钟前，Joan Baez 就站在 Dylan 身旁，他被问到她是不是一起来的。"是啊，是一起来的。"他回答，然后记者们又问了些其他问题。

○ The Beatles 是否过时了？
他们永远不会过时，你知道的。

○ 你听说过 Donovan 吗？
哪个 Donovan ？

○ 你在英国的演唱会会有多长时间？
大约一个半小时。

○ 会唱哪些歌？
还不确定。

○ 上次来了之后，你有没有写过什么关于英国的歌？
还没。我没写过 Mrs. Brown You Have A Lovely Cheese 这 种 歌（译 注：Mrs. Brown, You've Got a Lovely Daughter 是英国音乐人 Trevor Peacock 的代表作。此处把 Daughter 换为 Cheese 有嘲讽意味）。（微笑）

○ 你写过关于越南战争的歌吗？
没有，我不会写任何关于任何事情的歌。

○ 你 在 歌 曲 Subterranean Homesick Blues 里是否使用了扩音吉他？
没有。我用的是我自己的吉他。我只是随便玩玩扩音的（吉他）。

○ 你觉得 The Beatles 为你在英国的成功做出了多大的贡献？

我觉得"成功"这个词很难定义。我也不懂什么商业成功。我喜欢 The Beatles，我觉得他们是最棒的，但我不知道他们是怎么说我的。

○ 你喜欢哪些流行歌手？
我其实并不认识几个流行歌手，我有自己的事情要忙。我只想为愿意听我唱歌的人表演。

○ 来这儿的飞机上有没有写歌？
我做了点儿笔记，其实也就是戳了戳纸。

○ 你有什么想告诉我们的？
保持清醒的头脑，永远记得随身带个灯泡。（Dylan 整场发布会都在挥舞着一个巨大的电灯泡，但拒绝解释它的确切含义。）

然后，Bob 问了我们一个问题。"Christine Keeler 在哪儿？"

接 着 便 有 人 问 他 是 否 愿 意 写 首 关于 Christine 的歌。"不，我只是想见见她而已。"他说。

为什么会有这么多年轻人愿意长途跋涉地冒雨来看他？

来自斯劳的 Jane Evans 说："能在 20 岁写出 Blowin' In The Wind 的人一定不简单。"

来自豪恩斯洛的 20 岁的 Roy Wiffin 说："他的歌非常棒，我觉得他不需要 The Beatles 帮他做宣传。他虽然唱得很一般，但他唱出了真相。"

Pamela Barron 是来自肯特郡斯旺利的一位唱片店店员，她说："我知道他的所有唱片，但我从来没见过他。"那么，她如何评价 Subterranean 这首新单曲呢？"我不喜欢，这是他的错误。"

回到发布会现场。Dylan 还在被反复问及 Donovan 的事。"Donovan 在哪儿？"Dylan 说，"要不然把他叫来挂墙上吧！"

在他避开歌迷围堵，冲进载他去伦敦萨伏依酒店的车之前，Dylan 耸了耸肩说："终于又能当个普通的民谣歌手了。"但他看起来完全不是这个意思。

MAX JONES & RAY COLEMAN

★ 摘自 1965 年 10 月 15 日

NME

一个思想深邃的年轻人，真诚地相信哲学以及自己发出的抗议，不像其他那些为了商业利益而包装自己的民谣歌手；一个复杂又充满争议的人，掀起了当今最大的狂热崇拜之一，因此也在流行音乐史上占据了一席之地——这就是 Bob Dylan，一个表达欲旺盛、表达力独特的人。

虽然他大部分的思想都通过歌曲传达，但和他聊天时信息量也非常丰富。他说起话来天马行空，即使是再普通的问题也几乎不会给出重复的答案。

在近期的英国巡演中，他回答了无数问题，这里我们选取了一些特别有意思的问答。这些对话来自 NME 杂志的访问，以及谢菲尔德大学学生报纸 Darts 的采访记者 Jenny De Yong 和 Peter Roche 对他的采访。

○ 你一定被问了好多次关于 Donovan 的问题。你觉得他到底怎么样？
我很喜欢 Catch The Wind 那首歌。歌不错，他唱得也好。不过他还年轻，人们可能会把他改造成另外一种模样。他必须当心！

○ 你不觉得 Catch The Wind 和你的 Chimes Of Freedom 风格很像吗？
我不在乎他是否借鉴了我的风格。老实讲，我不在乎任何歌手对我的歌所做的任何事。他们伤害不了我。就像 The Animals 乐队对我的歌 Baby Let Me Follow You Down 做的那样（译注：The Animals 对关键的词句做了一些改动，将曲名改为 Baby Let Me Take You home。此单曲一经问世，便立刻跃居排行榜第 21 名），我一点儿也不担心。我在纽约和 The Animals 见了个面，一起出去玩得很开心。是的，我觉得 The Animals 挺好的，我喜欢他们的那首 *Don't Let Me Be Misunderstood*。

○ **用哪首做专辑的单曲，你是怎么决定的？**

不是我决定的，唱片公司说了算。他们跟我说"该做下一张唱片了"，我就去录足够发唱片的歌。接下来他们怎么处理那些歌，我就管不了了。不过我会录整张专辑。我不会、也不能只录一首单曲。

○ **你是否觉得有股力量正在把你渐渐变成一个流行明星？**

没有人能把我变成任何东西。我只是写我的歌，仅此而已！没人能改变我，也同样改变不了我的歌。当然，我偶尔会做些改变，就像我在 *Subterranean Homesick Blues* 里的伴奏做的那样。但那些都在我自己的掌控中，没有人能左右我，就这样，那首歌里我们确实用了几个真的很潮的乐手。

○ **你自己最喜欢的歌有哪些？**

你指的是我自己的歌？那得看我的心情。真正的好歌能在对的时候直击你的心灵。我最喜欢的歌之一是 *I Don't Believe You*。

○ **你觉得你的风格一直在变化吗？**

作为创作人，在过去的几年中我确实有些变化。最大的不同，是我认为去年写的歌都比较一维，现在我想要写得更三维，更具象征性，有多种不同层面的含义。作为艺术家，这对我也是有影响的。

○ **你写一首歌一般要花多长时间？**

有时候要好几天，有时候只要几小时，看心情吧。

○ **抛开音乐，你觉得你的歌词是否自成诗意？**

如果没有诗意，那这些就不是我想写的歌。实际上，我更喜欢写，而不是表演。

○ **你唱片背面的那些诗是怎么回事？**

那些其实是在我特别害怕的时候写的！我曾经害怕我随时会死掉，所以我会在任何东西上赶紧写下我的诗——当然也包括写在我的唱片上！

○ **为什么你认为全国性媒体故意给你贴上愤怒、无聊和冷漠的标签？**

因为他们总是问愚蠢的问题。"你最喜欢什么颜色？""你早餐吃了什么？"……谁在乎这些？报纸记者就是一帮失败的作家、受了挫的小说家。无论他们给我贴什么标签都伤害不了我。他们对我有那么多预设的看法，我就跟他们玩儿。

○ **那么你如何看待自己被称作你那一代人的声音？**

我也不知道，真的。我才 24 岁，我怎么代表一个 17 岁的人发声？我没法代表任何人。如果他们愿意认同我，我也没问题。但我没法替没有发言权的人发言，是不是？

○ **现在的市场是不是充斥着太多的"抗议歌曲"了？**

是的。有一半人都不知道他们想表达什么。如果他们是真心的，我完全支持"抗议歌曲"，但又有多少人是真心的呢？

DEREK JOHNSON

★ 摘自 1966 年 5 月 14 日
MELODY MAKER

和 Bob Dylan 聊天可不是一件容易的事。过去也许是，但随着年龄的增长，他越来越厌倦各种问题。其中一个难题就是如何找到和他独处的机会。如果不能的话，他是不会说真心话的。他不是不回答，而是会拐弯抹角或者搞一些小把戏，取笑你，含糊过去，近乎逃避。如果是一些私人问题倒也能理解，比如"你结婚了吗？""你会去见 The Beatles 吗？"（"我不知道"）或是"你有结婚证吗？"（"你为什么对我有什么东西那么感兴趣？"）。但如果是对一些诸如巡演时他会演奏什么乐器之类的问题也避重就轻的话，那就有些说不过去了。

听说他去年在美国的一场演唱会上，因为后半场换了电吉他而遭到一片嘘声，许多人高喊着"还我们真正的 Dylan"。于是，我很好奇他这次在英国会不会使用电吉他。但是"我也不确定是用还是不用"，已经是我得到的最佳答案了。

★ 摘自 1965 年 5 月 8 日
MELODY MAKER

DYLAN'S BLIND DATE

That's Tom Jones! I'd buy it — if I bought records

SANDIE SHAW: Long Live Love" (Pye).
English — take a guess. Is it Millie? I like the backing. I know who is — it's Dusty Springfield. No, I give up. I like that singing. I don't care about the song though.

TOM JONES: "Little Lonely One" (Columbia).
That's Tom Jones! I like that record — I like him. Hit? Do you mean will it sell a lot of records? Oh yeah. I don't know where it will sell a lot of records, but it will do, I'd buy it — if I bought records.

LARRY WILLIAMS: "Sweet Little Baby" (Decca).
Is that called "My Little Baby"? I don't know who's singing it, Is it the Searchers? It's NOT Manfred Mann, and it's NOT the Beatles. I don't like saxophones — I just like Ornette Coleman, who plays it. No, I don't like this a lot.

JOE TURNER: "Midnight Cannonball" (Atlantic).
Yeh — I like that, but it

could be a million people. Yeh — I like the words too.

CAROLYN HESTER: "Ain't That Rain" (Dot).
Pretty good if you're catching a ship someplace. I like the way she sings, though — I like her voice. I like the record actually. I'd take that ship.

FREEWHEELERS: "Why Do You Treat Me Like A Fool" (HMV). (Song written by Donovan).
Oh — that's so good. Oh, I like that. I've had no sleep for three nights, but I do like that record and that sound. I see songs in pictures, and I like the picture of that. I can imagine someone better

singing it, though, but the song's a real song. I like it.

RKETTES: "Peaches And Cream" (Stateside).
This must be called "Peaches And Cream." This is all right. That's the Ikettes, right? Very stuffy harmonica — very stuffy harmonica, yeh. The night that harmonica man was playing, he had a cold. It's good.

BACHELORS: "Marie" (Decca).
I thought this was a song about Murray the K — it's "Marie" is it? If it WAS about Murray the K, I wouldn't have liked the record. No, I don't like this record at all. I wouldn't have any great objection to it, if

it was playing somewhere. But I certainly don't like it.

CAROLYN CARTER: "It Hurts" (London).
Mary Wells? It's not Brenda Lee and it's not Ann-Margret, I think she's from Chicago — she's got that accent. Well, either from Chicago, Detroit or Liverpool, I did that. I don't think she'd go out with someone who wore glasses, though.

OTIS REDDING: "Mr. Pitiful (Atlantic).
This is a good record when you're driving through the

Hudson Tunnel. Will it sell a lot? Well, it will reach number one if everyone drives through the Hudson Tunnel. Oh — I like the ending — it's fantastic. I think this one ends differently from the one in the States. That was better. I like this record, yeh.

FOUR TOPS: "Ask The Lonely" (Tamla Motown).
I like that record. I've heard it before — and I can't remember where. It was on the radio. I don't know who it is, but I like it. I like all the climaxes, y'know?

MIA LEWIS: "Wish I Didn't Love Him" (Decca).
I think she's singing in a pool of water. And she's got a thermometer in her ear. Soon, she'll get a bout of pneumonia, if she's not careful, and they'll have to put her out of the record business like her, though. I go for those kinda songs, with lines like that. It might get better as it goes on. No, I didn't hate it.

MUSICAL EXPRESS

When a poet fills in a form, you can expect anything!

DYLAN WROTE THIS

Present disc label: See the Dog
Other labels in past: Many dogs
Recording manager: Lost Dog
Personal manager: Dog Jones
Musical director: Big Dog

ON OUR LIFE-LINE PRO FORMA

It was probably idiotic of us to ask a poet like Bob Dylan to contribute to our Life-Lines feature. You can't expect an idyllic dreamer to do it—as you or I might do it.

However, back came the form, with two of the four pages of questions answered, five of which are on the left and others printed below:

First important public appearances: Closet at O'Henry's Squire Shop

Other discs in best-sellers: "I Lost My Love In San Francisco But She Appeared Again In Honduras And We Took A Trip To Hong Kong And Stayed Awhile In Reno But I Lost Her Again In Oklahoma."

Current hit: None I know of
Latest release: The Queens Are Coming
Albums: Yes
EPs: None
Favourite food: Turkish Mervin (a form of egg-plant coming from Nebraska)
Favourite clothes: Nose-guards
Favourite drink: Frozen tobacco
Favourite bands/instrumentalists: Cocky the Kid (Sombreros)
Favourite composers: Brown Bumpkin and Sidney Ciggy
Favourite groups: The Fab Clacks
Miscellaneous likes: Tanks with no wheels, French telephones, anything with a stewed prun in the middle
Miscellaneous dislikes: Hairy firemen, toe-nail glass Mober forks, birds with ears
Best friend: Porky the Wild Elephant Shooter
Most thrilling experience: Getting my birthday cake stomped on by Norman Mailer
Tastes in music: Sort of peanut butter
Pets: My friend Lampa
Personal ambition: To be a waitress
Professional ambition: To be a stewardess

> 报纸记者就是一帮失败的作家……
> 无论他们给我贴什么标签也伤害不了我。
>
> Bob Dylan

他的回答有时还挺有趣的，有时却只会让人费解。比如"民谣摇滚"这个词有时会被用来形容他现在的音乐，但当我问他这个词对他意味着什么的时候，他反问我道："民谣要滚？"

于是，我们给他解释了这个词，他摇头道："他们会给我贴很多标签。我就是一个民谣歌手，不多不少。"

我最近读到一篇美国的采访报道，其中说到 Dylan 试图与那些他创作的民谣歌曲和让他成名的"抗议歌曲"撇清关系。这次他的回答属于让人费解的那一类。我追问道："我看报道说你不会再唱'抗议歌曲'了。为什么呢？"

"这是谁说的？"他嘟囔着，然后又（为他自己）打圆场，"我所有的歌都是'抗议歌曲'。我做的一切都是在抗议。随便你说点什么，我都能抗议它。"

○ 你现在还像以前一样写很多歌吗？
是的，和以前一样多。我只对写歌感兴趣。我不想再做单曲了。

○ 也许有人想知道谁是 Dylan 心中最棒的民谣歌手。
哦，Peter Lorre 。

○ 为什么他有的歌的歌名和歌词一点关系没有，比如 *Rainy Day Women #12 & 35*？
其实是有关系的，只不过你很难理解，除非你在北墨西哥连续待过 6 个月。

○ **Bob Dylan 今年是否还会给 BBC 拍摄电视节目？**
"有可能啊，我什么都会做。但我不知道能不能给他们拍。刚刚有人让我去别的地方，但我现在在这儿跟你们说话。"

为了增加一点谈话的深度，我提到了 Bukka White、Son House 和 Big Joe Williams。

○ Dylan 还会听这些布鲁斯歌手的歌吗？
我当然知道 Big Joe。不过我不怎么听这些人的唱片。我最近在听巴托克和维瓦尔第这类的音乐，所以我也不清楚之前发生了什么。

演唱会就要开场了，我们还无从得知 Dylan 伴奏乐队的人数和身份。不过我还是问了他的乐队会有多少人。"14 个或者 15 个吧。"他也不是很确定。

"真的吗？全都在？""是啊，全都在。"

"那 Mike Bloomfield 呢？""他是谁？"

"他在你上张专辑里弹过吉他。"

"Mike Bloomfield……哦，我们在录音棚合作过，不过这次他没来。都有谁来了？George、Harry、Fred 和 Jason。"

我们离开之前，另一位记者遭到了 Dylan 的发难。那位记者提到了他的报社，Dylan 一脸茫然。"我们是英国领先的音乐报纸。"记者表现得很坚定。"我唯一知道的报纸只有 *Melody Maker*。"Dylan 回道。不管怎样，他倒是很清楚地表达了自己不是来影响记者或是与任何人交朋友的。

MAX JONES

发行日期 30 | AUGUST | 1965

HIGHWAY 61 REVISITED

· 重访 61 号高速公路 ·

一声军鼓开始改变摇滚乐，接下来的 51 分半也不赖……

ANDY GILL

随着鼓手 Bobby Gregg 敲响激动人心的军鼓，歌曲 Like A Rolling Stone 像是打响了奔向音乐未来的发令枪。凭这首歌，Bob Dylan 以摇滚乐的姿态颠覆了流行音乐——这对当时仍被当作民谣歌手的他来讲，是相当巨大的影响。作为专辑 Highway 61 Revisited 的第一首歌，Like A Rolling Stone 和这张专辑极大地改变了人们对流行音乐的想法。事实上，它让人们开始思考流行音乐，而在此之前，除了少数有先见之明的局外人之外，很少有人真正思考过这个问题。从破天荒的 6 分钟时长到极度生硬的态度，这首歌所带来的巨大冲击力很难用语言说清。在 Like A Rolling Stone 之前，流行音乐要么是爽朗愉快，要么是悲伤深情。但在这首歌里，歌者的声音听上去却是时而心酸不满，时而愤怒轻蔑。而且最令人惊讶的是，它没有丝毫取悦听众的意思。Bruce Springsteen 回忆起自己在母亲的车里第一次听到这首歌时说："我当时认定那是我听过的最坚韧有力的声音。"它宣告一切规则都已被打破和抛弃，一场伟大的文化解放正在为各种表达方式打开一扇扇大门。而且，它无可置疑的伟大性还体现在之后的半个世纪里，因为再没有人能企及这首歌中的深邃激烈。这首歌是摇滚史上的先驱和终极范本。

1965 年英国巡演归来之后，Dylan 在一种被他自己形容为"喷吐"的状态下创作了 Like A Rolling Stone 这首歌。这是一首充满恶毒责问的长篇大论，完全没有同种类型的音乐先例。Dylan 在连串的诅咒中揉进了各种超现实意象，不时重复唱出有些嘲讽的副歌句"这滋味如何"（他后来形容这句副歌就像看着他的受害者"在岩浆里游泳"），这一切都让这首既诡异又迷人的歌更加令人不安。写出这首歌几天后，Dylan 在哥伦比亚唱片公司位于纽约的 A 号录音室开始了录制。Al Kooper 的风琴用既沉郁又欢欣的和弦包裹着 Dylan 的歌词，Mike Bloomfield 的吉他琶音与 Paul Griffin 的钢琴则阴森地围绕彼此打转，展现出一种既活跃，又让人透不过气来的独特氛围。"Like A Rolling Stone 改变了一切，"Dylan 对 Nat Hentoff 说，"有了这首歌之后，我再也不在乎写书或者写诗之类的事了。我找到了我真正该干的事。"

尽管制作人 Tom Wilson 和 Dylan 一起捕捉到了这首惊世之作，但是这也是两人的最后一次合作了。专辑 Highway 61 Revisited 的余下作品由 Bob Johnston 参与完成，这位来自纳什维尔的制作人曾帮助 Patti Page 的演艺生涯焕发第二春。不过，在 Johnston 接手之前，Dylan 借着 Like A Rolling Stone 的问世，和 Kooper、Bloomfield 以及 The Paul Butterfield Blues 乐队的其他一些成员一起，在新港民谣音乐节上完成了一场划时代的演出。之后，Dylan 躲进了他有 31 个房间的伍德斯托克大宅继续完成创作，一个月后才回到 A 号录音室开始录音，最先录的是 Tombstone Blues。这首快节奏的布鲁斯布满 Chuck Berry 的痕迹，Dylan 展现了"如水银般尖细而又狂野"的声音，配合着 Bloomfield 犀利的吉他加花，对各种历史人物进行漫画式的变形，以荒诞主义的手法批评他们所传播的时代病。

接下来是一串更快的布鲁斯－摇滚歌曲，松弛的 *From A Buick 6* 是对 Dylan 幻想出的"垃圾场天使"这位大地之母的赞歌，这张专辑也和 *Tombstone Blues* 一样，是荒诞主义手法的社会批判，把 Dylan 的故乡明尼苏达同节奏布鲁斯、布鲁斯和摇滚乐盛行的南方联系起来，如同沥青铺就的密西西比河，直达这种音乐的心脏。在这里，那些离经叛道的圣经研讨会上所用的庆祝音乐简直称赞魔鬼音乐的典范。在这首歌里可以明显听到有个人跟着 Kooper 的电钢琴，用口哨吹出这个连复段，Kooper 和鼓手 Sam Lay 都说是自己吹的。

如何平衡这些快节奏的摇滚歌曲，是 Dylan 心思最巧妙的一点。在充满辱骂的 *Ballad Of A Thin Man* 里，意味深长的钢琴和弦配合持续的重音，营造出法庭戏的气氛，十分符合这首歌的状态。这是 Dylan 最无情的审问之一，无情地扒光了一个不幸入侵波西米亚怪人世界的布尔乔亚分子，而歌中反复嘲笑的"琼斯先生"，则被普遍认为是一位记者，很可能是 Jeffrey Jones。作为《时代》杂志的学生记者，他在新港音乐节采访 Dylan 时出了丑，并在当天晚些时候被 Dylan 和随行人员起哄道："全都记下来了吗，琼斯先生？"因此，当这首歌出现在专辑中时，Jeffrey Jones 立马发现这个"琼斯先生"指的就是他自己。"我当时感到激动又紧张，"他承认道，"说个不恰当的比喻，我认为一个罪犯看到自己的名字上了报纸也会激动。"歌曲 *Just Like Tom Thumb's Blues* 显得有些有气无力。这首歌把场景设在了美墨边境城市华雷斯，离埃尔帕索不远，是那种让美国人放下道德约束尽情放纵的地方。在歌里，华雷斯既是逃离美国社会的象征，也是对一个人堕落程度的丈量，慢慢地，他们确实从美国坠入了第三世界。充满疲惫的调子和绵长的音乐完美协调，还创造性地同时使用了两台不同的钢琴——Al Kooper 演奏的 Hohner Pianet 电子机械钢琴，以及 Paul Griffin 的图钉钢琴（tack piano）。*It Takes A Lot To Laugh, It Takes A Train To Cry* 和 *Queen Jane Approximately* 这两首歌有相似的情绪和节奏，前者是纯粹的布鲁斯，后者则在充满同情地批评主人公所在的世界，那里充满了肤浅态度和点头之交，他唱着"有些人你不必和他们说话"（Somebody you don't have to speak to），希望得到更诚实、真切的体验。

这张专辑的最后一首歌是不朽的 *Desolation Row*。这是一首 11 分钟的无序状态之歌，背景有着鲜明的弗拉门戈色彩，仿佛费里尼式的游行，充满奇装异服和各种怪人。在这荒凉的街道上，只有沉浸在荒谬之中，接受一个人在 *Desolation Row* 的位置才能保持平衡。歌中满是 Dylan 惯常的靶子：腐败的官僚、懦弱的学者、没有灵魂的神学家、没有爱的中产阶级，以及工业社会令人窒息的压迫感等一切被他视为同创造力、爱和自由相违背的事物。*Tombstone Blues* 证明了 Dylan 没有完全放弃"抗议音乐"，反而扩大了反抗的范围，更准确地反映了现代西方文化中那令人不安的超现实部分。这种转变，后来改变了艺术家和观众对于自己与世界关系的认知。这是摇滚乐的壮举。

发行日期 16 | MAY | 1966

BLONDE ON BLONDE

· 无数金发女郎 ·

**在 Robbie Robertson 和 Al Kooper 的伴奏下，Dylan 震撼了纳什维尔的乐手。
又是一天，又是一个摇滚里程碑。**

NEIL SPENCER

"如果你再提什么纳什维尔的话，就滚吧。我们在这儿还有其他事要做。" Dylan 的经纪人 Albert Grossman 对制作人 Bob Johnston 的责备显而易见，任何理智的人都不会听不懂这句中的反对意见。但 Grossman 说得太迟了，纳什维尔是 Johnston 曾居住过的地方，Dylan 在内心深处已经认定自己这张接下来注定会成为杰作的唱片会在那里完成。纳什维尔远不像狭隘排外的纽约，Johnston 向 Dylan 保证，那里的乐手完全能打造出他这位"摇滚兰波"心中那难以捉摸、如圣杯般飘浮在面前的音乐。而纽约的 The Hawks 乐队，已经在寻找圣杯的道路上失败了。

这张唱片至今被视为 20 世纪中期的艺术里程碑之一，而纳什维尔看上去却和它有点儿不太搭调。对于东西海岸的热门唱片制造商来说，纳什维尔堪比希克斯维尔，是文化裂隙中的另一端。Dylan 刚刚出道的时候，乡村音乐的排行榜一直被 Barry Sadler 的 *Ballad Of The Green Berets* 这首关于美国越战的赞歌占据着。

按 Al Kooper 的说法，作为风琴手的他、吉他手 Robbie Robertson 和 Dylan 并肩作战，可以"提高他的舒适感"。这是一个明智的行为。Kooper 成了沟通渠道，一边联系在华美达酒店拼命写作的 Dylan，一边联系 Johnston 找来一流的录音阵容，那是一个经常为 Presley、Orbison 和其他知名歌手录制金曲的团队。他们都很友好，但又对这几位来自纽约的长住客人感到困惑。他们是按小时收取报酬的，却在靠打牌消磨时间，等着金主在高兴时出现。

最终，在凌晨时分，他们被召集到一间录音室内做了第一次录音，完成了一首叫 *Sad Eyed Lady Of The Lowlands* 的歌的基本框架。乐手本以为中间会有一个持续 3 分钟的布鲁斯式吟唱，渐渐形成高潮。可他们发现一段主歌和一段副歌之后，又是一段主歌和一段副歌。鼓手 Kennedy Buttrey 说："我一边单手演奏，一边看手表。它就这样一直持续着，我们从未听过这样的东西。"谨遵 Dylan 顺其自然的观念，*Sad Eyed Lady* 只录了一次就成功了。

录音工作形成了习惯，乐手们下午 6 点钟到了之后先是打牌，一直到 Kooper 过来告知他们，他和 Dylan 利用酒店房间里的钢琴做了哪些工作。然后，这位冷漠而神秘的大师现身，大家开始工作，几乎没有人说笑。在 Kooper 诡异的风琴和 Robertson 喧闹的吉他乐句帮助下，Dylan 和 Johnston 利用这群纳什维尔乐手表达出了自己的东西，他们做到了。2 月份的录音完成了专辑 *Blonde On Blonde* 中的三首宏大曲目 : *Sad Eyed Lady*、*Visions Of Johanna* 和 *Stuck Inside Of Mobile*……然后，Dylan 离开了一段时间。3 月份，他带回了几首较短但是更加完整的歌曲。最后一首录制的是 *Rainy Day Woman*，录音室里还开了个派对，这首歌后来成为那时 Dylan 在美国最热门的单曲。

Dylan 在纳什维尔完成了 5 年录音生涯以来最精彩的作品。*Blonde On Blonde* 在 1966 年那个狂热的夏天发行后，迅速取得神话般的地位。而且它还是摇滚界首次推出的

双张专辑，封面是一个经环绕式柔焦处理的 Dylan 大头像，照片中的 Dylan 是一个有着天使般发型的潮人。专辑内收录的丰盛诗句跳跃旋转，配合着细腻多变的旋律。专辑的风格是布鲁斯和摇滚，可是微妙的琶音、如同轻抚尘埃的鼓击以及指弹贝斯，并不是当时摇滚乐的做派，也非时髦的南方逆流。

Blonde On Blonde 中那 13 首歌曲的魔力超越了它们分别加在一起的总和，将各种超现实景象融合在一起，黄色铁道、马戏团地板上的蝎子以及低级酒吧等，这里聚集了令人眼花缭乱的各式人物：波斯酒鬼、推罗的诸王、黑桃国王、雨人、跳舞的孩童、一脸嫉妒的女人、蒙娜丽莎和莎士比亚……可这些歌曲又十分贴近当代城市的现实：堵塞的交通、乡村音乐电台、守夜人在咔嗒一声中打开手电筒。实际上，这张专辑是一张网，网罗了 Dylan 在半麻醉状态下丰富的心灵世界（我们不知道他用了哪些毒品，但安非他明、海洛因、大麻肯定有份）。Dylan 世界里那些忙碌喧嚣与嗑药幻想、羞辱与伪装、讽刺的文字游戏、不通风的酒店房间以及通宵录音，再加上他那些隐秘与公开的情事，统统出现在专辑中。

这张专辑中还残留着一些 Dylan 在前两张专辑中的焦虑，歌曲中充满着近乎不间断的浪漫：时而轻柔（*Just Like A Woman*），时而无情（*Absolutely Sweet Marie*），时而饱受折磨（*Vision Of Johanna*），时而戏谑嘲讽（*Leopard-Skin Pill-Box Hat*），时而虔诚（*I Want You*），时而悲伤（*One Of Us Must Know [Sooner Or Later]*），时而顺其自然（*Most Likely You Go Your Way [And I'll Go Mine]*，其副歌部分取自 Buddy Holly 的作品 *It Doesn't Matter Anymore*）。这些作品表明 Dylan 是一个不断探索的诗人，追寻着 Robert Graves 所谓的"白色女神或创造女神，诗人深深陷入爱情，他的爱人就是缪斯的化身"。在现实中认出 Dylan 的缪斯并不困难：与 Dylan 新婚 3 个月的 Sara Lownd，*Sad-Eyed Lady* 就是献给她的礼物；Dylan 的前女友 Joan Baez，是 *Vision Of Johanna* 的主角；还有一身麻烦的沃霍尔小明星 Edie Sedgwick，她的"迷惑""安非他明"和"珍珠"出现在 *Just Like A Woman* 里。后来 Patti Smith 认为，Sedgwick 才是 *Blonde On Blonde* 的主角。

密集的长篇大论中，夹杂着精辟的格言和街头智慧，很快成了吸毒者的口头禅，"想活在没有法律的世界，那就必须诚实"（To live outside the law you must be honest），"每个人都需要为获得的东西而付出另一些东西"（Everybody must give something back for something they get）。"此时 Dylan 的声音仿佛来自熊熊燃烧的火炉。" Marianne Faithfull 在她的自传中总结道。Dylan 最终获得了他的圣杯，他灵魂中的水银已被炼化为高阶的艺术，但他也为此付出了高昂的代价。他已经筋疲力尽，嗑药嗑得一塌糊涂，整个人都像被掏空了，为另一份严苛的巡演计划而苦恼不堪。*Blonde On Blonde* 发行几周后，新的人生篇章经由命运的一次简单转折，毫无征兆地开启了。

发行日期 27 | DECEMBER | 1967

JOHN WESLEY HARDING

· 约翰·韦斯利·哈丁 ·

**在一场摩托车事故和"地下室录音"的经历后，
神秘重生的 Bob Dylan 为他的音乐描绘出了一幅新的蓝图。**

ALLAN JONES

1966 年 5 月，Bob Dylan 世界巡演在伦敦画上句号。之后，他和家人搬进了上一年在纽约州北部伍德斯托克镇买下的房子：Hi Lo La。在这里，Dylan 打算休息一下，摆脱毒瘾，并在经历了三年的喧闹后，重新思考自己的方向。但他依然要处理一些迫在眉睫的事情，在那里平静快乐的生活也不时会受到打扰。他与经纪人 Albert Grossman 的争执愈来愈多；他的出版商不断施压，要他尽快完成自由联想风格小说或者散文诗 Tarantula 的最终审稿。但那是一本由一个他已经不再认识的自己写的书，书中的语言他也不再能理解。虽然最终书还是如期出版了，但 Dylan 在那时已对它完全失去兴趣，或者说已经对当时写这本书的自己失去了兴趣。同时，美国广播公司也不断催促他交付世界巡演期间被委任拍摄的纪录片，而 Dylan 最终交出的却是令人困惑的 Eat The Document，但很快便因不适合播出而被退回了。

公平地讲，Dylan 本可以摆脱来自这些人的一部分麻烦。然后，机会出现了。7 月 29 日，Dylan 和他的摩托车卷入了一场事故当中，这场事故的严重性事后一直存在许多争议。最先的报道十分可怕：Dylan 在一场可怕的车祸中死里逃生，脖子断掉、毁容、瘫痪且昏迷。虽然事实并没有那么糟糕，但 Dylan 决定利用这次机会。贪婪的经纪人 Grossman 被迫取消已经定好的 64 场美国巡演，麦克米兰公司和美国广播公司也暂做出了让步。Dylan 为自己赢得一段重获新生的时间。Robbie Robertson 很快就跟随 Dylan 搬到了伍德斯托克镇。到 1967 年 2 月，Rick Danko、Garth Hudson 和 Richard Manuel 也来了，并且在西索格蒂斯租了一间被当地人称为 Big Pink 的房子。在 Hi Lo La 的红房间里进行了一些喧闹的录制工作之后，Dylan 和即将成为 The Band 乐队的这群人，每天都聚在 Big Pink 里，在一种轻松、放纵的氛围中嗑药、演奏、唱歌、录音。这些后来被称为 The Basement Tapes 的录音，在当时并没有公开。Bob Dylan 一直坚持说，这些录音当时并不打算拿来发行，但是 The Band 可能认为，这些录音会成为 Dylan 继 Blonde On Blonde 之后新专辑的核心部分。

他们不知道的是，Dylan 除了带到 Big Pink 来的 30 多首原创作品（都是在几个月之内写的），私下还在写另一批歌。它们与他过去冗长的歌词风格相反，但同样是他最伟大作品的一部分。10 月中旬，他来到纳什维尔 A 号录音室，担任伴奏的有贝斯手 Charlie McCoy、Blonde On Blonde 的鼓手 Kenny Buttrey，夏威夷吉他手 Pete Drake 也从 Chet Atkins 的录音阵容中被临时拉来，在这张专辑里演奏了两首歌。10 月 17 日、11 月 6 日和 11 月 29 日，Dylan 在每次 3 个小时的录音后，完成了整张专辑的录制。McCoy 对于 Dylan 这次的变化目瞪口呆。要知道，15 个月前在 Blonde On Blonde 的录制过程中，专辑的大部分歌还都是在录音室里写的，而且 Dylan 在当时还需要超长的时间来不断修改歌词。但这一次，Dylan 在来之前已经写完了所有的歌，并且对于它们听上去应该是什么样子都有着明确的想法。

以第一首歌 *John Wesley Harding* 命名的这张新专辑在 12 月 27 日正式发布了。Bob Dylan 坚持并保证了专辑低调发行，但如果他认为专辑可以低调地脱离公众的视野，那他就错了。当然，这张专辑让许多人感到困惑。在那个迷幻的放纵时代里，专辑清醒、严肃，仿佛在严厉谴责"爱之夏"的异想天开，甚至连专辑封套也是如此。那年夏天，The Beatles 发行了 *Sgt. Pepper* 这张专辑。封面上的他们，得意扬扬地置身于五光十色的上层社会和各界名流的中心。而 Dylan 唱片封面上的自己，则是一个眼睛斜视、衣服皱巴巴的形象，身边站着的人像是一个古怪的工人，旁边还有两个农场小伙。同时，专辑中的歌曲也都是简练的诗句、庄重的寓言与无解的传言，通常包括三段，几乎没有副歌。这些歌曲大部分都是在 Hi Lo La 这个房间里面创作的，Dylan 每天都会研读的钦定版《圣经》——被摆在了房间最显眼的位置——对这些歌产生了很大影响。

然而，值得记住的是，Dylan 在那本《圣经》的旁边，还放置了一卷 Hank Williams 的歌词本。对于他当时在写的歌曲来说，Hank Williams 那些世俗化的歌词，同 Woody Guthrie 式的民主宇宙观同等重要。Woody Guthrie 的歌集可能为 *John Wesley Harding* 的演员表，提供了这样一些角色：亡命之徒、移民、流浪汉、圣徒、烈士和鬼魂。当然，Guthrie 倾向于夸大他笔下那些平民英雄的美德，不管他们是流氓还是歹徒；同时也倾向于把法律、银行和腐败的政治家妖魔化。Dylan 不允许自己如此多愁善感。他的这张专辑充斥了大量道德上的模糊性，阴暗地颠覆

了那些被美化过的边疆开拓者造就美国的神话。关于正义、英雄主义、高贵的亡命之徒等观念也被依次解构，苦涩的新现实与令人安慰的传说形成了矛盾对比。如果说专辑里有大量东西使乐迷们困惑，那么当时的反主流文化评论人对 Dylan 则可以说感到愤怒。在他们看来，美国当时正处在危机中，在这要紧关头，Dylan 这个所谓的"一代人的声音"、"水瓶时代"的主教，却保持着高深莫测的缄默。确实，专辑里没有一首歌明确地提到当时美国的悲哀。但在那一年，又有哪些专辑如此令人胆寒地道出了这个国家的不安呢？*John Wesley Harding* 充满了不祥的预感、征兆与告诫，以及巫师般的神秘。每一首歌都仿佛蕴含着即将到来的灾难与剧变，浓云密布。*All Along The Watchtower* 就是一个经典的例子。Jimi Hendrix 把它变成了一个完完全全的世界末日，而在 Dylan 本人的原版中，一切都如此荒凉又令人毛骨悚然，充满预期中的恐惧气氛，显得更加可怖，冷风开始呼啸……

John Wesley Harding 的最后两首歌，在情感上与整张专辑截然相反——一首是 *Down Along The Cove*，带有太阳唱片公司年代的欢乐；另一首是受 Hank Williams 影响的 *I'll Be Your Baby Tonight*。后一首歌里愉快地表达着安慰之意，如果说它听起来像是另一张专辑的某首歌，也不是言过其实。毕竟，这是专辑中的唯一一首，能够预示出 Dylan 在 1969 年 2 月回到纳什维尔录制 *Nashville Skyline* 时录出来的东西会是什么样子的歌，而 *Nashville Skyline* 可能是 Dylan 本人最心爱的专辑之一了。

发行日期 **09 | APRIL | 1969**

NASHVILLE SKYLINE

· 纳什维尔地平线 ·

心满意足的乡村音乐专辑？美式乡村乐的原始文本？
关于 Dylan，真相一如既往地更为复杂。

ALASTAIR MCKAY

时隔几十年再来回顾，*Nashville Skyline* 一直被称颂为开创了美式乡村音乐（Americana）风格的一张专辑。这是一个颇有价值的主张，即使听起来像是一种道歉，是在为 Dylan 与纳什维尔的短暂调情（始于专辑 *Blonde On Blonde*）在他几乎已经入乡随俗时画上句号寻找借口。这种说法也误解了这张专辑的本质，冒犯了那些"纯粹的 Dylan 主义者"，他们觉得专辑不够革命性，因为当时是 1969 年，美国正处于越南战争及同自我的斗争中。Dylan 的歌，从未显得这么开心过，从未唱得这样甜美过，从来没有使用过这样直白的语言，歌唱着自己的心满意足。

需要注意的是，Dylan 的乡村音乐专辑，并不是真正的乡村音乐。他之前在纳什维尔制作的专辑 *John Wesley Harding* 中的最后一首歌 *I'll Be Your Baby Tonight* 是更为忠实的乡村乐类型练习。但 *Nashville Skyline* 受乡村音乐的影响，在于其直接的表达方式，而不是音乐风格。是的，Dylan 雇用了一支杰出的纳什维尔录音室乐队，他们毫不费力地就可以演奏出清晰的乐句。此外，活泼的纯乐器演奏歌曲 *Nashville Skyline Rag* 听起来像是一场乡村歌剧的幕间音乐，或是在喜剧西部片中人们互相扔蛋奶派时的背景音乐。要不是其中的一些口琴演奏，这简直可以成为 Buck Owens 任何专辑中的一首充数曲目。但这首歌并不具有代表性，因为在专辑的其他歌曲中，Dylan 对传统做了一些改变，以适应自己的需要。

一切本可能是另一个样子。专辑开头的第一首歌是 *Girl From The North Country*。这是一首由 Dylan 和 Johnny Cash 合作的二重唱。Cash 专门在附近录音室录音休息期间，赶过来和 Dylan 合作了此曲。当时 Cash 是主流电视明星，但两人惺惺相惜，超越了他们在音乐上的差异（Cash 在专辑封套上写道：Dylan 是一个出色的诗人，且远不止于此）。两人随即和 Cash 的乐队一起即兴演奏 Carl Perkins 担任吉他手，他曾在太阳唱片的老朋友 Marshall Grant 则担任贝斯手），录制了许多 Cash 的歌以及几首 Dylan 的歌。

这次尝试或许最好被视为 Cash 音乐生涯中一次有趣的消遣。最终，只有 *Girl From The North Country* 被收录在 Dylan 的唱片中。这首歌之前曾出现在他的第二张专辑中，这一次进行了彻底的重新编配：Cash 的出现，为 Dylan 原曲中的民谣式内省，加入了一种葬礼式的气息。Cash 和 Dylan 并不是最般配的二重唱——比如说，他们的节奏感不同——但是把这首歌放在专辑的最开头，同样掩盖了 Dylan 最值得注意的东西：他的唱。他的声音从未如此纯净过，而且以后也不再会了。

当然，对此也有一种解释。Dylan 早年的朋友，Jahanara Romney（又名 Bonnie Beecher，有人说她是 *Girl From The North Country* 灵感的来源）说，Dylan 在 *Nashville Skyline* 中的声音，就是他音乐生涯刚开始时的声音，而那些年来低沉的声音，则是他一直无法摆脱支气管炎咳嗽的结果，当然，同时也是因为受到了 Woody Guthrie 的

影响。但是，看起来同样有可能的是，他之所以那样唱歌是因为那个声音符合歌曲内容。冲突都被从歌曲中删去了，所以咽炎也从 Dylan 的喉咙中被赶了出去。

专辑的热门单曲 *Lay Lady Lay* 是为 John Schlesinger 的电影《午夜牛郎》创作的（但最后没有被用在影片中）。歌曲十分浪漫，虽然表面之下隐藏着不和谐。Dylan 的低音混合着高音，风琴配合着夏威夷踏板吉他，但是打击乐器和鼓声听起来有点乱，据说是因为不确定使用牛铃还是小手鼓引起的。虽然歌曲很柔和，但歌词也并非十分直白。Dylan 在第一人称和第三人称间不断变换，当他唱"为什么要等待这么久才开始? 你完全可以二者兼得"（Why wait any longer for the world to begin? You can have your cake and eat it too）时，听起来像是更想要当下的满足，而非表示忠诚的话语。或者，他只是坠入了爱河，并且为活着而感到高兴吧。

同样的感情，还渗透在歌曲 *To Be Alone With You* 中。这首歌中尽管使用了诸如 charms 和 arms、sweet reward 和 thank the lord 这些韵脚，但 Dylan 还是设法摆脱了平庸。而且，虽然这只是一首两分钟的歌曲，但它依旧有着布鲁斯音乐的高傲姿态，让它摆脱了类型化。这首歌主要依靠的是起伏的钢琴旋律，但电吉他简练的爆发也十分美妙。

之后就是专辑的情感支点——*I Threw It All Away*。这是一首抒情歌曲、一首挽歌。一首关于懊悔的圣歌。在歌中，讲述者充满懊悔地审视着已经破碎的浪漫关系。如同专辑的大部分歌曲一样，这首歌除了直白的语言之外，并没有太多和乡村音乐有关的东西。因此，当 Dylan 学家们还在猜测有关这首歌的缪斯女神到底是谁时，歌曲本身却在追求一些更为普遍的事物。你或许会批评歌词"爱是一切，它使世界转动起来"（Love is all there is, it makes the world go round），是一种站不住脚的政治借口，尤其在 1969 年那段动荡时间。但请你再仔细听一次，看看它听起来像不像真的。同时，也要考虑一下 Dylan 的演唱方式。当他唱到有关懊悔的歌词，比如"听一句过来人的忠告吧"（Take a tip from one who's tried）的时候，你几乎可以感受到另外一个 Dylan，一个在演唱时喉咙细紧且愤怒的 Dylan。不过，歌中并没有愤怒与讽刺，且关于这份内疚感该如何处理，也没有含糊之意。

当然，专辑中也有令人开心的歌曲。精简的 *Country Pie* 至少算是半首趣味十足的乡村布鲁斯（这首歌只有短短 90 秒）；*One More Night* 的节奏像是缓慢开动的火车一般；*Tell Me That It Isn't True* 则是一种克制的关于怀疑的探求。专辑的最后一首歌 *Tonight I'll Be Staying Here With You* 描述了一个优美的祈求，歌者获得了一段短暂的恋情，于是错过了火车，他的行李被抛出车窗外，他也抛掉了自己的烦恼。

火车开动了吗? 是的，Dylan。

发行日期 08 | JUNE | 1970

SELF PORTRAIT

· 自画像 ·

"我希望这些人可以忘记我……"
重新评价 Dylan 最让人困惑的专辑之一。

NIGEL WILLIAMSON

在专辑 Self Portrait 经受了嘲弄和不受喜爱几十年后，Ryan Adams 在 2001 年接受 Uncut 采访时，以一句随口的回答，为 Self Portrait 的地位平了反，说它是 Dylan 全部作品中的一个重要里程碑。Adams 在当时正处于多产期，从一个肤浅的程度上来看，或许可以与 Dylan 在 20 世纪 60 年代中期的高产相媲美。那时，Adams 创作歌曲的速度要超过录制歌曲的速度，Uncut 曾问他就不担心和 Dylan 一样把自己燃烧殆尽吗？毕竟，Dylan 在推出 Blonde On Blonde 四年后，就发行了 Self Portrait 这么一张全是破烂货的专辑。"我当然希望是这样啦，Self Portrait 可是张好专辑啊！" Adams 答道。

渐渐地，Dylan 的关注者开始重新注意专辑中被忽略的作品。1970 年，Greil Marcus 在《滚石》杂志上写过一篇著名的痛批文章，以"这是什么垃圾？"作为开头。之后，专辑的名声就一直没再恢复，也很少有人再对 Marcus 令人难堪的托词表示反对，虽然他说自己只不过是表达了"每个人都想脱口而出"的观点而已。然而，评论家们的正统观念是否真的误解了 Self Portrait？

一个重新评估的谨慎赞美，终于适时地出现在 Uncut 中，认为经过时间的检验，这张专辑呈现出不同的风采，不应该被看作绝望的大杂烩，相反，它是一本个人的音乐剪贴簿。从民谣到布鲁斯，从乡村华尔兹到锡锅街流行乐，从 Elvis 到 the Everlys，这些音乐为 Dylan 音乐才华的发展演进充当了背景。相似的重新评估也出现在其他地方，

渐渐地消解了对这张专辑长久的轻视。而且，Dylan 最终也对它重新进行了审视：2013 年，这张专辑录音期间更有揭示性的曲目，出现在了专辑 Official Bootleg Series 之中。

要理解这张专辑被恢复名誉的过程，我们需要知道为什么原本的 Self Portrait 让 Dylan 的乐迷们如此惊愕。如果说 Nashville Skyline 作为一张一次性的类型尝试，还可以被原谅的话，那么 Self Portrait 可不是。乐迷们想不明白，为什么世界上最伟大的作曲家会浪费时间去翻唱那些做作的后继者，比如 Gordon Lightfoot 或 Paul Simon 的歌？在笨拙地吟唱 Blue Moon 时，他到底在想什么？除了径直冲向大路货歌曲的深渊，这些过于多愁善感的编曲到底有什么用？

一般的结论是，Dylan 已经放弃了自己，且这位伟大的诗人也没什么话可说了。专辑的第一首歌曲是一段女生合唱，不停地唱着"烈日下马群疲惫不堪，我该如何骑上它们踏上旅途"（All the tired horses in the sun, how I'm sposed to get any riding done）。是不知怎么骑，还是不知怎么写了？从歌词角度来说，Wigwam 就更水了，歌曲中只有几句无意义的吟唱（虽然也算好听）。这些就是这张 24 首歌的双张唱片里仅有的几首新的原创歌曲，难怪歌迷有愤怒和遭到背叛的感觉。"你不应该人身攻击。" Dylan 在 Blonde On Blonde 中唱道，但是许多人正是这么做的。

今时今日，这张专辑表现出来的简单真理、漫不经心的杂乱以及自我的缺失等，与我们当下的时代精神更加呼应。*Days Of 49*、*Little Sadie*、*Alberta*、*It Hurts Me Too*、庄严的 *Copper Kettle*（这首是 Dylan 从 Joan Baez 在 60 年代初的保留曲目中学到的），甚至草草拼凑的 *Minstrel Boy* 等歌曲，现在听来也是当代美式乡村音乐的经典，是 Dylan 向民间流行歌曲长河深处探求的结果。也许如果先听到早于 *Self Portrait* 三年录制，却直到 1975 年才发行的专辑 *The Basement Tapes* 的话，我们可能会更好地去理解它了。

至于 *Take A Message To Mary* 和 *I Forgot More Than You'll Ever Know* 等歌曲，就是他在自己长大的德卢斯市的当地电台中听到的。这些也是多年后他在自己的广播节目 *Theme Time Radio Hour Show* 里播放过的歌曲。*Early Mornin' Rain* 和 *The Boxer* 是对他赞赏的同龄人的认同，就像 Bowie 把 *See Emily Play* 和 *Sorrow* 收录在自己的专辑 *Pin Ups* 里，以及 Lennon 把 *Stand By Me* 和 *Peggy Sue* 收录在专辑 *Rock'n'Roll* 里一样。Dylan 做这张专辑的动机，以及这在某种程度上是惹怒自己大量乐迷的任性做法，如今仍然是个谜。"我们发行那张专辑的目的就是要自己清净清净，这样人们就不会来买我的专辑了。"他把这句话坚持了 20 年。"我说，'妈的，我希望这些人可以忘记我。我想做一些他们不会喜欢的事情。'"然而，自相矛盾的是，正是看似随意的歌曲合集，反倒成为它最大的优点——这种拼凑的做法，仿佛

是 Dylan 远在开始"官方私录"（official bootleg）系列之前，对盗版做出的第一次回应。1969 年 4 月，Dylan 到纳什维尔录制了 11 首广为人知的标准曲，或许是考虑用一张乡村乐翻唱专辑作为 *Nashville Skyline* 的姊妹篇。其中的 5 首歌曲，包括 *Blue Moon*、*Let It Be Me* 和 *Take Me As I Am(Or Let Me Go)*，最终出现在了专辑 *Self Portrait* 中。

11 个月后，Dylan 回到了在纽约的录音室。这一次的乐队成员包括了 Al Cooper 和 David Bromberg。他们这一次录制了 14 首后来会出现在 *Self Portrait* 中的歌曲，曲目来自民谣和流行乐的各种标准曲。然后，他突然想到，要把这些歌曲加入到上一年录制的那批乡村乐当中，并把这些在纽约做的录音送到纳什维尔的制作人 Bob Johnston 那里做叠录，让它们变得更缠绵、更乡村化。

专辑的第三部分，奉上了一些 Dylan 最广为人知的歌曲，录制于 1969 年 8 月的怀特岛音乐节——恰好在两次录音室工作期间。因此，我们可以开个玩笑说，出现在这张翻唱专辑里的是一个有着陌生鼻音的"新" Dylan，翻唱如今已经消失、曾有着"水银般狂野声音"的"旧" Dylan。

最终的呈现结果是，这是一张令人惊讶且极富智慧、非常有自我意识、有远见的专辑，尽管当时人们没有意识到这点。其中唯一缺少的，或许是一首翻唱 Sinatra 的歌曲，而我们还要为此再等 45 年。

发行日期 19 | OCTOBER | 1970

NEW MORNING

· 新晨 ·

**有关家庭的奇思妙想和诚挚祈祷？垮掉派诗歌和酒廊爵士乐？
继 Self Portrait 后快速推出的一张专辑；陌生感依然存在。**

PETER WATTS

"我觉得这些歌可以消失在一阵香烟的烟雾中，这很适合我。"对于专辑 New Morning 的录制，Bob Dylan 在自传《编年史》（Chronicles）中如是写道，"这听上去不错。"这听上去不错。这不是一个非常强有力的认可，但这表明 Dylan 的思维开始回溯。1970 年，以 Dylan 的歌词命名的美国都市游击队"天气"（The Weathermen）更名为"地下天气"（The Weather Underground）。Dylan 把这当作自己摆脱反主流文化的形象的征兆。现在，他终于可以摆脱"世代发言人"这个标签的束缚，好好地做音乐了。虽然 New Morning 并不是向旧观点的回归——怎么可能是呢？专辑中这么多的歌曲都只是在歌颂简单的家庭生活——但它至少暗示了 Dylan 在发行那张无法被人理解的重磅炸弹 Self Portrait 的四个月之后，就开始试图寻找新的方向。有人认为 Dylan 创作这张专辑的目的是在为 Self Portrait 的失误作补救——这一次不要翻唱！用鼻音唱！——但 New Morning 的大部分录制工作都是在 Self Portrait 发行之前完成的，因此 Dylan 不可能是为了安抚"受到惊吓"的乐迷。相反，这是一张 35 分钟异想天开的专辑：从第一首柔美的情歌 If Not For You 到懒散地唱着"啦啦啦"的歌曲 The Man In Me。这张精彩的专辑完全不带一点严肃性，非常轻松。

这张专辑在 Dylan 众多的作品中并不是很重要，但迪伦也施展了不少小把戏和障眼法：Winterlude 是煽情的华尔兹；If Dogs Run Free 的垮掉派爵士风格把 Dylan（带着一本正经的表情吗？）同凯鲁亚克联系起来，同时一个和音歌手疯狂地乱唱着；Three Angels 是一首以口头语形式演唱的宗教哀歌；而 Father Of The Night 则是基于犹太教祈祷文的 90 秒祝祷。在这张专辑中，Dylan 侥幸成功了，就连怪诞的歌也不错，不怪诞的歌甚至更好。

伴奏乐队对他大有帮助。这支乐队由一流的录音室乐手和老帮手们组成。Al Kooper 再次在其中负责键盘演奏，并且扮演了合谋者的角色。Kooper 认为自己有资格被列为制作人，但这个头衔后来落在了 Bob Johnston 身上，因为他监督了早期录音，而正是这几次录音决定了专辑的基调。录音工作于 1970 年 5 月开始，但其中一些歌曲早在 3 月份 Self Portrait 的录音中已经被首次录制过。大部分的录音是在 6 月份，New Morning 里的主要歌曲都是在 6 月 5 日完成的。几天后，薄命的 Self Portrait 就发行了。这张专辑的最初动机是 Dylan 受邀为普利策奖获得者 Archibald MacLeish 的戏剧写歌。这部音乐剧名叫 Scratch，是根据浮士德类故事 The Devil And Daniel Webster 写成。Dylan 见了 MacLeish（Dylan 在自传《编年史》中的描述表明他对这位优秀作家的智慧充满赞叹）并匆忙写出了一些歌曲，但这两人的本质是相反的：Dylan 的歌曲异常轻快，而 MacLeish 的戏剧则是阴暗的。于是 Dylan 转而将这些歌变成了 New Morning。

专辑的第一首歌是 If Not For You。这首非常棒的乡村音乐小品之前在录制 Self Portrait 时被尝试过。此次 Dylan 和 George Harrison 录制了另一个版本，自然激起了人

们的兴趣,但多年一直没有发行,后来 Harrison 在 *All Things Must Pass* 专辑中翻唱了这首歌。这首歌是 *New Morning* 的理想开篇:旋律甜蜜、轻松,以至于你几乎不能发现歌词其实是多么的无足轻重("我将会悲伤忧郁,如果不是因为你")。这令人想起 Dylan 在自传《编年史》中写道:"如果我的歌只有歌词重要,那 Duane Eddy 在录制我的歌曲的旋律时,他到底在做什么呢?"是的,*If Not For You* 的重点绝对不在于它的歌词。

在自传中,Dylan 写到自己为了摆脱旧有的标签(预言家、弥赛亚、救世主)是多么不顾一切,还有 1970 年 6 月,他回到普林斯顿大学接受荣誉学位时,被介绍为"年轻美国充满忧虑且不安的良心",也让他感到恐惧。这段经历被简洁地记录在 *Day Of The Locusts* 中。这是唱片中的第二首歌,受到福音音乐影响,是专辑的一个小主题,Dylan 在里面弹着优美的钢琴旋律。钢琴主导了后面的三首歌曲。在为 *Scratch* 而写的 *Time Passes Slowly* 中,Dylan 赞颂了乡村生活;*Want To See The Gypsy* 是一首假想自己与猫王见面的摇滚歌曲。*Winterlude* 则是一首古怪而又充满柔情的华尔兹,带有玩闹的歌词"温特路德,这让我懒惰,温特路德,这家伙认为你很不错"。接下来的 *If Dogs Run Free* 更加怪异,以 Kooper 美妙、轻快的钢琴演奏为开头,在之后离经叛道的酒廊爵士乐氛围下,Dylan 像垮掉派诗人一样认真朗诵,Maeretha Stewart 则模仿乐器的声音,低声咆哮着,或发出短而尖的叫声。Dylan 的作品里很少有比这更怪异的时刻了。

唱片 B 面的歌曲则采用较为传统的吉他拨片弹奏的专辑作为开篇。这又是一首没被选入 *Scratch* 的歌,赞美了晴天的单纯快乐,*Sign On The Window* 延伸了这个主题并紧扣专辑的福音感情基调。Dylan 弹着钢琴唱道:"讨个老婆,钓些鳟鱼,有几个孩子管我叫爹。一切就该是那样吧。"听起来几乎像真心话。*One More Weekend* 是一首布鲁斯,我们看到了一个充满欲望,试图寻找婚姻中另一种快乐的 Dylan:"把孩子们都留在家里",为了"再与你共度一个周末"。辉煌的 *The Man In Me* 中,Dylan 唱着"la la la la"开场,然后用雷鬼乐的断句方式,在情人的耳旁道出他的赞美:"但是啊,多么美妙的感觉,只要知道你在身边,便让我神迷目眩,从头到脚。"Dylan 在福音音乐的伴奏下歌颂世俗激情,令专辑有了迷人的感召力。与此矛盾的是,结尾两首歌似乎在鼓吹一种更高的力量:*Three Angels* 奇怪又伤感,歌中的 Dyan 走在一条平凡的街道上,看到了天使,不管是不是一种隐喻,一个合唱队为他伴唱,唱着充满宗教感的"啊"。*Father Of Night* 中,则是 Dylan 献给上帝的直率的小夜曲,预示了他的未来。

但在专辑中,没人会介意。它的内容和 *Self Portrait* 一样不寻常,却少了一些咄咄逼人。在自传中,Dylan 提起了专辑的反响:"它被人们称为一张复出之作,的确如此,而且后来它成了许多复出之作中的第一张。"恐怖组织"地下天气"也是一股复出力量,1970 年 12 月,他们以 New Morning 为题,宣布放弃武装革命,转向社区生活、药品和有机食品。Dylan 成就了一切,即便他从来不说。

一个叫 Alias 的男人：Dylan 在 Sam Peckinpah 的电影《比利小子》中的剧照，1973 年

他并不是对你挑剔，他只是比较粗鲁

杜兰戈正天气炎热，遍布灰尘，充满危险。MICHAEL WATTS 在这里"追捕"着一个叫 Alias 的男人。此时的 Dylan 正在墨西哥拍摄 Sam Peckinpah 的电影《比利小子》。他在做什么？或者说，快速发展的电影生涯，对他的音乐意味着什么？无畏的 WATTS 能否搞定采访？"天哪，哥们儿！"Kris Kristofferson 嚷嚷道，"你怕什么？我才怕呢，我正和这人一起拍电影呢！"

★ 摘自 1973 年 2 月 3 日

MELODY MAKER

在其他任何情况下，评论不会这么不寻常。但是今天，坐在距离墨西哥沙漠两万英尺的高空中，哇，这种常态有了一种不寻常的感觉。

这个留着浅淡、稀疏的胡子，带着黑色大礼帽的小个子，过去几周基本上跟所有人都没说过多少话，此刻他小心翼翼地从机舱的过道走过来，突然轻轻地推了推我的肩膀。当时我正在眺望着几千英尺之下红色伤痕般的高原，视线突然撞到一双几乎半透明的蓝色眼睛。

"你是在 Melody Maker 工作吗？"他问道。还在惊讶中的我点了点头。"那 Max Jones 还在那里工作吗？""Max Jones？是的，他还在那里工作，但……你竟然记得他！"

他微微点了点头，面无表情地靠着座椅。他那带点小卷的头发上面部分是黑色的。距离这个年轻的民谣歌手在皇家节日音乐厅表演已经有十年之久了。当时，他还只是个孩子，但是却入住在奢华的梅菲尔酒店。他喝着博若莱葡萄酒，穿着牛仔裤、短靴和一件皮夹克。他告诉 Max Jones，他写的是备受争议的歌曲。事实上，那是 Bob Dylan 第一次在英国接受采访。

"眼镜仔"Rodolfo 很熟悉杜兰戈。他把我的包拿到了卡米诺里尔酒店 4 层的房间里。这是墨西哥城里最具太空时代格调的酒店，门童们都穿着印有金色菱形的黑色斗篷。在等待小费的时候，Rodolfo 在摆弄着窗帘。

"杜兰戈？是的，是的。"他把眼镜往鼻梁上托了托。这个矮小、壮实的墨西哥人如往常一样急切地想要讨好"美国佬"。"非常、非常热，非常干燥。"他手舞足蹈地说着。"这里经常拍电影。"他突然停了下来，眼睛一亮。"你是来拍电影的？"我轻声告诉他电影是 Sam Peckinpah 导演的。

"Sam Peckinpah！"他大叫起来，"Sam，他是我的朋友！"他激动得就像听到了自己父亲的名字一样，"他就住在这里。很棒的人，他非常能喝。"他把手指放在嘴唇上，然后扶了扶眼镜，开心地摇了摇头。我往他的另外一只手上递过几枚硬币。"谢谢你，先生。非常感谢。"说完他就离开了，"当你看到 Sam 的时候，告诉他，告诉他你见到了 Rodolfo。"他一边关门一边说道，并指了指自己的眼镜："他记得这副眼镜。"他走下走廊后我甚至还能听到微弱的偷笑声。

Sam Peckinpah！甚至在库布里克之前，他就已经是好莱坞暴力风格的狂热信徒。电影《日落黄沙》(The Wild Bunch) 和《稻草狗》(Straw Dogs) 的导演，一个酒鬼、野人、厌恶女性者——那个魔鬼。在如今这个充斥着滑稽西部片、沃霍尔式的沉闷西部片、新现实主义西部片、处处都要不一样西部片的年代，关于如何制作西部牛仔电影，他始终保持着强硬的态度。

他相信拳拳到肉和真枪实弹的动作场面，混杂着一些西部片的传说，但最终又把这些神话毁掉，并揭开其中的伤疤给观众看。他的电影面向男性观众，而他在生活和电影中硬朗的外形也让身边的人对他狂热崇拜。

在拍完了《铁汉与寡妇》(The Deadly

Companions）和《午后枪声》(*Ride The High Country*) 这两部电影后，Peckinpah 和 Charlton Heston 在 1964 年合作拍摄了电影《邓迪少校》(*Major Dundee*)，但制片人 Jerry Wexler（大西洋唱片公司的名人）将其重新剪辑了。这件事后，Peckinpah 经历了一段灰暗时期。电影《辛辛那提小子》(*The Cincinnati Kid*) 的制片人 Martin Ransohoff 把他洗劫了，他因此损失了一大笔钱。随后嗜酒成瘾且婚姻出现危机（他与他的墨西哥妻子 Begonia 两次结婚再离婚，之后娶了一名 29 岁的英国金发女子 Joie，她是他在拍摄电影《稻草狗》时认识的一名秘书）。

在电视行业待了一段时间后，Peckinpah 和 William Holden 合作拍摄了电影《日落黄沙》。电影因其中的暴力镜头大获成功，当时电影圈刚刚弥漫起接受暴力场面的气氛。影片中对于屠杀的慢动作拍摄手法让他备受争议，铺天盖地地批评他对血腥的容忍。

"我想狠狠揍他们一拳。"Peckinpah 告诉《时代》杂志，"我认为所有人，包括我自己，都有暴力倾向。"随后，他和 Dustin Hoffman 合作了电影《稻草狗》和《约尼尔·波恩纳》(*Junior Bonner*)，和 Steve McQueen 合作了电影《亡命大煞星》(*TheGetaway*)，这些电影都更深地体现了他暴力、血腥的电影制作手法。

然而，即便这样，也没有一部电影可以像《比利小子》一样在放映前就引起那么多热议。并不是因为 Peckinpah 本人，也不是因为他的电影理论，而是因为某一位"演员"。我的意思是，尽管电影中明星云集——James Coburn 拍过很多电影，例如《豪勇七蛟龙》(*Magnificent Seven*)；Jason Robards Jr. 也曾出现在 Peckinpah 的电影《牛郎血泪美人恩》(*The Ballad Of Cable Hogue*) 中；Kris Kristofferson 是著名的民谣歌手，但他也出演过两部电影《西斯科·派克》(*Cisco Pike*) 和《热恋中的布鲁姆》(*Blume In Love*)（与 George Segal 一起出演，将在 5 月份上映）。

但是 Bob Dylan 才是重点！Bob Dylan 和

Dylan 与 Peckinpah,1973 年

Bob Dylan 和 Sam Peckinpah 的合作，代表了旧美国与新美国的碰撞，是西部传统主义价值观与东部波普超现实主义的相遇。

Sam Peckinpah 的合作，代表了旧美国与新美国的碰撞，是西部传统主义价值观与东部波普超现实主义的相遇。它是截然不同的两代人、两种生活态度的象征性会面。而这还不是全部。在表象之下还藏着其他的涵义。

对于 Sam Peckinpah 来说，他让 Dylan 和 Kristofferson（他的生活方式也许有点摇滚，但是他其实很传统）参演他的电影，代表了他对年轻人文化和图腾的成熟接受。在 Peckinpah 过往的作品中，他对这些充

耳不闻。无疑，他最终被他们对于摇滚一代人的票房价值说服，这是他的投资人米高梅公司会跟他阐明的一点。

但对 Dylan 来说，这个角色十分重要。他是正在衰老的、被指定多年的先知。他上了年纪，且已慢慢淡出他"先知"的角色。这个角色与他的能力并非十分相关，甚至是压制了他真正的才能。现在转到现实生活中来：距离 Dylan 制作上一张专辑 *New Morning* 已有两年，但很明显，他还没有制作新专辑的计划。他和哥伦比亚唱片公

司的合约已经结束，然而他不可能把专辑送到其他唱片公司，除非他想放弃在美国广播公司所拥有的巨额版权费。他一直和朋友暗示说自己厌倦了音乐产业，不想再进行任何表演，除非是在朋友的专辑中随意客串，比如 Doug Sahm 和 Steve Goodman。而且，他已经离开了太久，以至于即便他自己愿意，他对需要回归的工作也不那么了解了。并且，就像 Grossman 敏锐察觉到的，Bob Dylan 的演出效果并不稳定，以至于只能说他优秀的表演很罕见。

这就是 Bob Dylan。但 Bob Dylan 到底是谁？当这个音乐家和世代标志的神话如迷雾般升起之时，他在寻找某种方向，一个新的目标。他看到诸如 Lennon、Jagger 等其他杰出的音乐家开始涉足电影。还有 Andy Warhol 这位老先生。与此同时，在墨西哥，新近成为朋友的 Kris Kristofferson 正在拍一部电影。讲"比利小子"的。比利小子！不管事实到底怎样，他就是美国传奇的一部分。John Wesley Hardin(g) 也是，之前他还用他的名字做过专辑名。在墨西哥的杜兰戈，Dylan 去片场探望 Kristofferson 的时候，他写了一首关于比利的歌，并给在现场的工作人员表演。参演人生第一部全场电影已经是理所当然的。

他拿到了这个角色。实际上，是 Kristofferson 的经纪人 Bert Block 在一种很复杂的情况下帮他促成了这件事。Block 是一名专业的音乐人，曾经是 Billie Holiday 的经纪人，负责 Dylan 在怀特岛音乐节录制工作的所有安排。自从与 Grossman 的合约到期后，Block 就是最接近 Dylan 的业务经理的人了（Block 与 Grossman 曾是共事的伙伴，共同负责过 Janis Joplin 的工作）。

Block 告诉 Dylan，Kristofferson 正在拍电影，并建议 Dylan 同去。Block 也向制片人 Gordon Carroll 提及此事，Carroll 听了十分高兴。Dylan 还和编剧 Rudy Wurlitzer 聊了聊，并参加了一场《日落黄沙》的私人放映会。一开始，他对这个计划持怀疑态度，而且他原来只打算看一卷胶片，结果却看了三四卷……从米高梅的影院走出来，Dylan 已经对电影跃跃欲试了。

他对出演电影这个想法十分感兴趣，但同时他也害怕自己不能胜任，因为他之前仅仅录制过纪录片而已。他想，Peckinpah 实在是一个令人惊恐的天才！

为了祛除自己的担忧，Dylan 和 Block 一起来到墨西哥。第一天晚上，他们在 Peckinpah

的家中享用了一顿烤山羊宴，然后参观了片场。Dylan 对西部片的服装尤其感兴趣。他像小孩子参加变装派对般，试穿帽子和道具服。

他到处走了走，然后在第二天，拿起吉他向 Kristofferson、Coburn 和 Peckinpah 演唱了 Billy The Kid 这首歌。Peckinpah 当场就给了他一个角色。虽然只是作为 Billy 的副手这样一个小角色，但只要他愿意，戏份肯定随时可以加。Dylan 没有提出任何要求，也说明他自己还不够自信。他饰演的是一个在诗意的层面上再合适不过的角色：Alias。

在作为音乐家的公开生活中，Dylan 并没有一个明确的身份。在电影中，他是一个无名氏。但他或许已经为一直迷惑着自己的"新方向"找到了答案。电影的工作人员说，Dylan 愿意在今后的影片中继续扮演 Alias 这个角色，并开玩笑地说自己想继续保持无名氏的身份。

从某种意义上来说，Dylan 就像白兰度。50 年代的白兰度和 60 年代的 Dylan 都是时代风格和情绪的代表。然而在 20 世纪 60 年代后期，他俩的魅力都稍有减退。他

两个朋友：Dylan 和 Kris Kristofferson

们开始淡出大众的视野，同时对于他们的批评也在增加——一个是针对其电影，一个是针对其音乐。

最近，马龙·白兰度已经通过《教父》(*The Godfather*)和《巴黎最后的探戈》(*Last Tango In Paris*)两部电影成功找回了自己的活力，而Dylan还在通往成功的路上，这就是白兰度与Dylan的差别。这部电影是测试Dylan利用不同媒介的才能的一大步，虽然不一定就要成为一个演员，而是让他确定自己的电影感觉。这是一个训练场，为他日后可能涉足的导演事业做准备。

Dylan已经和妻子Sara、5个小孩及一只叫Rover的狗，11月23号来到了杜兰戈，所以当我抵达时，他们已经这里待了三个月了。Sara把孩子们带去一个邻近的州：Yucatán，那里的居民都是玛雅印第安人的直系后代，认为自己是独立于墨西哥的单独群体。他们有个11岁的女儿叫Maria，还有一个7岁的长子Jesse Byron，据说是一个非常疯的孩子。Maggie Netter是MGM的一名公关，她说曾和这个男孩一起在星期天兜过风。“他非常聪明！当然，这几个孩子都很聪明。但父母完全不管他们，就让孩子自己瞎跑着玩。他们放任孩子做任何事。如果孩子们要回家，他们就请别人把孩子们带回去，所以他们身边总是围绕着许多人。”

我在杜兰戈闲逛的时候，顺便去了一趟当地的银行。在里面，我遇见了一位来自得州的校长，他正在杜兰戈的美国学校任教。事实上，Jesse曾当过他一个月的学生。这个得州人骨架很大，穿着红色的V领毛衣，戴着一个方框眼镜，发音时还带着很重的鼻音，听起来好像在拉弓弦。

自我介绍后，他微笑着说：“你一定是在哪个地方转错了弯。”然后朝小镇的方向挥了挥手，并且提到那部电影。他带着鼻音说：“我猜你来这里是因为Bob Die-lan。”他说到教Dylan小孩的事。他说话的方式，让我想起十年前的英国好像还没有人知道Bob Dylan这个名字的正确发音。

我问他有关那个小孩的事，但他给了我一个缓慢的得州式的微笑，然后喃喃地说了一些无关紧要的事。于是我换了个话题，问他这里的人到晚上是如何消遣的。“无聊”一词已不足以形容我对杜兰戈最初的印象。他看看他的同伴，另一个戴眼镜的女老师，墨西哥人，然后问她：“Juanita，我们平常都如何自娱自乐？”女校长耸耸肩，笑了笑。接着，他也笑了笑。我实在猜不出在这样一个地方政府高度管制的城市，到底有什么好笑的。确实，杜兰戈市是杜兰戈州的首府。这里是墨西哥凶杀率最高的地方，居民有大约16万，他们的工作要么是从矿产中淘金、银等(特别是铁)，要么是在社区服务的小店工作。

这听起来是件很不可思议的事。这么多人就这样被丢在一个距墨西哥市西北方向600英里的不毛之地。这里四周被马德雷山脉环绕，在从首都每天早上6:45起飞至这里的唯一航班上看去，整座山脉就像一层薄雾之下绵延着一系列灰红色的小山丘。但这里确实很美丽。当你走出总是人满为患的飞机，踏上柏油碎石路面，看到黎明的红晕与地平线交融，1月刺骨的冷空气令你瑟瑟发抖，你突然注意到周边的这些人、这些小孩，一次次地从“天上”掉下来。虽然你知道这未免有点俗气，但你发现自己就是对他们的想法产生好奇。山那边是什么样子的呢？

对于旅者而言，这是种奇怪的感觉，因为如果你相信书本的话，像这样的事应该发生在很久甚至是亿万年前，诸神降临，并告诉玛雅人与其他印第安原住民部落的人如何建造金字塔、陆地……可是鬼才信呢！如果神真的像我在1月份降临在这里，也一定会马上拍屁股飞回洛杉矶。因为在我们主耶稣纪元1973年的此时此地，似乎无事可做。

杜兰戈城市有一条宽广、双车道的高速公路，闪闪发光的金属在热气和灰尘的迷雾之间穿行，阳光普照着穿插在其中的许多交叉小路。暗淡的水泥教堂、银行，还有栽种着精心剪裁过的紫杉木的巨大广场。这既是一个旧世界，也是一个新世界。有个瘦小的擦鞋童正在人行道边全神贯注地工作，偶尔会在擦鞋前点上一根火柴稍作停顿。

然而几乎就在隔壁，有一家规模庞大的索利亚拉百货，它比我在美国见到的任何一家超市都大，可以供应全部民众。窗外密密麻麻地排列着许多购物车，仿佛随时待命一般。但最重要的，是好莱坞——用西部电影的神话造就了这个城市，用仙人掌、灌木丛、火山石和棕色起伏的平原做原材料组合在一起。今天，在这些原材料面前，上帝不是那个从天而降的宇航员，他是牛仔，他“骑着”飞机来待上几个月，制作电影，并且每天付钱雇佣这里的临时演员。

Campo Mexico是杜兰戈最好的三家酒店之一，呈宽大的半圆形状，由许多仅有一层的套间组成。在酒店办公室的墙上悬挂着在这里拍过电影的明星的签名照，比如“Hasta la vista”(西班牙语：再见)—Glenn Ford、“十分感谢”—Kirk Douglas、“最美好的祝愿”John Wayne等。Wayne甚至还在城外有座用来拍电影的大农场。事实上，他刚刚拍完离开不久。那幅墙上的人就已足够拍一部伟大的电影，有他和Sam、Jim Coburn、Kris……还有Bob Dylan。

Dylan和电影的其他几个主要演员在杜兰戈都有住处，相互离得很近。这是Maggie告诉我的。我们星期六早上出发去拍摄地El Sauz，那里离Campo Mexico只有二三十

大家也不愿与他交流，
气氛仿如被过电。

Dylan，在剧中又叫 Alias，一个非常适合他的角色。

分钟的车程。她还说，如果我要和 Dylan 聊天的话，会发现他为人"非常古怪"……她笑容很可爱，但却带着一种执拗。看上去，如果要问及 Dylan 的隐私问题恐怕没那么简单。除剧照摄影师 John Bryson 之外，其他人被明确要求不准带相机。Bryson 曾是《生活》(Life) 杂志的图片编辑，是 Sam 的朋友，在电影《亡命大煞星》中，还饰演过一个矮胖角色。

Maggie 说 Dylan 甚少与人交谈，除非他自己乐意讲话。他与 Kristofferson 是好朋友，住在一起，却也有接连几天不说话的时候。他对所有人都一样。"他并不是针对你，只是……"她试图找到一个合适的形容词，"他只是有点粗鲁。"啊，真神秘啊！不只是 Maggie，其他人的评价也是如此。"你说 Dylan？还是别问了，他不怎么讲话的。"一提起 Dylan 的名字，每个人都闪烁其词、避而不谈，人人都达成了一个共识——防止外人打听 Dylan。没人想爆料，实际上，他们也没有什么可爆料的。他们不知道如何与 Dylan 相处，因为上一秒他还是一位降临到羽神蛇之地、令人紧张到快要窒息的传奇人

物，下一秒又与所有工作人员无异，不是吗？他们唯一可以肯定的是不要谈论 Dylan，以防万一。

刚到片场时气氛有些古怪。汽车停在到了一幢摇摇欲坠的大型石质建筑外的一片开阔区域。这座建筑几百年前时曾是一座骑士堡垒，现在人们叫它萨姆纳堡。这里是一片废墟，几面墙勉强支撑住房子，门边还有一头奶牛白森森的颅骨。一个墨西哥人举着一面飘扬的红色长杆旗，而另一面白旗落在地上的尘埃里。红色代表着拍摄正在进行。

这面旗对每个人的影响叫人惊叹。只要红旗竖起来，指向万里无云的天空，每个人聊天时就会变成耳语，嘴巴几乎贴到了对方的耳朵上，走路也蹑手蹑脚的，似乎最轻的声音也可能引发可怕的地震——事实也的确如此，我们马上就会看到。

片场人数绝对有两百多人——主演加墨西哥当地的群众演员，男女老少。大家很专心，维持着各种僵硬的姿势。另一些人则像慢镜头般围着大石头转，真像在军队一样。鸟

儿在梁间叽叽喳喳，马厩里的马在抽鼻子，秃鹰在天空盘旋。一切像是暴风雨前的宁静，唯有掌权者才能打破。

在一个堡垒中，所有的窗子都遮着幕布，Peckinpah 在与演员们排练。虽然看不见他，但可以从那个权威的声音中辨认出他的身份。Coburn 那张精干英俊的脸出现了，头发灰白，穿着黑色马甲和西裤，外面罩着一件墨西哥传统外套，头上戴着一顶黑帽子。光是走出这道门他就 NG 了三次，每次嘴里还念念有词："好的，像是这样。是这样吗？"接着是 Kristofferson。他的脸被化妆师弄成了小麦色，剃了胡子，看起来年轻了 10 岁。他穿了一件褪了色的黑条纹衣服，腰间别着枪。这两位就是 Pat Garrett 警长和 Billy The Kid，电影的两位主角。

最后出场的是 Sam Peckinpah，并不像想象中那么高大，反而像一头凶猛的狮子。蓄着浓密的白胡子，额前有几抹白发，系着绿色头巾，他就是吉卜林的故事中残暴的盎格鲁-印第安人，带领他的手下穿过开伯尔山口，手持利剑，满口诅咒，吓跑了所有人。

这么一看，他叫所有人都感到害怕的原因就显而易见了。他走到门外，随地吐了口痰。痰落到地上时，发出了很大的声响。

随后，场景结束，白旗升起，我见到了 Rudy Wurlitzer，一位 36 岁的作家，著有三部小说，其中的《钉子》(Nog) 在英美很受欢迎。他也为 James Taylor 写过剧本，叫作《双车道柏油路》(Two-Lane Blacktop)，不过没在英国上演。现在，Wurlitzer 也来参演这部电影，扮演 Billy 帮派中的一人。他穿着不透光的戏服，脸化得像个麻子，戴着一顶破帽子，手里牵着小马驹，像个真正的恶棍。但我知道他和剧组其他人一样不开心。因为拍摄延迟了两周，超出预算一百万美元。技术问题占了大部分：由于摄影机失焦，两周的拍摄浪费了。

Peckinpah 常与制片人 Gordon Carroll 待在一起。Gordon 是个高高瘦瘦的英俊男人，鼻梁上架着一副眼镜。他们很焦虑。公司已经从卡佛尔城派出三个高管来调查延期的原因了。Peckinpah 极其厌恶公司这种充满恶意的做法。他觉得自己被背叛了。

更火上浇油的是，这里是杜兰戈。天哪! 杜兰戈! 一个没有灵魂的地方，无聊至极的地方! 无所事事的挫败感，除了背台词和那天

的拍摄，没有任何东西可以占据脑袋，就像一只烦躁不安的沉重的手躺在拍摄场地。

"对于拍电影来说，杜兰戈是一个奇怪而黑暗的地方。"Wurlitzer 说，"每个人拍出来都显得曝光过度。"最后一句，他放低了声音。当时我们坐在外屋，这是专门为拍摄组改造的餐厅。外面又开始拍摄了，午后的微风中传过来微弱的声音。他闷闷地说："参与这部电影和《双车道柏油路》都很可怕，但各不相同。"上一部电影后，他摇摇头。"根本都没给 James Taylor 个机会，一点也没有。他从导演 Monte Hellman 那里得不到任何指点，但这恰恰是 James 需要的。《双车道柏油路》是一部比人们想象中要更好的电影，但忽略了两个重点：道路和速度。Hellman 没有更多的精力了，原剧本在某种程度上太原创了。"

"但这无疑是部好电影，很震撼人心，虽然与 Peckinpah 相比，或许是最差的一部。例如 Peckinpah 会为剧本的语言增加更多的戏剧性，因为他本人就独具戏剧性。他的方法非常传统，但也最有效。他在我的剧本开头加了三段场景，使得电影拍摄出的效果更好。在我看来，Pat 和 Billy 不到最后一刻绝对不会相遇，所以他们在开头和结尾会这样表现。"

帽子里的猫：Pat Garrett 中的 James Coburn

Wurlitzer 说，于他而言，Pat 和 Billy 这两个枪手骨子里惺惺相惜，生活中却选择了截然相反的两种角色，前者是一位警长，后者则是一个歹徒。因此，他们代表着 20 世纪美国的变化：一个是自由流浪之精神，象征着旧时的西部拓荒者；另一个则为稳定工作与安全保障，给权威机构卖力气，代表新美国的良好声誉。

Dylan 呢？"Dylan 很棒。" Wurlitzer 毫不迟疑，"他来此学习，充实自己，这令人印象深刻。我相信他很可靠，虽然不知道他想做什么，但我希望他可以做自己的电影，因为他是一位艺术家。他现在才刚刚开始接触电影。"

Dylan 和 Peckinpah 呢？他抬眼看看我，说道："这就很有趣了。"沉思片刻后他说道："Dylan 和 Peckinpah 之间会发生什么呢？Sam 是真正的西部电影做派，像亡命之徒，眼睛看着开阔的远方，他以前甚至没听说过 Dylan。而 Dylan，可以说他是属于东方派的，他的观点与西方尤为不同。虽然这是小事，却很重要。他们是否有共同点是个大问题。"

我听说 Dylan 扮演的角色还带着口吃。"是，不过这个有可能去掉。毕竟你演的只是一个小角色，没必要这么麻烦。而且……"此刻的外面，除了一些微弱的交谈声，几乎是一片寂静，但忽然间，传来了一声命令式的怒吼。"从那卡车上下来，"先是一段可怕而平静的语气。然后声音升高了："滚下来，所有人！那边，站墙后面！"片刻暂停之后，传来很多快速走的脚步声，然后又归于安静。

有个摄制组成员悄悄走进餐厅，脸上咧着大大的笑容："他是唯一一个为了拍个电影就可以把整个地区的人清场的人。"他高兴地喘着气说。有关 Peckinpah 的议论一直很多。人们对他又爱又恨。一个演员大声地叫喊着，仿如得胜将军："我连续和他拍了 16 周的《日落黄沙》！"但是他又像蛇一样刻薄。倒是 Kristofferson 说起他时挺深情。"他对演员很温和，只有对熟人和长期工作伙伴才偶尔语气严苛些。"

我们在一架从杜兰戈飞往墨西哥城的夜班机上交谈。Kristofferson 与其他主演以及乐队成员们一起飞去过周末。这是个周六的晚上。周六下午正是美国足球世锦赛决赛，但在杜兰戈没有电视机。这个晚上，Dylan 要和 Kristofferson 的乐队一起在墨西哥城的哥伦比亚录音室工作。

我与 Kristofferson 隔着一条过道，中间放了一瓶酒。Kristofferson 的另一边坐着 Rita Coolidge——无论戏里戏外，她都是 Billy 的情人。她把一头乌发扎成两条辫子，穿着粗质的灰色羊毛外套，而 Kristofferson 还穿着拍戏时的服装，大家都因为赶飞机急急忙忙的。在舷梯旁，喧哗声盖过了引擎声。我与 Kristofferson 离得很近，足以近距离看到他的眼睛。他的眼神有些迷离，像喝了威士忌。

坐在 Kristofferson 后面的，就是来自明尼苏达州的 Bob Dylan。那天我在片场见过他。此刻，他披着披肩，戴着一顶灰帽子，只与熟人偶尔交谈几句，大部分时间都不苟言笑。但当他不在拍电影的时候，他一路在外围闲逛，和他那些奇特的朋友聊上几句，但一般都是缄默而无笑容。

Dylan 显得有些局促不安。大家也不愿与他交流，气氛仿如被过电。但这个人的确是 Dylan！肤色如发酵的牛奶一般，鼻梁挺拔。虽然我们熟知他，一时竟也难以形容他的长相，同时他也散发出巨大的光芒。他是年轻一代的偶像，但过了 30 岁后，人气已大不如前，这对明星来说好像是一条定律。Dylan 的目光直直地看向前方，歪着头如被磁石吸住，好奇地盯着一个方向。

即使是在飞机上，他仿佛也是不容窥探的。当时他和 James Coburn 在一块儿，而走下过道时，一位乘客找他们要签名，不过是向 Coburn 要的。Dylan 没被认出来，因为他戴着无框眼镜，穿着松松垮垮的米色大衣，戴着一顶草帽。飞机起飞了，我开始与 Kristofferson 攀谈，而这时，Dylan 从座位上跳了起来，坐到了后座。飞机开始爬升，他又不情愿地跳回 Kristofferson 后面，坐在 Wurlitzer 旁边。他把头上的帽子往下拉，挡住脸，这个动作很奇怪，因为他身体是竖直状态的。

我们抵达墨西哥城时，酒已经喝的只剩三分之一。一路上，他讲了一堆上次在英国巡演以及在牛津的房东的事情，还说了当时他和 Rita 分分合合的故事。Kristofferson 探出头来向 Dylan 打了个手势，想把酒递他，他摆了摆手，拒绝了。

"知道吗？" Kristofferson 说道，"这家伙什么都会。剧本里要求他扔一把飞刀，这其实挺难的，可他学了十来分钟就扔得'嗖嗖'的。"他斜靠着椅背，又道："他会做很多令你完全意想不到的事。他会玩西班牙风格的音乐，比如波萨诺伐舞曲和弗拉门戈调……有一天晚上他弹了一首弗拉门戈的曲子，他妻子 Sara 说她从来不知道他还有这一手。"

我回头看看那顶如同皇冠的不肯妥协的草帽，不太敢和他说话。"喂！" Kristofferson 大叫，"你怕他？我一开始也怕，但现在情况大有不同了。"我觉得我像是 Ballad of a Thin Man 主角。

直到第二天早上 7 点，Dylan 才完成了 Billy The Kid 以及其他歌曲的录制。没人知道 Dylan 这些歌，或者 kristofferson 的 Pat Garrett 会不会成为电影原声带，但现场确实有许多乐器和墨西哥鼓手，他们为歌曲融入了很多墨西哥风格。天哪，现场人实在太多了，全是来看 Bob Dylan 演唱的墨西哥音乐公司的人。看起来，他需要在电影上映后在洛杉矶重新制作录音了。

虽然第二天是礼拜天，但人们为了一睹迈阿密河豚队痛打华盛顿红皮队，全都涌进了嘉年华皇宫酒店，订了一间套间。喜来登酒店没有电视机，因为那儿大多住着美国人，他们不看墨西哥电视节目，那上面尽放些美国电视剧，如 FBI 和《麦克劳德》，但是只有西班牙语配音版。还有足球，天哪，足球。

在 734 房间里，Dylan 还在沉睡着，直到服务员来喊他才醒。一看表已经 10 点了。10 点了! 他错过了回杜兰戈的飞机，而今天他还有一场重要的戏，就是他练了很久的扔飞刀那场戏! 他迅速收拾好行李，睡眼惺忪地跑到前台，想问问还赶上赶不上。不过他根本不必担心，因为他们告诉他，现在其实是晚上 10 点。他摇摇头，终于松了一口气。

第二天周一的早上，他当然赶上了飞机。Dylan 走过四号门时，仍然没人认出他，至少没有人找他要签名。不过也是，清晨 6 点半没人愿意多说话。Coburn 和 Wurlitzer 正在前面交谈着。Kristofferson 摇摇晃晃的，大概喝了太多的爱尔兰威士忌，而星期六晚上离开机场的时候，他也同样喝多了。没有待到全部录音结束。当机场广播可以登机的时候，Dylan 上了飞机，坐到后排，旁边还有几个空位。Kristofferson 和 Rita 坐在最前排的位置上。

离开墨西哥城大约 45 分钟后，一个新闻记者走向 Kristofferson，蹲在他旁边与他交谈起来。Kristofferson 是这样说的 :"我就是有点烦他。他创作了一首新歌，然后翻来覆去地改。他用了小号、喇叭，但是他们谁都不知道自己到底在干吗? 因为他根本没有下定决心这么做。我大约凌晨 3 点的时候离开的。"他回答得很疲惫，"我们今天还没说过话呢。"

Dylan 目睹了整个过程，他看着记者回到自己的座位，然后看到对方继续和 Bert Block 谈了一下他工作的报社。这时候，他开始和我说话了。我猜你可以说我当时真有点受宠若惊。Dylan 的声音非常温柔，但有些粗哑，而且他习惯让你先开口。他在回答之前会仔细琢磨你的句子，所以经常需要很久的时间，你才能等到一个答案。他也并不是待人不友好，只是觉得和陌生人交谈不习惯。他很害羞，他用一个疏离的空气罩保护着自己，又像内置了一件防盗警报器的外套。这是因为，

如同剥洋葱皮一样之下，他也有一层一层的特质，而这之下其实隐藏着一种脆弱感，会让人们会本能的感觉到要保护他，以及会主动展示出对他的忠诚。仿如说任何不合时宜的话，都会背叛这种信任，从而令他有挫败感。

他很少笑，更别提在公共场合大笑了，他的公众形象是从不支支吾吾的，甚至朋友也很少和他有亲密的行为。他要么是世上最孤独的人，要么是最快乐的人。完全没法判断。从早期民谣时期在纽约就认识的朋友说他很温和，但现在他逐渐与世界有了距离，用他自己的方式从一个超然的位置看世界。这些判断是从他最好的朋友那儿得来的。

1966 年，Dylan 在接受《花花公子》杂志的采访时曾坦言自己对成为一个平凡的人的向往。"每个人最大的福祉就是默默无闻，但并不是所有人都对此心怀感激。"他说，"你应该去没有欲望的地方。在那里，你就是一个隐形人，也不被别人所需要。"由于他的性格，我们的对话很是乏味。不过，他也会提到有趣的话题，比如最近他在英国待了几

天("人们的衣服都和上次不一样了")。我们聊了 5 分钟后，我转头看了看窗外，只是一眨眼的工夫，转过头来他就已经离开了。

下飞机后，别人都还挤在杜兰戈的小机场里等着托运行李，我却在小酒吧里找到了他。他喝了一小口咖啡，全神贯注地盯着哥伦比亚广播公司制作人 Michael O'Mahoney 的相机，问着诸如配了什么型号的镜头等问题。此时，已经快早上 8 点了。"反正在英国还没有出现。"我继续着飞机上的某个话题。"只有纽约才会发生。""Lennon 也是

这么说的。"Dylan 的目光还在相机镜头上。"我在惠特尼山看了你导演的纪录片 Eat The Document。"Dylan 顿了顿，把相机还给 O'Mahoney，直直地盯着我。"你知道 Howard (Alk，与 Dylan 共同编辑电影的那位) 吗? ""不知道，和 Don't Look Back 一样重新被剪辑了吗? ""不，不可能，我们没有足够棒的连续镜头，虽然有 40 个小时的素材，但是镜头一直跳来跳去的。我们能想挑出来用的，都挑出来了。"

"您会回英国演出吗? "又一阵沉默，Dylan 轻轻把咖啡杯放到托盘里，没有回答，而是突然转移了话题。"你看过 Fly 吗? ""你是说一只苍蝇花了半小时爬墙的那个? 没看过。"我们三人开怀大笑，这也是我第一次看到他笑。"那你看过 Hard On 吗? "他突然又问。"嗯? 什么? ""Hard On。""没有，不过我看过 Rape，一个女孩被人追捕的故事。"他点点头。"Andy Warhol 几年前也拍过类似的电影。The Empire State Building 里也可以看到这部电影的影子。但其实，我更喜欢 [Paul] Morrissey。"我尽量不让自己听起来太自以为是。

他又点头，"你看过 Lonesome Cowboys 吗? ""没有，但是我看过 Heat。"对话越来越有趣，每次他问我问题，都显得十分热情。"Sylvia Miles。""对。"一下子又安静了下来。"你为什么会来这儿? ""拍电影啊，不然的话……"话音未落，一直坐立不安的制片人走来告诉他现在可以上车了，他一路来都如同母鸡对小鸡一样保护 Dylan。后来，当我再次见到 Dylan 时，已经是在片场了。他又是那般冷漠、僵硬地坐着。

那天下午，我去了 El Sauz 附近，阳光穿过

> Dylan 什么都会。剧本里要求他扔一把飞刀，这其实挺难的，可他学了十来分钟就扔得'嗖嗖'的。
> Kris Kristofferson

空气中的尘埃，远处的地平线笔直得像滤镜处理过一般。此时，片场的工作人员们神经紧绷。没有人说话，就像两天前一样安静，但更加紧张，人人都仿佛屏住了呼吸，在等待着什么大事发生。现场场景仿如显微镜偷窥一样令人着迷，镜头里的 Dylan 踱着方步，正在完成这一场重要的戏。

这一次是露天拍摄，现场有 6 块倾斜的银色大反光板。Peckinpah 坐在机器后面的椅子上，而著名的墨西哥导演 Emilio Fernández 也坐在旁边看。每拍一个镜头之前，忽然会传来两次 "Silenzio（安静）！" 的喊声，以保证闲杂人等聊天的余音。场景一遍遍拍摄之间，气氛会一下子紧张，但顷刻之间又变得轻松。这种转变实在令人难以忍受。

我想在这令人透不过气的氛围中找一个突破口，就像扯断一根紧绷的绳子那样。摄影机一直在拍摄中，六个衣衫褴褛的墨西哥孩子围在 Dylan 身旁，他正漫不经心地弹奏着什么。身上穿着棕色衬衫，下面是一条黑色西裤，头戴灰色礼帽。镜头拉远，右边是

一个骑着马的牛仔，左边是围在篝火边的那个叫 Billy 的小子，以及他的六个手下。

其中一个手下叫 Harry Dean Stanton，穿着一身黑，戴着同色的帽子，又旧又脏。他坐在栅栏上喊道："Chita，拿些豆子、浓汤和玉米饼来，快点！" 这时，从左边走来一个墨西哥乡下少妇，还有 Rita 和一个乡下姑娘。大家都在傻笑着，Kristofferson 磁性的声音如同低音歌唱家一样。接着又是 Dylan 的镜头。他紧张地捏着一把刀，在手中转动，看样子真的很不安。他朝着篝火走了十几步。那个牛仔喊道："小伙子，叫什么名字啊？" 轻佻的话语令 Dylan 又不自觉地转起了刀。"Alias。" 他只说了一个名字。身体轻颤，利刃割开了他的大腿。"姓什么？" 那人叫道，像蛇吐信子时发出的 "嘶嘶" 声。"随你叫。" Dylan 回答道。那群手下大笑起来，无聊得很。"他们就叫他 Alias。" 某人回答，于是那个牛仔不满地咕哝着。

这时，镜头一转，Dylan 右手往后划了个弧度，刀飞了出去，不是对着那个咕哝着的牛仔，而是对着那帮歹徒中一个，正中咽喉，

倒在一旁，那把刀似乎是插在他咽喉上。尽管拍了六次，这个时刻看起来还是非常意外。"停！" Peckinpah 喊道。"啊！" 如释重负的叫声划破长空。Bert Block 咧嘴笑着："非常好。" 观众和摄制团队五分钟后陆续离开。Bob Dylan 在 Sam Peckinpah 的这部电影中完成了一次飞刀，你相信吗？讽刺的是，Dylan 是作为一代人的领导者、音乐救世主离开音乐界的，而数年后的他，却以一个小角色出现在电影里。但这部电影在没有完成之前，已经引起大家的兴奋了。

那么问题来了。Dylan 真的从音乐界跨入电影界了吗？他会借此机会再次出唱片吗？他还会开音乐会吗？唯一可以肯定的是，该电影 5 月上映后，Dylan 的演技将会成为公众关注的焦点。尽管如此，总会有人议论纷纷。不过，Dylan 能如此坚定地在公众面前表演，解放自我，实属不易。看起来这注定会延续下去。

你问谁是 Bob Dylan？他就是 Alias！

Alias 是谁？随你叫！

发行日期 13 | JULY | 1973

PAT GARRETT & BILLY THE KID

· 比利小子 ·

亡命之徒的布鲁斯；一次与 Peckinpah 去墨西哥的远足，创作了又一部怪异的作品，也造就了 Dylan 最经久不衰的歌曲之一。

LUKE TORN

硬汉西部片之王 Sam Peckinpah 与被封圣的反主流文化之声 Bob Dylan 携手合作。两位艺术家都企图在新时代重新定义自己的作品。两个不同的世界与两种不同的文化发生了碰撞。在上一张重要作品 *New Morning* 发表大约三年后，Dylan 渴望摆脱束缚，轻装上阵，逃进电影的世界，摆脱了崇拜者们对自己的期待。另一方面，已经执导了一系列佳作的 Peckinpah，则希望推出一部史上最佳西部电影来终结所有西部电影，一部好莱坞的不朽之作。

Dylan 允许制片人们在最后一刻提出增加一首歌，在此后的四十多年来，影片中只有这首 2 分 28 秒的 *Knockin' On Heaven's Door* 成为不朽——顺便说一句，这首歌曾被 Peckinpah 的御用音乐总监 Jerry Fielding 形容为"狗屁不通"——它成了摇滚乐史上最常被翻唱和吹捧的作品之一，其内涵和普遍意义远远超出它创作时设定的，如今已经显得很遥远的背景。相比之下，电影则湮没在历史的尘埃之中了。毫无疑问，电影的一些元素在今天依然有力，但它的神话、怪诞的情节，以及主创团队间的权力斗争，共同使这部电影走向了失败。

在外界看来，继推出两部里程碑式的电影《日落黄沙》和《稻草狗》之后不久，1973 年的 Peckinpah 似乎处在鼎盛时期。具有象征意味的"比利小子"是个完美的背景，可以用来探索神话与传奇、自由与权威、道德与违法。这样的主题也是 Bob Dylan 的创作中心——还记得他著名的那句歌词吧——"想活在法律之外，那就必须诚实"。Peckinpah 与刚刚创作《双车道柏油路》（*Two-Lane Blacktop*）的编剧 Rudy Wurlitzer，以及当时业界的重量级人物 James Coburn、Kris Kristofferson、Jason Robards 和 Harry Dean Stanton 同时合作，前景十分乐观。

然而，电影的制作过程从一开始就令人忧虑，而且阴云密布。技术和预算方面困难重重，加之电影主创的个性冲突，以及酒精、毒品的滥用，共同葬送了整部电影。米高梅公司曾发布了一版质量极其低劣的剪辑版本，使观众和影评家对此感到电影莫名其妙。直到 1988 年 Peckinpah 去世四年后，为了让原貌得到恢复，导演剪辑版才得以面市，最终证明了这位导演大师最早的设想，亦使《比利小子》被誉为好莱坞黄金时代最后的史诗级西部电影之一。

这一切混乱令 Dylan 这张原声专辑最终的完成版本堪称奇迹，它质朴、自如得令人难以忘怀，还带有意思禅宗色彩。它唤起了人们的西部情怀，却又没有沦为陈词滥调，虽然这 10 首歌是为电影配乐而特别创作，但是这张专辑就像 Dylan 诸多其他音乐作品一样，可让人在多个层次理解。

开场曲 *Main Title Theme (Billy)* 奠定了基调，以鼓刷打出的打击乐器和若隐若现的一层层原声乐器为基础，以深思熟虑的方式展开，将人带入一种冥思的气氛中。Bruce Langhorne 精彩绝伦的吉他（他上一次与 Dylan 合作是在专辑 *Bringing It All Back Home* 中）环绕在旋律之中。

PAT GARRETT & BILLY THE KID

阴影变换，光线闪动，好像一整个月的情绪都在这首 6 分钟的歌曲里流逝而过。

这张唱片的其他作品也有着同样的情绪和质感。不管迪伦是否在少数几首有人声演唱的歌里（几首以 Billy 为名的歌）通过歌词来说出主角的两难境地，不管他是否使用那些表面没有含义的"哦"和"啊"来传达语气和观点，也不管他是否将竖琴、长笛、大提琴、脚踏风琴融为一体，他的目标显然是去理解"比利小子"这个角色的动机及其身上的忧郁。然而，在电影之外，这些音乐则更多地蕴含着一种梦幻催眠般的思维模式，使人陷入对生命和自由的追问和沉思。如果一再循环收听，*Pat Garrett & Billy The Kid* 的内在逻辑可以冲击听众的潜意识。这是震撼人心的公路音乐，是美国西部长途旅行的完美伴侣。

点缀着小提琴声的 *Turkey Chase*，是由曾担任 Flying Burrito Brothers 乐队小提琴手的 Byron Berline 带领，是专辑中最欢快的一首歌。*Final Theme* 重复了 *Main Title Theme* 的旋律，不同的是 Gary Foster 引导旋律的竖笛和长笛代替了 Langhorne 的吉他，笛声的起落把音乐推向叙事的顶峰，成为一种总结。

但是，当时的听众完全没有听出这些细微之处。他们只是想着，Bob Dylan 这次只是出了一张器乐曲的专辑? 有必要吗? 也许是缺少一首像 *Desolation Row* 的歌，或是所谓有辨识度的 Dylan 歌曲，整张专辑几乎被完全置之

不理。直到现在，仍然可以说，它是迪伦未能得到正确评价的专辑之一。

和 Dylan 的其他无数创作项目一样，这张简短、只有 35 分钟的官方专辑（虽然它已经足够精彩），只讲述了故事的一部分。电影中不时出现的许多歌曲和音乐片段，并没被收录在电影原声带里。并且，在墨西哥城的一次早期录音中，Byrds 的吉他手 Roger McGuinn 也参加进来，录制了完整的曲目，如 *Goodbye Holly* 和 *And He's Killed Me Too*，但是这次录音除了一首歌被保留下来（译注：*Billy 7*），其他的都被遗落在剪辑室的地板上。另外，未收入专辑的作品还包括 *Sweet Amarillo*、*Rock Me Mama* 的片段，后者经过 Old Crow Medicine Show 乐队重新改编后更名为 *Wagon Wheel*，成了他们的电台热门歌曲……这些作品一直未能发行，在私录系列中也被忽略，实在难以理解。

虽然在 Dylan 的作品全集里，*Pat Garrett & Billy The Kid* 可能没那么重要，但制作这张专辑的经历，对他来说却是至关重要的。因为这段经历，Dylan 开始对电影产生兴趣。在 70 年代中期，也就是他的艺术重生期，对电影的兴趣为他带来了 Rolling Thunder Revue 巡演和电影 *Renaldo & Clara* 中的舞台效果。此外，这里仅举两个相关的例子吧，比如专辑 *Desire* 和 1978 年 *Street Legal* 中的精彩之作 *Señor (Tales Of Yankee Power)*，也伴随亡命之徒的主题和狂野西部想象继续狂欢着。

发行日期 19 | NOVEMBER | 1973

DYLAN

· 迪伦 ·

**哥伦比亚唱片公司利用这位解约的明星未出版过的录音榨干他的剩余价值，
与此同时，Dylan 在 20 世纪 70 年代早期的怪异也达到顶点。这可能也有好处？**

LUKE TORN

DYLAN。只须打量一下这张专辑花哨的伪迷幻封面，就足够让很多有自尊心的 Dylan 歌迷背脊发凉。这个封面受到了斥责和漠视，神秘而又古怪。然而 Dylan 仍然是 Dylan 的作品，即使是作品中的边角料也令人好奇，别有深意。这张专辑的 9 首歌仍在他正式发表的作品行列，所以我们还是要说到它。如果把这部作品的素材放在他 1967 年到 1973 年录音室录音的完整背景中去考虑，特别加上近年来对私录系列的探究，Dylan 这张专辑开始引发关注，甚至有点令人喜爱了。

其实，哥伦比亚公司对这些根本不感兴趣，在 1973 年假日消费的高峰期到来之前，公司违背 Dylan 本人的意愿，制作了大量 Dylan 唱片，还把作为他三年以来第一张真正的录音室长专辑来发行。报复才是目的。Dylan 在这时刚刚离开哥伦比亚唱片公司，同 Elektra/Asylum 唱片公司的 David Geffen 签约。所以，哥伦比亚要惩罚他，外加偷取一点肮脏的钱财。对唱片公司而言，他在过去几年的录音顶多算是草稿。但是他们绝不会发行 *1966 Royal Albert Hall Concert* 之类的录音，从而恢复他的名誉。

相反，哥伦比亚唱片公司在这张专辑里拼凑了 9 首歌，且每一首都是翻唱。如果敏锐的消费者看穿伪装，就会发现这些歌都是日常被弃用的、粗糙的录音室暖场练习，只是 Dylan 在录音室里玩出来的，他没有想过把这些用来发表，不是吗？不过在 20 到 25 年之后，录音室作品研究者做了认真的研究，认为它们是在 *New Morning* 录音期间录

制的，有些歌还录了多次。他们推测，这些歌曾被考虑过用作专辑的正式备选曲目。到了 2015 年再来回顾，听过了无数私录系列，以及那些仍未被正式发表的录音，可以看到 Dylan 在疯狂中有自己的方式，去探索庞大的美国音乐遗产。在地下室录音期间，他翻唱了 Tim Hardin、Ian Tyson 和几十个不同音乐人的作品；1969 年至 1971 年，他化身为深情的乡村歌手（*Nashville Skyline*），与 Johnny Cash 合作了山地乡村摇滚，并且重新诠释了流行标准曲、传统民谣、乡村挽歌，还有同时代的歌手 Eric Andersen、Tom Paxton 和 Jimmy C. Newman 的作品。在 Dylan 这张专辑中，他对 Joni Mitchell 的 *Big Yellow Taxi* 和 Jerry Jeff Walker 的 *Mr. Bojangles* 的翻唱更像是对 *Self Portrait* 的呼应，虽说没有那么成功，但是有点像在 *Self Portrait* 中翻唱 Paul Simon 的 *The Boxer* 以及 Gordon Lightfoot 的 *Early Morning Rain*。

A Fool Such As I 是来自 1969 年 Self Portrait 录音过程中被淘汰的作品，也是 Dylan 这张专辑发行的唯一一首单曲，起到了连接作用。它最早是 Dylan 和 The Band 乐队在 *Basement* 里翻唱的，是个非常精彩的版本，历史也非常丰富：起初是 50 年代初乡村明星 Hank Snow 的金曲，而后 Elvis Presley（还有 Hank Garland 和 The Jordanaires）于 1959 年使它重生，成为 Presley 最优美且富有磁性的金曲之一。Dylan 在专辑 *New Morning* 中翻唱的那首令人赞叹的 *Went To See The Gypsy* 已经显示出他多么沉醉于 Elvis 的音乐，如今再次体现在 Dylan

中的这首歌里。酒吧钢琴、"鸡拨"(chicken-pickin)乡村吉他、丰富而成熟的女声和音——撇开真正的艺术价值不谈，它几乎是一个广告，仿佛 Dylan 在金沙酒店里居住的幻想。愉快、活泼，完全脱离了人们期待中的 Dylan 风格，堪称是 Dylan 在 Nashville Skyline 里开始的吟唱方式发展到极致的结果。

另一方面，用 Dylan 在 1965 年的 Barbed-Wire Fence 这首歌里的话来说，Big Yellow Taxi 只是一个乐段而已。他用自己最慵懒的鼻音发声，不可能是真正严肃对待这首歌的。虽然 Dylan 在唱"他们把所有的树木，放在了树木博物馆"一句时明显很享受，但整首歌主要还是困惑。Mr. Bojangles 的情况看似相同，但歌里的 Dylan 过于神秘和难懂。他的版本激烈、富于感染力，以原声吉他的铿锵声为基础，配合着镇静的言说式吟唱以及激烈的和声。Dylan 翻唱 Peter LaFarge 的 Ballad Of Ira Hayes 很令人难忘，歌中对受压迫者的同理心值得赞赏，但这个版本无法与 Johnny Cash 戏剧性读诵相比。1971 年，Dylan 在发行单曲 Watching The River Flow 时，曾把另一版极为精彩的 Spanish Is The Loving Tongue 作为 B 面歌曲发行，听过那个版本，这张专辑里的版本也不用提了。

在这组备受质疑的歌曲中，表现最好的无疑还是三首传统歌曲。Sarah Jane 可以追溯到 20 世纪初，原唱 Uncle Dave Macon 称得上是绝佳的沙哑摇滚歌手，而这首歌（专辑中其他歌曲也一样）如果去掉和声，效果将会好得多。

专辑开场曲 Lily Of The West 则是改编自一首传统的爱尔兰谋杀歌谣（主人公杀死了自己挚爱恋人的新欢），只是把故事地点移到了肯塔基。这有点儿生搬硬套，快活的韵律虽然不太和谐，但庄严的紧琴伴奏和 Dylan 忧郁而模糊的印象主义噪音，也可算作是值得赞赏的作品。

Mary Ann 是一首古老的海员 / 水手传统民谣，Dylan 的翻唱去掉了它的所有戏剧性成分。此前，Marianne Faithfull 在 1965 年的专辑 Come My Way 中翻唱过这首歌，是它近期以来最流行的版本。如果没有那该死的和声，这可能是（即使有和声也可能仍然是）专辑里最能挽救的曲目。Dylan 平静地唱出专辑里最有复仇色彩的歌曲。这是一种回归，仿佛回到了 1962 至 1963 年 Dylan 个人风格形成阶段，在 Gerde's Folk City 演唱时那些令人透不过气来的歌曲，经过 1969 年的暗中研究，最终在 2013 年的 Another Self Portrait 私录系列里出现。

最终，Dylan 似乎还是无可挽救，它的存在也许是为了满足人们近乎病态的好奇心，也许是为了让收藏更加完整，也许可以取代 Saved 或 Knocked Out Loaded，成为 Dylan 歌迷的忠诚度调查。也许正是哥伦比亚唱片公司这样不择手段的做法让 Dylan 的创作火花再度燃烧，为即将到来的三张优秀录音室专辑打下伏笔，又或者它只是把他激怒了。不过，当专辑 Dylan 在这个秋天灾难性地出现时，Bob 已经写出了他永世传唱的佳作：Knockin' On Heaven's Door。

BOB 为有人来继承他的衣钵等候已久。现在，他还是不得不自己站了出来

1974 年 1 月，在一段近乎神秘的消失后，Bob Dylan 终于和 The Band 乐队一起回来了。MICHAEL WATTS 冒着芝加哥的严寒见证了这场重要的复出，并向发行 Dylan 新专辑的老板 David Geffen 询问了此次复出背后的动机。会是经济原因吗？"Bob Dylan 是一个超级大富豪，他根本不缺钱。"

★ 摘自 1974 年 1 月 12 日

MELODY MAKER

这难道不正是一个适合变花样的夜晚吗？聚光灯下，和旧时好友溜进来，穿着紧身牛仔裤，一头长长的卷发……无论是在卡尔纳比街（译注：伦敦 20 世纪 60 年代以出售时装著名的街道）还是马里布海滩，你都可以轻松地把他认出来。他的脖子上围着一条灰色的长围巾，让 Blonde On Blonde 那张模糊的专辑封面瞬间聚焦起来。

八年过去了，灯光下的他看起来依然瘦削，一副没吃饱的样子，白衬衫从黑毛衣中露出来，有些邋遢，却有魅力。曾经的顽童诗人重归故里。人们挥舞着手臂，为他的归来而欢呼。即使是那些未能见证 Dylan 早期的人，

也已经听了足够的传说，好奇地想要去看看他，想看到那个唱片里面的声音是如何变成活人出现在眼前的。八年了，一切恍如昨日。现在，这场传奇就在你眼前。从 1966 年伤了自己的脖子也伤了所有人的心之后，Bob Dylan 只是零零星星地参与了一些演出，但不知道为什么，无论是在怀特岛的舞台上身着华丽的白色西装，还是在纽约为 Allen Klein 和孟加拉难民举办的演出，他都完全不在状态，并没有完全投入进去。

但上周四和上周五，在位于芝加哥贫民区可容纳两万人的芝加哥体育场里，Dylan 似乎又重新找到了自己的命运轨迹。多年之后，尽管不少人认为他已经就此沉寂，但这一次他在 70 年代回归了。这一次，他完全是为了 Bob Dylan 在表演，为了这个自我的需要，而不是钱或其他任何理由。

毕竟，你不会随随便便就跑去 21 个城市举办超过 30 场巡回演唱会。Dylan 在向过去的自己告别，毕竟年轻一代的观众里，有 80% 的人可能从未见过他曾经嬉皮士、电声化又无畏向前的样子。不过，巡演的消息刚刚发布的时候，还是很难让人相信他不是为了钱来的。9.5 美元的票价已经远高于其他演出，并且此次的巡演经理是 Bill Graham，一个出了名的铁公鸡。

门票只能通过邮购方式获得，且需要在 12 月 2 日零点前发出申请。但即便这样，门票依然很快售罄。每位幸运的申请人每场演唱会可以获得四张门票。总共 65 万个座位，共收到了 500 万份申请和 9300 万美金。这是娱乐史上最高的销售记录。

但 Dylan 为什么要在这漫长而神秘的沉寂期后重新公开现身？八年间，关于他的传闻

如干冰般迷雾蒙蒙。自从 11 月巡演的消息宣布后就流言四起。有消息称 Dylan 是为了生计，因为他承诺每年提供 100 万美元给犹太复国主义事业，而他又刚刚被递交了一份巨额税单。

另外，这次与他合作的 The Band 乐队已经两年没有巡演，他们同样感受到了压力。问题接连出现，Dylan 也有好几年没接受过访问，一切答案可能永远都只是道听途说。

David Geffen 是 Asylum 唱片公司的联合创始人，现任 Asylum/Elektra 的负责人，可能是知晓内情的人之一。去年夏末，Dylan 和哥伦比亚唱片公司发生正面冲突的时候，Geffen 介入了。哥伦比亚唱片公司想要和 Dylan 续约，并威胁他要把三年前的老歌拿出来发行一张专辑。"那简直是讹诈。"Geffen 坦率地说。

Geffen 说，Dylan 没有理会哥伦比亚唱片公司，转而以更少的佣金签约了 Asylum。他最初是想借此拥有自己的厂牌，Ashes And Sands，经由 Asylum 发行，后来他又决定直接通过 Geffen 的公司来发行，这样他也可以为其他的艺术家担任制作。他似乎认为已经有太多人在建立自己的厂牌，导致出现了"厂牌泛滥"的局面。而作为巡回演唱会早期的参与者兼 Dylan 的密友，Geffen 说，金钱绝对不是主要原因。相反，这是 Dylan 在重申自己的艺术家身份，因为他觉得乐坛现在需要某种明确的领导和推动力。

第二场演唱会前的下午，Dylan 和 The Band 乐队在下榻的 Astor Tower 酒店附近散步。David Geffen 解释说，巡演的启动是因为"在夏天的某一天，我、Robbie Robertson 和 Dylan 正坐着聊天，说起 60 年代是多么伟大，而现在是多么空虚无聊。然后我说，如果他们复出的话会发生什么。Dylan 说如果办起来不麻烦的话，他就会做，于是我打电话给 Bill Graham，巡演就这么提上了日程"。

"你看，Bob 为有人来继承他的衣钵等候已久。现在，他还是不得不自己站了出来。"那关于 Bob Dylan 陷入财政困难的说法呢？Geffen 笑着摇了摇头。"Bob Dylan，"他缓缓地说道，"是一个超级大富豪。他根本不缺钱。"Geffen 补充道，当 Dylan 最初签约 Asylum 时，他甚至都没要求预付款。确实，金钱可能不是 Dylan 最关心的，就像成为电影明星也不是他的目标一样，尽管他去年在 Peckinpah 的电影《比利小子》的演员表中排在前列。

Geffen 认为 Dylan 对做一个演员没有任何兴趣，他演电影的唯一目的是他想知道电影是怎么拍的。至于高票价，好吧，会有人介意只比美国流行摇滚二人组 Loggins and Messina 多付一点点吗？Geffen 狡黠地眨眨眼："毕竟，现在毕加索已经死了，他必须作为最重要的艺术家出现。"

至于 Asylum，Geffen 明确地说，Dylan 之所以会签约是因为"如果你是最好的，就会选择最好的"。Geffen 这个年轻的鬼才，能够在谈判桌上以其拿破仑般的气魄震慑其他唱片公司，也无须对自己的商业策略过度谦逊。直接点说，Dylan 的到来就是因为 Geffen，以及他确实在这个有青春活力和上帝庇护的厂牌中感到自在。

而对 Geffen 来说，Dylan 的新专辑，现在被称为 Planet Waves，是"他十年来最好的专辑。他向我证明了他不仅没变，而且更好。他很可能比过去更有影响力，而且他的作品有很强的关联性。我的意思是，你真觉得 The Beatles 乐队的 I Wanna Hold Your Hand 对人们来说什么都不是了吗？"

的确，这张新专辑虽然并不一定有 Highway 61 Revisited 或者 Freewheelin' 那种史诗级的质量，但它音乐中的力量和韧性绝对不输 Blonde On Blonde 时期的作品。他的声音和歌词中的严酷力量，异常地接近他早期的水准。

称他趋于温和，缺乏坚定的信念感的批评不攻自破。部分原因是 The Band 乐队在卷土重来之后有爆炸性的伴奏，让他比以前更猛烈地摇滚起来，与 John Wesley Harding 的黑暗与忧郁，或是 New Morning 的舒缓有着强烈对比。

如同一股不可抗拒的潮水向你的大脑袭来。

又或是像 Something There Is About You 这首可能的单曲中唱的那样，"走在老德卢斯的山间"（Walking the hills of old Duluth），一如他年少时在希滨的生活。最棒的一首也许是 Dirge，他自己弹奏钢琴，唱着一些不详的预言般的歌词，Robertson 则悲伤而甜蜜地弹着木吉他。这首歌充满了叹息和遗憾："我恨我爱上了你，这让我变得懦弱。你只是自杀大道上的一张虚伪面孔（I hate myself for loving you, and the weakness that it shows, you were just a painted face, on a trip down Suicide Row）。"Dylan 还是像旧日伤口般脆弱，但也可以让人感到痛苦至极。

Planet Waves 在 11 月用了三天时间录制，为了形容录音过程带来的愉悦，Robbie Robertson 透露他们甚至都不想结束："录完之后，我们所有人都抑郁了。真的太开心了，我们希望能永远这么录下去。"同时，Robertson 说道，他们为巡演排练了四周时间，目前选了大约 80 首歌。每场演唱会的曲目都会有变动。在芝加哥的首演结束当晚，

Dylan 用了十分钟，向质疑他的人证明了他拥有伟大艺术家的特质——他的作品是永恒的。

就他自身而言，他的艺术模式一定经历了的自我重塑。当他的灵感再次回归的时候，如果他的歌词不再像启示录般耀眼和充满意义，那一定是因为他的神经系统已经朝着更新鲜和外向的表达方式转化了。

这么多年来，他第一次写出像 Tough Mama 那样激烈的作品。那是一首关于一个笨重而深情的女人的歌——"血与骨交错相连"。Robertson 吉他的连复段和 Garth Hudson 的风琴很好地撑起了歌曲的架构，

他们商议了曲目数量和接下来的计划。周五晚上的演出上，Dylan 唱了 Love Minus Zero，仅仅是因为《洛杉矶时报》的一位记者说他喜欢这首歌。

媒体席位被严格控制着。Dylan 说"如果办起来不麻烦"的意思，就是暗指媒体。最初的规定是前 25 排座位不许出现任何记者，而且免费的媒体票也要严格定量。

在芝加哥，除了他的朋友 Barry Feinstein，

所有摄影师都只能在自己的座位上用长焦镜头拍摄。此外，他们还严格规定只有重要人员才能搭乘演出方为往返美国和加拿大租用的专机"星舰"，连配偶或情人也都被拒之门外。"我们等不及看看卧室是什么样了。"Feinstein 的妻子笑着说，暗讽关于专机的规定。她有着银灰色头发，相当美艳。

不过，看起来这次巡演不会搞什么花样。无论是 The Band 乐队还是 Dylan，谁都不打算在酒店乱来。Elliot Roberts 说："他们都是成年人，不像 The Who 等人。他们对吸毒不感兴趣，他们只在乎演出。"Elliot 是 Asylum 的经理人，负责管理旗下的艺人，比如 Joni Mitchell。

Dylan 并没有完全避世。近些年来，他已经放弃了成为 Howard Hughes（译注：美国航空工程师、企业家、电影导演，是个传奇隐居者）式的人物，他经常出现在酒吧或夜总会，尽管永远戴着墨镜坐在角落里，且身边总有随从，但在适当的时机和心情下，他也会和人聊天。不过，看起来，他十分厌恶发表意见。

"他只是不想被人分析。"Roberts 说。从多个层面来说，也许时间会说明一切。《新闻周刊》和《时代》都来到芝加哥做报道，《新闻周刊》还可能把 Dylan 作为封面人物。

除去这些复杂的背景，在他近十年来的首个巡演开幕前夜，我最大的感受就是没有感受，完全麻木。这也许是心理作用，我在刻意回避这个即将发生的事实。曾为一代人发声的 Dylan，在火焰已然熄灭的时候，又义无反顾地试着将火苗重新点燃。

当然，也可能是我的潜意识里希望他的动机就是为了钱吧，希望他终于向那个把他痛苦地掏空了的美国去收点儿钱。然而，整个演唱会的音乐氛围又让我困惑，我不确定该做何反应。也许 David Geffen 是对的。我们已经被 70 年代的音乐潮流给麻痹了，我们忘记了什么是真正重要的，忘记如何去分辨什么是划时代的音乐，什么又只是靡靡之音。那一晚，Dylan 像所有伟大的真理一样正确，他把过去十年的音乐成就当作一种契机，去定义自己的音乐地位。

周四的夜晚寒冷刺骨，芝加哥覆盖着一片残雪。穿厚羊毛衫的观众分成几类，有高中生，有二十多岁的年轻人，也有一帮看上去像是经历过 60 年代初期民谣现场的家伙们。

不过说到底，这不是很典型的摇滚演唱会观众群。没有砸场子的，也没有酒鬼。当然也不用西装革履，人们的情绪既柔和又崇敬，有人还会带点儿沉思。这就像拳王阿里退役时的样子：人们会祝福他，但如果历史注定被遗忘，那就顺其自然，越快越好……

忽然之间，Dylan 和 The Band 就这么出现了，迟到了半个小时，但对于 8 年来讲，30 分钟又算什么呢？他们面无表情地走过来，Dylan 没有理会人群疯狂的欢呼声，观众们就好像在参加大规模集会的开幕式一样，不过也确实是这样：伟人在人群间接受着属于他的荣耀。不过，无论是周四还是周五的演出，Dylan 并没有公开致谢歌迷，接下来的巡演很可能也会如此。整个节奏紧凑又有条不紊。Dylan 仅在中场休息的时候和观众说了一句话："15 分钟后回来。"周五晚上他说了同样的话，加了一句"现在不要走开"。Dylan 在台上、台下如出一辙：惜字如金。

不过，Dylan 的表演绝对不缺自信。他的声音可以带你回到 *Highway 61* 的年代，手指则在电吉他上疯狂地拨动着。The Band 站在他的左侧，Hudson 的风琴演奏富有想象力且不可或缺，而 Robbie 的吉他独奏同样精练有力。

舞台确实一切就绪。也许是为了给巨大的礼堂制造一点亲密感吧，Richard Manuel 的钢琴后面放好了沙发椅，黄色烛光在摇曳，Levon Helm 身后布置了假的蒂凡尼灯饰。整体安排多少有些出人意料。我本以为 The Band 会在上半场单独演出，不过这确实不太可能，因为观众们都急切地想看到 Dylan。于是，The Band 在上半场为 Dylan 的电声歌曲做了伴奏，并夹杂了一些他们自己的歌，而这时候的 Dylan 就独自在舞台右侧的暗处徘徊着，一半背对着观众，弹一些节奏吉他。中场休息后，他们又各自表演了一些自己的歌曲，Dylan 用的是原声吉他，并在最后重新一起合奏。

演出以 Dylan 一首不常见的歌开场，节奏很快，副歌不断反复着"一只脚踏在高速公路，一只脚迈进死亡坟墓"（One foot on the highway, the other foot in the grave），是当晚四首新歌之一，其他还包括 *Tough Mama*、*Something There Is About You* 和 *Forever Young*。接着是暴躁版的 *Lay Lady Lay* 和打着节拍的 *Tough Mama*，之后 Levon 和 Rick Danko 分别表演了 *The Night They Drove Old Dixie Down* 和 *Stagefright*。后面这首歌真是再应景不过了："你看那个人他有点舞台恐惧……他需要全部重新开始（See the man up there with stage fright... he's got to start all over again）。"当然，即使 Dylan 内心在颤抖，他的表情也没有出卖他。他的面部肌肉在酸奶般的皮肤下十分紧绷，身体随着腿的抖动小幅度摇摆着，像一只迷人的小蜘蛛。

Dylan 接着演唱了 *It Ain't Me Babe*，歌曲最后进入起伏的中速，以一种似乎是自嘲的方式在歌词高潮部分结束了。接下来是漂亮时髦版本的 *Leopard Skin Pillbox Hat*，给演出带来充实的感觉，歌曲一开始几个熟悉的音符就引起了观众的兴奋。很明显，Dylan 的安排是按照他的曲库进行的，主要从 *Another Side Of Bob Dylan* 到 *John Wesley Harding* 这些专辑中挑选的，并加入一些新专辑的歌曲；而 The Band 乐队则是演绎他们耳熟能详的一些作品 ——*King Harvest*、*Up On Cripple Creek*、*Rag Mama Rag* 等等，偶尔加入 *Moondog Matinee* 专辑里的片段，比如 Danko 的 *Holy Cow*。

对于 Dylan 来说，演唱会用来庆祝过去并展望未来是最适合不过的了。

这天晚上，The Band 乐队有点儿不在状态，尤其是 Danko 的嗓音似乎出了些问题，Robertson 的音效也有些问题，不过 Hudson 保持了大师级的水准，并且在 *Rag Mama Rag* 一曲中展示了华丽的钢琴演奏。那首歌 Manuel 转去打鼓了，他偶尔会这样做。

实际上，当 Dylan 在歌曲 *Ballad Of A Thin Man* 中演奏钢琴的时候，Manuel 换了第二套服装，戴上和 Ben Franklin 同款的眼镜，盯着琴键上方的手写歌词。天哪！当第一个音符响起，这是多么似曾相识的心灵颤动的感觉，仿佛穿越时光，回到了九年前的阿尔伯特音乐厅——机智、讽刺又有些超现实，这概括了过去的 Dylan 以及我们希望他成为的样子。演出最后，芝加哥的孩子们发出了剧烈的欢呼声，一切都被定格在那儿，1973 年。一位反英雄时代的英雄。你不能否认过去。

Dylan 和 The Band 以一曲 *I Don't Believe You* 结束了上半场演出，他再次出场的时候只有自己一个人，脱去了毛衣，穿白衬衫随意而坚定地站着，棕色木架和银色口琴别在胸前。他连唱了五首歌，是演唱会的高潮部分。他用了十分钟，向质疑他的人证明了他拥有伟大艺术家的特质——他的作品是永恒的，它们的价值超越了语境和时间。

The Times They Are A-Changin' 既可以看作是对 70 年代的希冀，也是在讽刺 60 年代伤感而脆弱的承诺。*Song For Woody* 是对 Dylan 早期历史和出发点的自述，*The Lonesome Death Of Hattie Carroll* 也许伤感却依旧辛辣，是他对社会、对 William Zanzinger 的批判 ——Zanzinger 杀害了他的女佣并依靠"马里兰政界的高层关系"逃脱了法律的制裁。这是有关当代美国多么真实的写照啊。

然后，Dylan 像是要回到家乡一样，以极快的速度唱出一连串的歌词，奉献了一首超凡的歌曲 *It's Alright, Ma*，并结束了这一小段的表演。歌词唱道："即使是美国总统有时候也要在公众面前毫无保留（Even the President of the United States must sometimes have to stand naked）。" 观

众瞬间觉得自己的心和艺术家融为一体，那种密切与和谐的状态前所未见。"这就是生活，也只不过是生活（It's life and life only）。" Dylan 唱道，然后他漫步走下舞台，留下芝加哥体育场的喧嚣。

那之后的表演都趋于平淡，The Band 乐队甚至没有一首歌能把观众的注意力从 Dylan 的回归上挪开。他再次上台的时候唱起了 *Forever Young*，一首校园风格的歌曲，有着"愿上帝保佑你，与你同在"（God bless and keep you always）和"愿你的心中永远充满快乐"（May your hearts always be joyful）这类的歌词。新专辑没有比这更好的作品了。不过，*Like A Rolling Stone* 这首纽约的圣歌，让人血脉偾张。上帝就在天堂，一切都很美好。

他们先离开了舞台，然后观众们点亮火柴并集体跺脚，于是 Dylan 和 The Band 又重新上台，演奏了 *The Weight* 和 *Most Likely You Go Your Way (And I'll Go Mine)*。后面这首歌的情绪十分适合结尾，虽然演唱已经有些无力了。一切都结束了，两个半小时的演唱会，专业又极富观赏性，并不时触及到观众内心最柔软的地方，那是他们对过去的 Dylan 的热爱，今夜被唤醒并重塑了。

有人说，无论是周四还是周五的演出，Dylan 都没有想太多。这个人有点过于学院派了。还是去问问那个疯狂的小歌迷吧，他在演唱 *It's Alright, Ma* 的时候，脱光衣服欢快地冲向了舞台。后来他说，他就是想这么做，没有为什么。Dylan 也可能对你造成这样的影响，他依旧宝刀未老。

PLANET WAVES

· 行星潮 ·

"是时候刻上另一道痕迹了。"
在 The Band 乐队的帮助下，Dylan 回归了。

GRAEME THOMSON

新巡演，新作品，这是唱片工业最大的信条之一。*Planet Waves* 可能是三年来 Dylan 第一张 "正式" 专辑，但这样的评论被淹没在一个更重大的新闻下，八年来，他重新上路，由 The Band 乐队做伴奏，要进行第一次巡演。1973 年 11 月，*Planet Waves* 只花了几天时间就录制完成了——你可能会怀疑排练才是更紧迫的事情——但这张专辑确实是夹在演出排练间隙完成的。因此，当时有种看法，认为这 11 首歌曲只能算是必不可少但无足轻重的辅助，是为了让 Dylan 进行圈钱的巡演，让他重唱 20 世纪 60 年代的经典歌曲。还要有新作品吗？啊，好吧，如果必须要有那就来点儿。

甚至在巡演的风波平息之前，这张专辑就已经几乎是马上被掩盖在重要的 *Blond On The Tracks* 的阴影之下。所以，*Planet Waves* 不仅没被充分欣赏，而且根本没被认真听过。继欢乐、积极的 *Pat Garrett & Billy The Kid* 电影原声辑之后发行的这张专辑，更多地被认为是 Dylan 重归全力创作所做的一个舞台广告；但公正地说，*Planet Waves* 其实更应该同之后的 *Blood On The Tracks* 和 *Desire* 一起被看作专辑三部曲。这三张专辑，无疑有着 *Blonde On Blonde* 以来最强的旋律，同时，乐队的表现丰富而欢快。尽管 Dylan 曾在录音室内使用过 The Band 乐队的所有成员，但 *Planet Waves* 是 Dylan 第一次、也是唯一一次和整支乐队合作的专辑。他们带来了紧凑、简练、充满深切感情的演奏，而 Dylan 也应对自如，有出色的表现。

即便是在最温厚谦逊的时刻，*Planet Waves* 也具备一种能令人轻易喜爱的清新活力。*You Angel You* 有一种随意的浪漫，让我们想到 Van Morrison 在 *His Band And The Street Choir* 之中的轻松摇摆。在 *Never Say Goodbye* 摇晃的节奏中，Robbie Robertson 的吉他任性自负地登场，使人情不自禁地露出微笑。其中最好的还是 *Something There Is About You*，歌中 Dylan 回到 "德卢斯的群山"，火花四溅。"我想我已经撼动了这奇迹，以及青春时的幽灵"（Thought I'd shaken the wonder, and the phantoms of my youth）。随着一个极其绝妙的下行旋律，Dylan 嘶吼道。

庄严的 *Forever Young* 中，口琴独奏让大家想起了轻柔的 *Just Like A Woman*，这首歌的表达方式简单而具有普遍意义，在 Dylan 的歌中较为少见，冒着多愁善感的危险，对儿子 Jakob 陈述着爱和希望，感人至深。这也可能是 Dylan 最后一首关于家庭和温暖的伟大赞美诗。如果说 *New Morning* 刻画了睡眼惺忪的家居生活，那么 *Planet Waves* 在欲望方面更加随性，经常会有鲜明清晰的性爱描写。*On A Night Like This* 的眼波一闪开了个头，但是更加说明问题的时刻还是出现在 *Something There Is About You* 当中——Dylan 将自己对性爱的坦诚与创造性的死亡相等同。伪装已经去掉。"（她）骨头上的肉在抖"——*Tough Mama* 描述了水性杨花的缪斯，令他焦躁，无法克制自己。乡村 "比胯下还要燥热"，是时候 "刻下另一个痕迹"。音乐恰到好处地反映了心情。紧张而色情、

充满渴望、迷人的律动。这大概是 Dylan 录制过的最有放克色彩的作品之一。

在缓慢缠绵、袒露内心的 *Going, Going, Gone* 中, Dylan 再一次思考了他为追求自己的天性而付出的代价——家庭和睦、个人的满足感。"我曾危在旦夕, 也曾坦白做自己, 现在我想在一切还未变得太迟之前放弃 (I been hanging on threads, I been playing it straight. Now, I've just got to cut loose before it's too late)。"我们可以从歌中听出这个男人正在努力切断羁绊他的那些线。*Dirge* 则充满了痛苦的重生的感觉, 这是这张专辑中最有力的两首原声歌曲之一。从音乐上来讲, 这首歌是 *Blind Willie McTell* 的前兆, 它有着质朴的布鲁斯风格框架, 只有 Dylan 的钢琴, 以及 Robbie Robertson 流畅的原声吉他伴奏。在歌词方面, 它也是暴怒决绝的 *Idiot Wind* 的先驱。"我讨厌爱你的自己, 那令我懦弱不已。你就是一张画上的假面, 走在自杀之路 (I hate myself for loving you, and the weakness that it showed, you were just a painted face on a trip down Suicide Road)。"这首沸腾的歌曲充满了悲伤与暴怒。

混乱与骚动迫切地要求着成为主调, 在这一切之后, Dylan 试图在专辑的最后一首歌里做出补偿。*Wedding Song* 有着精彩的结构, 但这个浪漫爱情故事的结尾听起来却好像在说再见。Dylan 不耐烦的吼叫与恭顺本分的歌词冲突着, 预示着 *Shelter From The Storm* 中以召唤

Sara 对 Dylan 的爱作为歌者的救赎, 那是一个可以"将我从洞中拉出来, 让我不再口渴, 满足我燃烧的灵魂 (pulled me from the hole, quenched my thirst and satisfied the burning in my soul)"的女人。但那是后来的事, 在如今这首歌里, "以眼还眼, 以牙还牙, 你的爱就像刀子一样划伤我 (Eye for eye and tooth for tooth, your love cuts like a knife)"。*Wedding Song* 没有把一切都带回家, 而是为我们 (就算没有为他的妻子) 留下了兴奋之情——使我们觉察到 Dylan 正潜行回去, 重新找到那种粗犷而充满活力的精神。

专辑名称在一开始其实是 *Ceremonies Of The Horsemen*, 这是他 1965 年的歌曲 *Love Minus Zero/No Limit* 中的一句歌词, 最后一刻才被改名为 *Planet Waves*, 因此发行时间也被短暂延迟。当它终于发行的时候, Dylan 和 The Band 乐队已经在巡演的路上。尽管巡演的势头使专辑迅速占领了美国榜单的第一名 (这是 Dylan 第一次在自己家获此殊荣), 但 *Planet Waves* 还是迅速陨落了。专辑的总体销量一般, 评论虽不算负面, 但也很沉闷和冷漠。

Dylan 似乎也同意这种观点。1974 年的情人节, 他在洛杉矶进行巡演的最后一场, 这张专辑的歌中, 只有 *Forever Young* 还留在演出曲目里。这并不是此刻的 Dylan 第一次被过去的成就吞噬, 但却是比较遗憾的例子之一。*Planet Waves* 并非只是一场草率准备的巡演的产物, 而是打响了充满伟大创意的新时代的第一枪。

BLOOD ON THE TRACKS

· 轨道上的血 ·

痛苦而失败的婚姻，一位新的艺术教师，和一张跨越时代的杰作。滴血的心！

ANDY GILL

专辑 *Planet Waves* 中对婚姻不和的暗示，在 *Blood On The Tracks* 当中得到了证实，40 年后的今天，这张专辑仍旧被称作"分手专辑"。1974 年，Dylan 和妻子 Sara 似乎确确实实地分道扬镳了。那一年，当 Dylan 和 The Band 乐队的盛大回归巡演一结束，他就匆匆赶往纽约，而此时的 Sara 则待在他们位于马里布 Point Dume 半岛的新家里。在纽约，Dylan 开始与一些故友联系，例如格林尼治村的 Phil Ochs 和 Dave Van Ronk。Dylan 一向是个业余的视觉艺术家，比如说 The Band 的 *Music From Big Pink* 和他的 *Self Portrait* 的封套，都出自他的手笔。此时的他注册了一门艺术课程，教师是 Norman Raeben，一个 73 岁的俄罗斯裔犹太移民，他将对 Dylan 的一生产生很大的影响。Dylan 对他的洞察力非常惊诧，他可以通过 Dylan 的画来分析他的内心。

令 Dylan 尤为兴奋的是，Raeben 的理念让他可以通过一种更有趣的方式把握时间。不像以前只是遵循严格的线性叙事，他现在可以通过将过去、现在和未来结合进来，进行多层次的叙事方法。这种方法很快就在他的新歌中得以体现，最引人注意的就是 *Tangled Up In Blue*。在这首歌中，时间、空间和角度等在一段段歌词之间转换，就像在电影中跳动的剪辑，从而可以使他表达出自身性格隐藏的真相。"我想违反时间规律，这样就可以让故事在昨天和今天同时发生。"他后来这样解释道。在这首歌中，波西米亚式旅行见闻录讲述了主人公追寻爱与美的救赎的故事，正是爱与美这对立的两极导致了 Dylan 生活

的崩离。七段歌词飘过，每一个场景只允许人们观看片刻，我们心中失去了过去、现在和将来的概念。这是一种类似于灵魂出窍的体验，听众在事件之中漂浮，在时间之中来回穿梭：脱离现实的感觉让人们可以更加认清现实。

他在夏天回到了他在明尼苏达州的农场，开始尝试用这种全新的技术手法创作一些歌曲，而这些歌曲最后组成了 *Blood On The Tracks*。他通过这种方式将自己对于艰难婚姻的忧虑渗入到这些歌曲当中。遗憾的是，虽然他达到了一种新的艺术高度，但他和 Raeben 在一起的这段经历使他和 Sara 的隔阂变得更深了。"就是在那时候，我们的婚姻开始破裂，"他后来告诉记者 Jonathan Cott，"她从不知道我在说些什么，我也不知如何解释。"Dylan 从哥伦比亚 A&R 部门的 Ellen Berstein 身上得到了短暂的慰藉：不同的歌词都展现了他对一位离去的爱人的惜别，*You're Gonna Make Me Lonesome When You Go* 是唱片中最轻盈的部分，灵感来源就是他们的私通关系。

8 月时，Dylan 重新和哥伦比亚唱片公司签约，9 月开始与制作人 Phil Ramone 一起录制新的唱片。由于临时才得到通知且没有时间排练，所以来自 Eric Weissberg & Deliverance 乐队的伴奏乐手们在哥伦比亚唱片公司古老的 A 录音室（现更名为 A&R 录音室）的录音成了一次令人沮丧、没有成就感的经历。Dylan 使用了一种不常用的开放调弦法，而且甚至连歌曲在哪个音调都不愿意解释。这些经验丰富的录音室专家们也几乎不能跟上他的节奏。

Weissberg 乐队发现 Dylan 对他们在做什么没有兴趣，在一首歌重放到一半时，就开始教他们下一首。因此，在之后的录制中，只有贝斯手 Tony Brown 被召回继续合作。

Ramone 知道自己的工作很简单，就是尽可能清晰地捕捉发生的一切。他安排 Tony Brown 坐在能看到 Dylan 手的地方。尽管如此，歌手突然毫无征兆的变化仍旧需要 Brown 在之后对自己的演奏进行矫正。三天内，他们录完了所有重要歌曲，风琴手 Paul Griffin 和夏威夷吉他手 Buddy Cage 的表现分别使 Idiot Wind 和 Meet Me In The Morning 显得更加有气氛。哥伦比亚公司希望唱片尽早发行，专辑封套已经印刷了约 50 万份，但是在试听过测试盘后，Dylan 有保留意见，决定延迟发售。

重新定下的发售日期在 1 月。随着日期的临近，Dylan 回到明尼苏达州过圣诞节。在那儿，他弟弟 David 建议他和当地的乐手在明尼阿波利斯的 Sound 80 录音室重新录这些歌。因此，1974 年圣诞节过后，由吉他手 Kevin Odegard 和 Chris Weber、贝斯手 Billy Peterson 以及鼓手 Bill Berg 组成的新团队重新录制了五首歌，分别为 Tangled Up In Blue、Idiot Wind、Lily, Rosemary And The Jack Of Hearts、You're A Big Girl Now 和 If You See Her, Say Hello。爵士风格的节奏组的加入被证明尤其重要，Berg 的活泼轻快让 Lily, Rosemary And The Jack Of Hearts、Tangled Up In Blue 等歌曲熠熠生辉。但是，没有一个明尼阿波利斯的乐手在专辑中获得署名。

Dylan 后来的抗议最终没有什么用，我们很难不把这张专辑与他的婚姻问题联系起来，无论是在 Idiot Wind（歌名来自 Norman Raeben 的想法："愚蠢的风在吹，遮蔽人类的存在"）中宣泄愤怒，还是 If You See Her, Say Hello 中对旧情满怀渴望的赞美，这首歌里有 Dylan 最忧伤的人声，辛酸的曼陀林为之增色。但是这张唱片最有力的部分在于它将事件置入隐喻和寓言中的技巧。Simple Twist Of Fate 隐晦地讲述了一次注定不幸的一夜情，它仍是以生活和艺术之间的矛盾作为驱动，特别是艺术家的超然和在旁观察的方式不可避免地破坏了亲密关系。我们可以看到很多关于地点和情绪的细节，但是看不到关于女人的细节，男人的感情被深深地埋在内心深处，而不对外表露。同样地，Shelter From The Storm 的叙述者是一个飘忽的形象，被一个圣母般的解救者从混乱中解放出来。当故事从个人亲密关系转换到神话寓言的时候，人们就会更加确信，歌曲核心中狂野型的男性和哺育型的女性构成了一种道家式的平衡，这种平衡来源于苦楚的个人体验。与此相反，You're A Big Girl Now 是一种更为普遍的呼唤，展现了伴随着悔恨交加的微妙的情感，孤寂折磨着被抛弃的心灵，这颗心亦愈来愈绝望地感受到自己的孤独。

最终，Blood On The Tracks 在 1975 年 1 月正式发售（几周后，在纽约录音中没有用到的歌曲，被收集到 Joaquin Antique 私录唱片中面世了）。这是 Dylan 史上卖得最快、最好的专辑，同时也证明了他在 60 年代的天分没有消失。

发行日期 26 | JUNE | 1975

THE BASEMENT TAPES

· 地下室卡带 ·

就要正式发售了！ Dylan 和 The Band 乐队在伍德斯托克的嬉闹
终于有官方版本大白于天下——至少是其中一部分。

ANDY GILL

伴随 *Blood On The Tracks* 的成功，为了快速获利，哥伦比亚唱片公司在 5 个月之后发行了 *The Basement Tapes*，这部专辑从 Dylan 和 The Band 乐队于 1967 年在位于西索格蒂斯乐队名叫 Big Pink 的房子的地下室录制的磁带小样中，选取了 16 首歌曲，后来又增加了 The Band 乐队单独录制的 8 首歌曲（包括 Levon Helm 代替 Dylan 重新录制的 *Don't Ya Tell Henry*）。有些粉丝认为，这些后来加进去的歌曲——以及在马里布 The Band 乐队的香格里拉录音室给 *The Basement Tapes* 素材加上的若干叠录——是对原始录音的篡改。但是，这张选集背后的指导力量，Robbie Robertson 辩解说，对他来讲，*The Basement Tapes* 的精髓是"一种过程，一种家庭录音的感觉"，因此他们把其他来源的内容收入专辑也是合理的。另一种确实很有分量的批评是，他们遗漏了那些录音中最为重要的几首歌，比如说 *Quinn the Eskim*、*I Shall Be Released* 和 *I'm Not There* (1956)。

和 Dylan 之前的唱片一样，在 *The Basement Tapes* 中，Dylan 似乎不情愿地参与了文化态度的变迁，在这张专辑中，是为后来所谓的另类乡村音乐或者美式乡村音乐提供了希望的种子。这些录音风格简朴，与 1967 年风靡世界的迷幻音乐截然不同，也刻意改变了他与 The Hawks 乐队合作的 1966 年世界巡演中开足马力的歌斯底里。幸运的是，The Hawks 搬进了 Dylan 位于伍德斯托克住所旁边的一栋粉红色的大房子里。经过十多年的巡演后，他们开始形成组自己乐队的想法，试图用自己的时间，寻找属于自己的声音。用着从 Peter、Paul & Mary 那里借来的设备，他们在地下室建起了一个临时录音室，开始创作一些新素材。

"原先的想法只是当成 The Band 乐队的小俱乐部，每个人每天都可以随便出入。他们既可以录制歌曲，又不会打扰他人。"吉他手 Robbie Robertson 回忆道，"就是把想法录在磁带上，所以当时并没有考虑到录音品质和平衡问题。Dylan 像其他人一样，也经常过来。"专辑中的声音温暖而亲密，这和 Dylan 与 The Hawks 在演唱会上爆裂的摇滚声音截然不同。这种成果在很大程度上来自传统民谣音乐，是 Dylan 曾在 Harry Smith 著名的 6 张唱片合集 *Anthology Of American Folk Music* 中邂逅过的——那是一个充满了古怪童谣和奇怪幻想，充斥着死亡的世界。Dylan 曾经热心地给 Nat Hentoff 讲述传统音乐是如何深植于"神话、圣经、瘟疫……甚至是死亡"，以及传统音乐中的神秘倾向，唱着"玫瑰从人脑中长出来，恋人们原来是大雁和天鹅，变成了天使"。最后，他总结道："它的无意义是神圣的。"

听 *The Basement Tapes* 的时候，你会开始理解它的意思。有的歌曲歌唱起程，但却无法到达终点，有的歌曲歌唱寻觅拯救，还有的歌曲纯粹是废话，但装作仿佛隐匿着什么深意。歌中是一群各不相同的人，仿佛他们存在于一个与我们的世界平行的世界里。歌词听起来是即兴创作的。有时候这些语句好像只为了去填补副歌段之间的空

隙，有些则听起来好像要故意去逗笑其他的乐手。Dylan 与 The Band 使用了手风琴、曼陀林等传统乐器，以及手边的各种鼓、吉他以及键盘，他们用传统形式为线，编织了一张破旧的毯子——从粗糙的布鲁斯 *Crash On The Levee* 到乡村小调 *You Ain't Goin' Nowhere*，在这些粗糙、朴素的曲调中，欢乐与恐惧在同样的音符中并存。

从 *Yea! Heavy And A Bottle Of Bread* 和 *Tiny Montgomery* 等歌曲的荒谬歌词中，可以看到 Dylan 早期的荒诞叙事歌曲，如 *Stuck Inside Of Mobile With The Memphis Blues Again* 的影子，Dylan 这时已然离开城市回到了乡村，歌曲中的人物也从早期那些品德有问题的城市佬和不法之徒变成了 Silly Nelly、Skinny Moo 和 Half-Track Frank 等这些乡下人。而 *Clothes Line Saga* 和 *Million Dollar Bash* 中的行为有一种乡村式的散漫，也可以看作是 Dylan 在庆祝自己从所谓"重大意义"中获得了解脱。在 *Lo And Behold!* 当中，对启示的徒劳追求使主人公陷入更深的荒谬之中。它读起来就像是一个由狂欢的醉鬼讲述的夸张故事。Dylan 在演唱时用一种揶揄的方式混合了嘲弄与冷漠，仿佛这个醉鬼在挑战别人敢不敢来否认他的故事，同时又整日嘲笑他们；活泼的副歌中，和声的加入就像酒友们对这个酒鬼举起充满泡沫的啤酒杯。

这些素材并非都是无意义的。The Basement Tapes 中受欢迎且经常被翻唱的歌曲，如 *Tears Of Rage*、*Too Much Of Nothing*、*This Wheel's On Fire* 以及缺席的 *I Shall Be Released*，均强调了他对拯救的渴望。*Tears Of Rage* 对于 Dylan 来讲，可以等同《李尔王》（*King Lear*）中盲眼国王在荒野中的独白，也是他对这个国家发出的声音。歌中的叙述者遭受着痛苦和悔恨的打击，他回忆着遭违背的诺言和被忽视的真理，贪婪污染了美好愿望之井，以及女儿怎么可以违背父亲的意志。歌曲表现了国家的分裂，它也是第一批反映美国对越战老兵的背叛的歌曲之一。

Too Much Of Nothing 提及"忏悔的那一天"、所有事情会"记在书里"，这体现了《圣经》词句悄然进入 Dylan 歌中的早期迹象，这对他的下一张专辑 *John Wesley Harding* 影响很大。*Too Much Of Nothing* 中的冷酷寓言和道德绝对主义，是对于精神空虚的悲痛以及对于悲惨结果的警告。专辑的最后一首歌 *This Wheel's On Fire* 再次借用了《李尔王》中的内容（"你是一个有福的灵魂，我却缚在一个烈火的车轮上"），仿佛是为过去的过失而忏悔——《李尔王》本身也受到《圣经》中的先知以西结的影响，他可能是《旧约》中最怪异的先知了——在顿悟之中，歌手领悟到，为了得到这个，就必须经历一点儿那个。这首歌捕捉到一个在痛苦与解脱交界处徘徊的灵魂，意识到自己未完成的责任，但无法阻止自己径直走向毁灭。火焰之轮前进的路就是兰波所说的那条无节制之路，最终会通往智慧的殿堂。而"轮子"或许就是 Dylan 那辆 Triumph 牌摩托车突然停转的轮子：他在轮上的加速令灾祸突然而来，然后又戛然而止。

DESIRE

· 欲望 ·

"来自匈牙利的 Danny"、百老汇的心理学家，吉普赛小提琴手、
无辜的拳击手、浪漫的匪徒……让雷声摇滚起来吧！

ROB HUGHES

除了和 George Harrison、The Band 乐队有过罕见的短暂合作外，Bob Dylan 几乎没和谁一起写过歌。可是 1975 年夏天，Dylan 在位于长岛汉普顿斯的住所里，和 Jacques Levy 进行了紧密合作。仅仅用了四个星期，他们就计划出 Dylan 下一张专辑 Desire 的骨架内容。

Dylan 选择 Levy 作为自己第一个长期合作人，不是一般的任性。首先，写歌并不是 Levy 的日常工作，事实上，他曾是一名执业心理医生，后来又在纽约执导戏剧并且出了名，他最著名的作品是一部外百老汇的讽刺滑稽剧《噢! 加尔各答!》(Oh! Calcutta!)。他有个计划中的项目是易卜生的《培尔·金特》(Peer Gynt)。在这个项目中，他和 Roger McGuinn 成了创作搭档，也由此才得以被列为 The Byrds 乐队晚期一些歌曲的作者，包括 Chestnut Mare 和 Lover Of The Bayou。Levy 通过 Roger McGuinn 的引荐认识了 Dylan，并听了 Dylan 新歌 Isis 的大致构架。两人很快达成一致，开始为框架填补内容，每天工作到深夜。

旅行主题在 Desire 之中非常重要，Isis 就是这个主题的第一首歌，一个神秘的寓言隐藏在面貌模糊的旧世界边疆，讲述了一个与妻子分居的新郎，在一个可疑的陌生人请求下与他出逃的故事。他们最终到达了金字塔，但"一切都嵌在冰里面"。原来，陌生人的目的是盗取古墓里价值连城的尸体！唉，可是那里面并没有任何尸骸。陌生人遇险身亡，新郎决定回去，回到自己名义上的妻子身边，

"只是为了告诉她我爱她"。把 Isis 解释为延续了 Dylan 在上一张专辑 Blood On The Tracks 中探索过的个人主题，这个想法很有吸引力，但是 Levy 坚持说这个令人惋惜的分手故事没有任何象征意义，它更像是 Levy 的儿子 Julian 后来所说的，仅是"一个有趣而充满冒险情节的牛仔故事"。

Isis 的音乐设置显然与之前的任何一张专辑都不相同。除了 Dylan 的双音钢琴连复段和 Rob Stoner 缓慢沉着的贝斯之外，小提琴手 Scarlet Rivera 的加入使得 Isis 更具吉普赛风味。这个 25 岁的年轻人后来成为 Desire 的关键人物之一。关于他们的相遇有一个故事，颇为符合 Dylan 传说中变化无常、放任自流的形象。据说，Dylan 是在一个下午遇见了正手拿小提琴在下东区散步的 Rivera。当时 Dylan 开着一部旧车子，并且自我介绍为"来自匈牙利的 Danny"，询问她是否愿意参加一些录音工作。于是，Rivera 就同 Stoner、鼓手 Howard Wyeth 以及和声歌手 Emmylou Harris 一起，成为 Dylan 在纽约哥伦比亚录音室的核心成员。

Desire 的开场曲是 Hurricane。Levy 参与创作的歌曲中，有两首歌表明 Dylan 回归到了关注时事话题和真实事件中去，这就是其中一首，它很像 Dylan 在 20 世纪 60 年代的歌曲 The Lonesome Death Of Hattie Carroll 或者 Ballad Of Hollis Brown，歌中的主角是前重量级拳击手 Rubin "Hurricane" Carter。他因涉嫌参与了三桩谋杀案

而入狱 9 年，但一直声称自己是无辜的。他的困境打动了 Dylan，Dylan 接受了他的解释，从而创作了这首歌曲。*Hurricane* 展现了 Dylan 眼中的真相，在这件案子中起决定因素的似乎是假证人和种族偏见，令他感到不公。同时，Carter "像一尊佛一样坐在十英尺的牢房里，一个无辜的男人在人间地狱"。这首歌一共八分三十秒，是一首激动而愤怒的长篇大论，热烈的原声吉他、震耳的打击乐、激动人心的口琴和小提琴更为之增色不少。

Carter 事件很快演变成一场个人的圣战。1975 年 Rolling Thunder Revue 巡演的首演上，Dylan 第一次做了一场高调的慈善演出（之后也寥寥无几）。重审终于开始了，虽然一直持续到 1985 年 Carter 才被宣告无罪并被释放。但是，这张专辑中的重要长篇作品在道德方面却比较暧昧。*Joey* 是一首 11 分钟的歌曲，旨在将臭名昭著的纽约恶霸 Joey Gallo 塑造成一个浪漫的反英雄式人物，就像已经被 Dylan 写进歌里的比利小子或者 John Wesley Hardin 这两个不法之徒一样。Dylan 的这种立场显然是因为读到 1972 年 Gallo 因保护妻子和孩子，在小意大利区的一家餐馆中枪而亡的事情。但是，正如 Gallo 的传记作者 Donald Goddard 详细描述的，了解 Gallo 的人都有不同看法，认为他在生活中是一个虐待成性的父亲和丈夫，还有谋杀的前科。

如果宽宏大量一点儿，我们可以把 *Joey* 中的情绪看作是天真的。往坏里说，它不过是不够了解实际情况。把感情寄托在错误的人身上。可奇怪的是，Dylan 在近几年宣称这首歌的歌词完全是 Jacques Levy 写的。

Joey 有点儿像挽歌，在歌曲的最后阶段才积攒起势头。*Mozambique* 则温暖、轻快，让人如释重负。这首歌是 Dylan 与 Emmylou 合唱的，无忧无虑，延续了 *Isis* 中旅行的主题。这样的主题还在专辑其他地方出现，比如墨西哥逃亡故事 *Romance In Durango Black Diamond Bay* 中发潮的贵族气，还有充满渴望的 *One More Cup Of Coffee*（这有可能是 Dylan 在普罗旺斯游览古罗马军营时获得的灵感）。

后面那一首是专辑中 Dylan 和 Levy 没有合作的两首歌之一。另外一首是庄重的 *Sara*，一首忧伤的抒情歌谣，在绝望与深爱之间徘徊。这是在他婚姻的最后一段时间里献给妻子的歌，显得少有的脆弱，唱着对旧时光的眷恋，"待在切尔西酒店数天无法入睡，为你写下'眼神悲伤的苏格兰低地女人'"。

Desire 于 1976 年 1 月的第一周发售，当时 Dylan 已经带着乐队的核心 Stoner、Wyeth 和 Riverra，以及一些有名的友人行走在巡演的路上。专辑照例大卖，复制了 *Blood On The Tracks* 的成功，登上 Billboard 榜榜首，而且在英国也几乎同样受欢迎，还被 NME 杂志提名为周年最佳专辑，位列 Bowie 的 *Station To Station* 之上。Dylan 可能不会想到，自己在 30 年之后又达到了这种商业高度。

发行日期 15 | JUNE | 1978

STREET LEGAL

· 合法上路 ·

**面对个人危机，Dylan 转型成为一个大路货歌手。
"你能明白我的痛苦吗？"**

GRAEME THOMSON

Street Legal 被公认是结束 Dylan20 世纪 70 年代辉煌时期的作品，处在夹缝之间，容易被人们遗忘。这场唱片在狂欢般的 *Desire*、喧闹的 Rolling Thunder Revue 巡演和令人困惑的印象主义大作 *Renaldo & Clara* 之后发行，之后又很快推出了 *Slow Train Coming* 这座分水岭，并且随后进行了福音巡演。

Street Legal 夹在 Dylan 人生的两条断裂带之间，因此是他所有专辑中最不像他的作品的一张：专辑几乎没有什么了不起的叙事语境，仅仅是一堆歌而已。然而，如果仔细观察的话，可能比一堆歌还要多一点，甚至是多很多。这部专辑处处显露出未完成的暗示，宣告着即将到来的危机，还有充满力量却十分古怪的作曲。

经过了前几年兴奋活跃的创作期之后，此时的 Dylan 变得有些保守。*Street Legal* 的目标是成为圆滑的流行摇滚，点缀着伴唱女歌手深情的三重唱和大量的萨克斯，而且有时候一点儿都不微妙。这场专辑的录制匆匆完成于远东和欧洲巡演路上的巡演房车里，只用了一个星期。结果录出来的声音单薄、含糊，编曲也显得仓促、简单。有个普遍的观点认为，这是多年以来头一次 Dylan 对于专辑到底想做成什么样没有什么清晰的概念。这张唱片录制和创作的时候，电影 *Renaldo & Clara* 正在遭受媒体痛批，而且当时 Dylan 和 Sara 关于孩子的抚养权也出现了纠纷。

录音期间他显得阴郁，心不在焉。这个坚定的叛逆者正在经受关于自身存在的危机，他选择这个时刻来发行这张专辑，他在其中扮演大路货流行歌手的角色，这是他的典型做法。

尽管如此，*Street Legal* 并不算是一张很坏的专辑，甚至可以称得上迷人。专辑中带着福音的风格，经常有一丝末日味道，事后看来，声音和情感上的巨大转变也像是即将发生的重大个人转型的前奏。问题是，Dylan 对自己的信念不是很有信心，以至于 *Street Legal* 轻率地试图成为伟大之作，最终却接近平庸，这或许很适合一个还没有准备好直面现实的人。

专辑中有一半是粗制滥造的轻松情歌，预示了 Dylan 在 20 世纪 80 年代大部分时间内的曲风。Van Morrison 式的歌曲 *Baby Stop Crying* 在英国很火。它简单、深情，有着奶油咖啡般的萨克斯独奏，近乎平庸的歌词将 Dylan 描绘成一个不搭调甚至有些不耐烦的骑士，穿着闪亮的盔甲。*Is You Love In Vain* 也差不多，过于热情的人声、儿歌般的旋律、甜得发腻的编曲，还有一句有点过头的求爱，很快因为他懒散的沙文主义的句式被大家批评："你会做饭缝补吗？能让花朵盛开吗？你能明白我的痛苦吗？"*True Love Tends To Forget* 则主要因为与题目押韵的歌词，如"从墨西哥到西藏"被人们注意，不过 *We Better Talk*

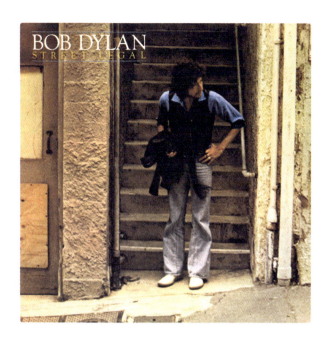

This Way 更加强悍,被热情的乡村布鲁斯所提升。它描绘了一个"迷失""遭放逐"的男人,觉得"是时候有新的转变",向我们暗示了这些平淡无奇的歌曲背后暗含的绝望。*New Pony* 也一样,试图表达出比歌曲本身更多的东西。粗犷而令人战栗的吉他旋律,撑起了一段质朴的布鲁斯。歌曲开始于 Dylan 射杀一只叫作 Lucifer 的跛脚马,背景不断传来呐喊着"还有多久"的"呼喊和应答"的福音音乐。开场非常吸引人,但之后的部分却只是匆匆而过,并没有达到预期。

Street Legal 中有不少这样虎头蛇尾的歌曲,虽然其中几首有史诗潜质,富于讽刺意味,带有深沉的阴谋色彩,令 Dylan 成为重量级武器一般,但这几首歌也难逃这种命运。*Changing Of The Guards* 当然几乎达到了伟大。它有磅礴的曲调、美妙的嗓音、神秘且寓意丰富的歌词——"商人和贼""黑色的夜莺""变节的神父以及叛变的年轻女巫"。与此同时,或许重要的是,"伊甸园在燃烧","虚假的神"在倒塌。

篇幅较长却轻松活泼的华尔兹 *No Time To Think* 也颇具雄心,并且有强烈的私人情感。它通过偏见的视角来观察失控的生活,与 Dylan 形同陌路的妻子、孩子、法官都是这幅画卷中的一部分。"我感到十分沮丧,"他唱道,"你得不到拯救,你没有希望"。这首歌扣人心弦,其间暗藏

着一种酸楚,刺耳的萨克斯动机再现着,而 Dylan 勉强控制自己使用一个过高的调子,并不算好听。

Señor (Tales Of Yankee Power) 这首歌是最有可能展现 *Street Legal* 潜力的一首。这一次,歌词和歌曲达到了完美的契合。乐队通过小调来表现尘土飞扬的荒野的恐惧,小号的细腻营造出电影般的效果。Dylan 娴熟地保持着歌曲不安的氛围,召唤出鲜活的历史守旧主义,以及它在现代美国的日渐式微。*Señor* 暗示末日,描绘一个走向世界末日的男人形象,从情绪和文字上都暗示了一个即将出现的人生十字路口。

这种情绪一直延续到最后一首歌 *Where Are You Tonight? (Journey Through Dark Heat)*。这同样是一首美妙的歌曲,从跳跃的双和弦律动到后来的副歌旋律,就如同登上顶峰感受到了遥远的 *Like A Rolling Stone* 的回声。Dylan 将自己的灵魂投入其中,再一次暗示了一场心灵危机。在召唤了伟大福音使徒圣约翰后,这首歌为这张古怪的、近乎半成品的专辑做了有说服力的总结。"拂晓过后就是新的一天,我总会到达。如果早上我出现在那儿,宝贝,你会知道我挺过去了。我不能相信,我不能相信我还活着。"他听起来仿佛经历了一次重生。然而,就在这张专辑发行数月之后,也就是 1978 年 11 月,Dylan 在图森的汽车旅馆里被上帝造访,然后一切都变了。

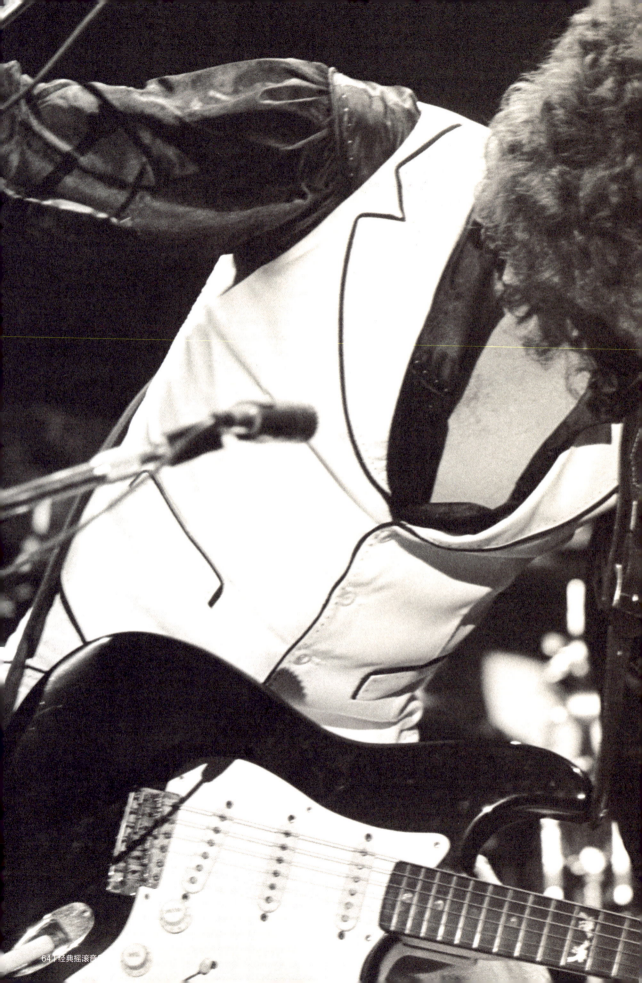

它们都是同一首歌，
它们将永远流传下去

放松、健谈的 Bob Dylan 来到伦敦伯爵宫进行为期一周的表演。有很多的老歌新唱，去看了雷鬼演出，甚至还有猛料十足的后台闲聊。RAY COLEMAN 反复回到演出现场，并发现此次演出在什么地方开始变得"有点拉斯维加斯"。

★ 摘自 1978 年 7 月 1 日

MELODY MAKER

"我很高兴这些歌曲能在你们心中有一席之地，正如在我心中一样。"Bob Dylan 如是说。他在伦敦伯爵宫办了 6 场音乐会，这些话是他在最后一场对他深爱的观众说的，当时他刚刚演唱过 *It's Alright, Ma (I'm Only Bleeding)*。 他获得了英雄般的欢迎，也对我们表达了热情的感谢。

曾几何时，Dylan 对他的观众看起来甚至有些不屑。十年前，我们都很难想象他能对观众有任何回应，这说明 Dylan 比以前成熟许多。这种新变化在之后还有很多体现。在最后一场表演结束大约一个小时以后，Dylan 和我及我的同事 Max Jones 闲聊，期间，他评价道："这里的表演使我了解了英国的观众，他们确实有些与众不同——他们确确实实是为了听歌而来的，而这正是

很有分量。现在，他准备讨论热情的英国观众。我的思绪飞到了不久前与 David Bowie 的一次访谈中。当时 Bowie 说，Dylan 对他讲的一句话打破了他的幻想，Dylan 说："等你听到我的新专辑再说。"他实际上在说，很难接受像 Dylan 这样的人会有如此拉斯维加斯式的老套。

这和昔日只会用单音节词回答问题的 Dylan 判若两人。大概十多年前，"是"——更多时候是"不"——已经可以当作是一场重大政治演说了。现在，他却变得放松，可以和 *Melody Maker* 的记者无话不谈，比如他现在的音乐倾向、他的出发点，在英国发生的那些使他感到高兴的事情这类话题。Max Jones 在 Dylan 还未踏上世界级舞台之前，就已经是他忠实的支持者了。他向 Dylan 询问了现在的舞台表演中关于乐队的问题，Dylan 也热情地回应了他。他说，他曾经花了很长时间去寻找适合的乐手，如今看到他们给他以及他的老歌带来的帮助，他很开心。

**但正如 Dylan 曾经说过的那样，
一首好的歌曲需要经得住不断的演绎，
不然它就失去了生命力。**

美国歌迷缺少的东西。在美国，他们总是为了……"为了演唱会本身？"对，主要不是音乐，是一些旁枝末节的东西。"

对于像我这样的"死忠粉"来讲，这甚至有些难以接受。每场演唱会，他都会老练地感谢他的观众。今夜，他承认这些歌在他心中

"它们都是同一首歌。"据我所知，这是 Dylan 对 1966 年皇家阿尔伯特音乐厅的演讲做的直接引用，"这些歌曲将永远流传下去。人们喜欢它们一遍遍地被演绎，我也是一样。寻找合适的乐手的过程也是一个机会，使我以去创作这些老歌。我喜欢这种方式，看起来大家也喜欢。"

Dylan 补充说，如果我们想现场唱的歌曲版本跟录音版本一模一样的话，直接去听专辑好了。他保持着他那著名的似笑非笑的神情。我们还讨论了灵魂乐和布鲁斯对他某一段表演的影响，特别是表演上半场的结束曲 *Going, Going, Gone* 时，演唱带着福音味道的 *I Shall Be Released* 时，Dylan 甚至还配了一个夸张的手势。

"我喜欢这个乐队的原因是，他们能给我提供我想要的一切音乐形式——布鲁斯、灵魂、乡村音乐、凯金音乐还有美国山地音乐，任何我想要的一切。这不仅是一个摇滚乐队。我心中一直都有灵魂乐。我还会听 Red Prysock，那是我听过的最棒的号手。几年前，我到哈莱姆区的 Appolo 去听 Bobby Blue Bland，连去了几个晚上。Lonnie Johnson 和 Muddy，这些是我会想到的人物，所以灵魂元素很自然。"

Dylan 还提到了三位伴唱女歌手：Helena Springs、Jo Ann Harris 和 Carolyn Dennis。在舞台上介绍这些姑娘时，Dylan 开玩笑地说，她们分别是"我的表妹、我的未婚妻还有我的前女友"。在后台餐厅外，当提及这些姑娘的时候，我们仿佛从 Dylan 眼中看到了异样的光。

我们还询问了乐队的视觉效果和人声特质等问题，Dylan 说他也想试图解决表演"有点儿拉斯维加斯"这一问题。"但是表演中多多少少带点儿性的成分也无可厚非，对吧？"为人极度实诚的 Max Jones 问道。"在日本的时候，我扭头看到舞台上有一对乳房，那时候，我就觉得我们需要改变一些东西了。"Dylan 神秘地回答说。

回到音乐，他说这次他唱了 *To Ramona*——虽说最后一晚没有——这也能说明他有多喜欢跟灵魂风味十足的小提琴手 David Mansfield 合作。"要是说到这种乐器，他

是我见过的最好的演奏家。对我来说，他们都很特别。"

他说他花了一年时间去组建这支乐队，且其中不少编曲都是 Steven Soles 的作品——一个品味高雅的吉他手兼小提琴手，也是备受称赞的 Alpha Band 的主要成员。

一周时间内，Dylan 的粉丝们搜集着他的各种奇闻异事，并且对这些表演进行比较。最后一夜，他比以往任何时候更加健谈。而且，他也说了太多的"谢谢大家"。最后一首 *All Along The Watchtower*，Mansfield 用动人心魄的独奏为表演画上了圆满的句号。Dylan 在热烈的掌声中对大家鞠躬致意，并一本正经地说："这段独奏是我教他的。"在那场表演之前，Dylan 曾说"这首歌献给已故的 Jimi Hendrix"。

他还介绍了 *Ballad Of A Thin Man* 的一个大量使用管弦乐的版本——意外地让他有机会摆出更多活泼的姿势，把歌中提到的采访记者和音乐家的角色——演出来——Dylan 说："我写这首歌比叙事曲 *Short People* 早了 15 年。"（他顺便提到了 Randy Newman 最近的一首热门曲）。至于这话是什么意思就由我们猜测了。

周二的演出还远未结束，电光烟花、塞在饮料罐里的蜡烛还有打火机，就已经把伯爵宫照亮了，以至于 Dylan 都说："要小心火啊——别把这地方给点了。"

从音乐的角度而言，最后一场演出因某些原因而显得与众不同，和平常成就一场精彩音乐会的原因不太一样。许多歌被赋予了新鲜的力量。第一晚和第四晚在聚光灯下独唱

的 *Tangled Up In Blue* 听起来尤为宏伟，而在最后一场则不那么戏剧化而充满深意，因为 Dylan 想要创造性地演绎这首歌的想法不是很强烈（有必要提一下，就算不是在最好的状态下，Dylan 也远远好于他的竞争对手）。最后一场中比较出彩的歌是 *Just Like A Woman*，极大地展现了 Dylan 和乐队的音乐天赋。这首歌交织着如此美丽而又有意义的歌词："她做爱时像女人……她崩溃时像个小女孩……"这首歌的原作者将其演绎到了极致。

也有人喜欢原来简单的版本。但正如 Dylan 曾经说过的那样，一首好的歌曲需要经得住不断的演绎，不然它就失去了生命力。他的口琴独奏尤为吸引人，使台下狂喜的观众发出阵阵喝彩。*It's Alright Ma (I'm Only Bleeding)* 是另外一首杰作。他再一次颠覆了 *Bring It All Back Home* 老版的演奏方法，用一种极快的方式演奏出来。这种处理给歌曲带来了紧迫感。在喋喋不休的故事背后，乐队潇洒地摇摆着，然而，他对于这次重排的喜爱毋庸置疑，而一些奇怪地将矛头指向自己的歌词，无疑也引起了观众的注意："我没有可奉守的东西……妈。"事实当然并非如此，但他唱得泰然自若。

Shelter From The Storm 同样优秀 —— 但是说到这个，我第三次去看 Dylan 的伯爵宫演唱会时，被他新专辑 *Street Legal* 中的另一首歌深深地吸引了，那就是 *Señor (Tales Of Yankee Power)*。歌词深沉而压抑，细品之下发现，它可以说是 Dylan 写过的最煽情的一首歌。"你能否告诉我这是要去往何方……是林肯乡村小路还是世界末日？"——我们再次开始猜想他这番话是针对什么，大概是迷失了方向的美国吧。这是一首让人难以释怀的布鲁斯歌曲，麦克风

燃爆现场，伯爵宫，1978 年

有恰到好处的啸叫效果，Dylan 的嗓音则让我们想起他早期的作品。"我不明白这是个什么地方……你能告诉我我们在等待什么吗，先生？"这首作品杰出而丰满，而那首被认为描述了他刚刚破裂的婚姻的 *Baby Stop Crying* 也同样精彩。

就音乐上来讲，演唱会充满亮点，每位观众都能从中得到属于他们自己的有关 Dylan 的珍贵回忆。对于幕后而言，这周算是有条不紊。当得知 Dylan 对于英国雷鬼音乐很感兴趣一事后，国内媒体都争相报道。Dylan 没有接受任何正式采访，不过这并不难理解，考虑到他一周前出现在肯辛顿的 Royal Garden Hotel 的时候，一个我国特有的蠢货喊道："你来就是为了钱吧，Bob？"这

种难以置信的愚蠢行为让所有人都失去了采访机会。无论怎样，大部分音乐家都是为了钱而表演。而 Dylan 跟很多音乐家不同的是，他配得起那些钱。

于是 Dylan 来了，征服了这里，并顺便欣赏了雷鬼乐队 Merge 在 Dingwalls 的表演。他被保镖护送着，过来同我和 Max Jones 聊天，还和 Michael Gray 交谈了一会儿，后者对 Dylan 的采访上周刚在 Melody Maker 杂志上发表，他还写过一本叫 Song And Dance Man 的书，专门谈 Bob 的歌。Dylan 和 Robert Shelton 吃了顿饭，这位美国作家 1961 年在纽约的 Gerde's Folk City 注意到了 Dylan 的演出，并在《纽约时报》上发表了史上第一篇关于 Dylan 的乐评（Shelton

现在正在写一本 Dylan 的权威传记，并打算在布莱克布许机场演出之后完成）。Dylan 还给 Shusha 打了个电话，一位目光敏锐的波斯民谣歌手，曾经录制过 Dylan 的几首歌曲，并且像 Dylan 一样，以 Forever Young 作为其演出的结尾曲。Dylan 告诉她，他很欣赏她的作品，她应该去美国表演。Shusha 也观看了 Dylan 的最后一场演出，并且深受感动。她发现 Dylan 此刻言谈很清晰，似乎和这位她研究了多时的艺术家建立了一种思想上的友谊。

Dylan 对观众犯过的唯一一次错误是他说"晚安，明天见"的时候，他并没有意识到大多数观众第二天不会再面对面地看他的演出了。不过，我想那是他在这次成功的表

演期间犯过的唯一失误。除此之外，这位摇滚巨星的表现无可挑剔。这可不是普通场合。对于 20 世纪 60 年代的观众来讲，他的名气在时间流逝中变得有些模糊，但当他出现时，他并没有带着伤痕，而是带着无限荣光。这是因为他冒险重新编排了他的歌曲，并且证明了那些歌曲依然可以传唱下去。

在最后的演出之后，当 Dylan 对 Melody Maker 说英国观众的反应赋予了他能量的时候，他是真诚的，而不是好莱坞式的客套话。要知道，在美国，他的专辑很少在电台上播放，他也没有像是在这里一样的史诗级地位。看起来，英国观众更在乎这位音乐诗人。这是让人心灵震颤的一周。说得没错，Bob Dylan，我们布莱克布许见！

发行日期  20 | AUGUST | 1979

SLOW TRAIN COMING

· 慢车将近 ·

改变我的思考方式！一位虔诚的皈依者对上帝、放克乐、欲望和 Jerry Wexler 的热切接纳。

NIGEL WILLIAMSON

Sinéad O'Connor 的判断并不是一贯完全准确的，但当她 13 岁那年听到 Slow Train Coming 时，她判断对了。后来回忆起来，正是那一张专辑让她决心成为一名歌手，"性感，有放克味，而且很虔诚"。这张专辑的宗教性不言而喻——甚至有些过于明显。在圣费尔南多谷葡萄园团契教会学校为期 3 个月的学习后，Dylan 皈依福音派基督教，受洗新生的喜乐充溢于整张专辑，让许多人一时难以适应。同样，专辑中的放克元素也彰显无遗。Dylan 这次与 Jerry Wexler 合作，在马斯尔肖尔斯录音室制作专辑。Wexler 是 Atlantic 的传奇制作人，与之合作过的音乐人包括 Ray Charles、Aretha Franklin 等，这次合作确保 Slow Train Coming 的声音是正统地道的。

"性感"可能是专辑中相对最难察觉的元素。从神秘主义诗人鲁米、苏菲神秘主义者到 Donne、Herbert 与英国玄学派（English metaphysicals），悟道诗对"被爱者"的心灵与世俗本性的描绘通常含糊不清。Stax 时期的 The Staple Singers 也有类似的模棱两可，就是他们录制那些充满欲念的福音歌的时候。在 Slow Train Coming 中，虽然 Dylan 对天国的虔敬毋庸置疑，可 Precious Angel 和 I Believe In You 等歌曲中的激情，同样传达出世间的欲求。

性、放克与上帝，这三位一体的结合可谓无与伦比，但并不是所有人都这么认为。对在 20 世纪 60 年代成名的 Dylan 来说，任何时候转型成一个虔诚的布道者，都将是一次冒险。1979 年，里根时代信奉基督教的保守主义"道

德多数派"开始执掌美国政治，此时的 Dylan 转变为一个整天推销《圣经》的人，在政治和感情上都略显荒唐。

很多评论家在听这张唱片之前就已形成偏见。NME 杂志的 Charles Shaar Murray 认可了其音乐的力量，但认为这并不足以抵消整张专辑中充斥的"充满仇恨，令人不快"的信息。Jerry Wexler 则更公正地将音乐本身从表达的信息中分离出来。当 Dylan 在录音室竭力向 Wexler 布道，希望将他转为基督徒时，这位经验老到的制作人对志在拯救苍生的 Dylan 说："我已经 62 岁了，是个坚定的犹太无神论者。我们还是专心录制专辑吧。"

显然，Dylan 的虔诚信仰并没影响人们购买唱片的胃口。Slow Train Coming 销量迅速超越 Blonde On Blonde 和 Blood On The Tracks，单曲 Gotta Serve Somebody 更为 Dylan 赢得了格莱美年度最佳摇滚男歌手。商业上的成功使 Dylan 坚信，他真的是在代表上帝行事，带领歌迷实现救赎是他的职责。一系列不耐烦、满是说教的现场演出，两张越发充斥着严厉的末世论的专辑，以及末世临近、不信者将下地狱的坚定信念，似乎把当初拯救了 Slow Train Coming 的怜悯也夺走了。如今看来，Wexler 的客观态度显得合乎情理——Slow Train Coming 本应被作为一张专辑而非信仰宣言去看待。Dylan 承认一开始曾对自己的新歌感到"害怕"，考虑让当时的和声歌手、后来成为自己第二任妻子的 Carolyn Dennis 去录制。"我没想要去写那些歌。"他在 1984 年对 Bono 如是说，暗示当

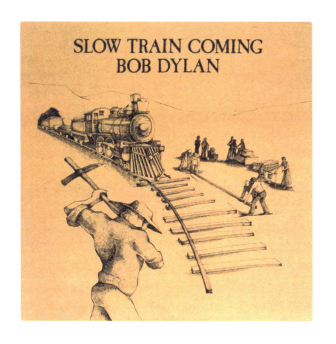

时的灵感源于不受自己控制的精神感召。最后，他接受了自己的使命。在贝斯手 Tim Drummond、Dire Straits 乐队的 Mark Knopfler、鼓手 Pick Withers、键盘手 Barry Beckett、Memphis Horns 乐队以及三名福音女声合唱歌手配合下，用短短五天就录制出十几首歌曲，其中 9 首被选用为最终曲目。Wexler 的加盟使这张专辑成为 Dylan 个人作品中质量最高的一张。但其传达的信息从一开始就十分清晰——在一段连续的放克节奏下，Dylan 开始吟唱自己关于光明与黑暗势力的摩尼教条。

Precious Angel 旋律优美，Knopfler 的精湛演奏更将其提升到新的高度。这是 Dylan 最露骨的情歌之一，也是贯穿本张专辑中的灵与肉二重性的绝佳体现，词中既对耶稣"那个告诉我我是瞎子的人"表达了崇敬赞美，也对使他皈依基督教的情人 Mary Alice Artes 直抒胸臆，爱慕这个"女孩，你是我肉身的皇后"（You're the queen of my flesh, girl）。歌曲中既有轻快的赞美诗合唱"你的光照亮我"（shine your light），又有不祥征兆般的歌词，如"黑暗即将从高处而降，当人们祈求上帝杀死他们，他们不会死亡"（The darkness that will fall from on high, when men will beg God to kill them, and they won't be able to die）。这样的对比更显直白突兀，难怪 Dylan 会因这样的音乐感到"害怕"。

温和的 *I Believe In You* 是另一首信徒的二重性之歌，而后的标题曲则以激烈的经典 R&B 曲风回到炼狱磨难的主题，Knopfler 在本曲中展现了令人惊异的蓝调天分，他的独奏与十年前 Duane Allman 在 Boz Scagg 的马斯尔肖尔斯经典 *Loan Me A Dime* 中的演奏十分接近，当时使用的伴唱歌手也一样。整张专辑洋溢着重生原教旨主义的骚动，但歌词间本该令人疑虑的极端爱国主义态度，却淡化在公众的视线之外："外国石油控制了美国土地，到处是国王一般穿金戴银的谢赫（All that foreign oil controlling American soil, Sheikhs walking around like kings wearing fancy jewels）。"

Gonna Change My Way Of Thinking 以一段重摇滚连复段衬托一段歌词，亲切地讲述了 Dylan 重新信仰耶稣后获得拯救的个人心路历程，但不再一味威吓未受拯救的众人。*Do Right To Me Baby* 以同样温和的风格更新了 1964 年的 *All I Really Want To Do* 中的主题。相反，*You Gonna Wake Up* 可能是这张专辑最说教性的歌曲，基辛格等人的"伪造哲学"与为众人受难而死的耶稣的崇高形成了鲜明对比。

吉卜林式的寓言 *Man Gave Names To All The Animals* 带来一股轻松的气息。据称，这首歌入选完全是因为一位和声歌手的三岁儿子很喜欢这个故事。然而，专辑以一首饱含信徒畏惧的 *When He Returns* 结尾，Beckett 凄切的钢琴独奏映衬出 Dylan 强有力的噪音，也让公众重新坚定了 Dylan 作为一名歌手的实力——无论他的信仰到底如何——自 60 年代中期的波动后，这是很少出现的。

发行日期 **23 | JUNE | 1980**

SAVED

· 救赎 ·

第二张基督教专辑。
罪入地狱的诅咒召唤着异教徒，但 Dylan 自己在音乐上正六神无主？

ALLAN JONES

重生对于 Bob Dylan 并不仅仅意味着接受基督的洗礼，更是对启蒙之前的自己的否定。这是一种精神上的重生，包括抛弃他的老歌，那些在他皈依前写下、如今已经断绝关系的歌，Dylan 决定从此以后只演奏那些"上帝赐给他"的曲子，显然还有更多这样的曲子到来。到目前为止，令人不安的是，对于即将到来的十字军改革运动，*Slow Train Coming* 中的末世布吉音乐充其量只能算是开始的一场小规模战斗。

1979 年 11 月 1 日，Dylan 在旧金山福克斯 - 华菲尔德剧院开始了一次包括 14 场演出的巡演，这次他启用了一支火爆的新乐队，包括鼓手 Jim Keltner、贝斯手 Tim Drummond、吉他手 Fred Tackett、键盘手 Terry Young 和马斯尔肖尔斯时代的键盘老手 Spooner Oldham、和声歌手 Regina Havis、Helena Springs 和 Mona Lisa Young。为了此次日后被人称为"Dylan 的福音巡演"的演出，他有七个月大部分时间在外演出。就像他承诺的那样，这次的 18 首演出曲目，没有一首是他在图森市一个酒店客房里被耶稣的救赎之手触碰之前所创作的。

令有些人不安的是，演唱会的演出曲目大部分都来自于 *Slow Train Coming* 这张专辑。在这些哈利路亚大串烧中，Dylan 还加入了一些全新的宗教歌曲，最终成为专辑 Saved 的主体部分。比起 *Slow Train Coming*，新专辑在音乐风格上更加狂野，与其说像是庄严的布道，不如说更

接近于充满生机的庆典。对于现场的听众而言，两组重生归来的曲调并没有很大区别，都对他们传达了同样的启示性信息：接受基督，否则将永远受到诅咒。这一点 Dylan 是毫不含糊的。

Slow Train Coming 出人意料受欢迎，传奇制作人 Jerry Wexler 在其中起到了不小的作用。他凭借自身的专业性，仅仅用了五天，就制作出这张 Dylan 有史以来在技术方面最成熟的专辑。Dylan 的没耐性是出了名的，将录音配到原带上这一漫长的过程总会激怒他，他坚信自己的音乐在自然发生的情况下才能得到最佳的效果，重复的演练只会让人感到痛苦，多次的录音也不可避免地会毁掉整个曲子。Wexler 会将 Dylan 的声音首先和节奏部分一起录音，之后在将录音配到原带上时，再加入旋律线、乐器的色彩和独奏等。Dylan 在 *Slow Train Coming* 之后仍然在用 Wexler，但他的制作人的角色被大大削弱了。1980 年 2 月 11 日，在第二次福音巡回演唱会即将结束的时候，为了录制 *Saved*，Dylan 来到位于亚拉巴马州的马斯尔肖尔斯录音室，这一次，Wexler 在细节安排方面的天赋几乎都没有用到。

Dylan 原本希望在新专辑歌曲完善后，到录音室现场录音，最好是只用一条，从而可以保留他过去三个月表演时的乐趣。总之，这是本来的计划。然而在紧张的五天之后，当 Wexler 和 Dylan 回顾这一部分的磁带时，两人都不满意。

和近期的演唱会比起来，这些曲子有些闷，没有升华，反倒是很敷衍。Dylan 立刻重新录制了其中两首，*Saved* 和 *Covenant Woman*，但在 2 月 15 日专辑包装之前已经没有时间做进一步的修正了。

因此，当有人认为，*Saved* 的制作太过仓促时也不无道理。但 *Slow Train Coming* 的录制也没有花费更长的时间。有人认为它的低迷声音源自于乐队舟车劳顿，但 *Knoxville Grail* 这张在 *Saved* 前 5 天录制的私录唱片却见证了一个火力全开的乐队——他们令人振奋的表演毫无疲劳的迹象。Wexler 是 Jim Keltner 在音乐上的偶像之一，但这位很少被录得这么糟的鼓手也开始责怪 Wexler，说他试图模仿 *Slow Train* 的声音……"它并不需要成为 *Slow Train Coming* 那样的专辑。" Keltner 谈起 *Saved* 时这样说，"它的声音应该是洪亮、空旷、有生气的，应该是令人激动的，但这些并没有在这张唱片中被体现出来。"

Keltner 曾希望在演唱会中现场录制这张专辑。但等征得 Dylan 同意后已经晚了。他当时希望哥伦比亚唱片公司放弃这张棚录专辑，然后在 4 月福音巡回演唱会多伦多站中现场录制，但唱片公司拒绝了这个要求，所以这张专辑就按照最初录制的版本发行了。结果，回应它的当然是轻蔑的评论和惨淡的销量。专辑在英国的排行榜中排到第三，而在美国的排行榜中却勉强跻身前 30，且迅速被后续发行的其他专辑所淹没。

一些人表示，他们不能接受这张专辑的封面——封面是由艺术家 Tony Wright 按照 Dylan 的要求，基于 Dylan 的一个梦境而创作的：耶稣染血的手指，指向那些在地狱中遭受痛苦的人——看起来像是死刑犯的创作，或者会出现在连环杀手墙上的一张海报。哥伦比亚唱片公司也很厌烦它，虽然之后推出了有纯白色封套的推广版本，却仍旧于事无补。这个封套也让人们更加确认，Dylan 是一位宗教怪人。虽然这张专辑更加抚慰人心——这点可以从内封里对《圣经》耶利米书的引用看出来，且 *Covenant Woman* 和 *Saving Grace* 都流露出一种悲伤的温暖，而上一张专辑 *Slow Train Coming* 所表现的只是残酷的冷静。

现在 35 年过去了，如果来重新回顾 *Saved* 的话，你是否还会认为它被评价得太过草率了呢？尽管这张专辑比不上巡回演出的现场版本——*Saved* 和 *Solid Rock* 成为了全场扭胯的福音狂欢，连禁欲的 *Pressing On* 都变得令人振奋，而 *In The Garden* 则完全地唤起了人们对耶稣在客西马尼遭到背叛与逮捕的想象。不过，这张专辑仍然还是有很多可圈可点之处，事实上，比 *Slow Train* 和 *Street Legal*，值得称赞的地方更多。尽管在最后的福音巡回演唱会过去一个月后，也就是 1980 年的 6 月 27 日，哥伦比亚唱片公司终于发行了这张专辑，但几乎没有人在听。曾经将 Dylan 奉若神明的大众基本上抛弃了他，他将被逐入荒原。

撒旦的恶行
无处不在！

末日也许就在眼前。在慕尼黑，NEIL SPENCER 得到了单独采访难以捉摸但显然已得到拯救的 Bob Dylan 的机会。在这场漫长、奇异的谈话中，内容涉及政治以及对政客的不信任。但是，对于 Dylan 而言，他想要表达的是更深层次的内容——灵魂的真正敌人，以及世界末日的"善恶大决战"……

★ 摘自 1981 年 8 月 15 日

NME

Bob Dylan 在慕尼黑停留了两天。灰色的天空和淅沥的小雨，让人在脑海中回荡起了口琴的旋律。在潮湿的街道中，我们的车一路驶向奥林匹克体育中心。这是一座壮观的室内体育馆，今晚，在这座为举办 1974 奥运会而建造的暗灰色现代主义建筑中，Bob Dylan 将登台为数千名观众表演。

慕尼黑是 Dylan 此次欧洲巡演的第 11 站。这次巡演他将在 8 个国家举办共 23 场演唱会。其中，三分之一在英国。由于我不断申请采访 Dylan（没有上百次也有几十次了），且跟随他的脚步走过了巴黎和伦敦，最终在慕尼黑，我的心愿勉强得到了满足：Dylan 的管理团队承诺给我一个在后台与他简短交流的机会。

在 Dylan 长达 20 年的职业生涯中，这是他第 6 次或第 7 次到访欧洲。但这次有些不同。自 Dylan 上一次踏上阿尔比恩海岸以来，英国的社会与文化结构已经发生了彻底改变。

声势浩大的媒体如约出现，但与 1978 年 Dylan 巡演时相比沉默了许多。那时，Dylan 被视为 60 年代"摇滚"传统的延续，依然是神秘而顽固的叛逆者，高举疏离、抗议与精神探索的旗帜，走向未来。如今，一方面轮到 Bruce Springsteen 扮演来访的美国超级巨星角色，受到盛情款待；另一方面，对于愈来愈多的欧洲青年来说，摇滚传统核心中的神话要么被日常生活中的现实所破坏，要么就是被朋克和后朋克的新神话给取代了。

国家媒体、广播和电视台好像不知该如何面对现在这个信奉基督的 Bob Dylan。对他们而言，最后一次有机会沿美国高速路奔驰的舒适幻想要好过 Dylan 新王国里那些让人不舒服的道德义务。

Dylan 拒绝向摇滚神话低头——他总是与"摇滚"保持着模糊而开放的关系，他的音乐植根于民谣，但经常转向乡村、布鲁斯等任何他所喜欢的风格。他在自我救赎方面的坚持，令他在评论家和歌迷中都受到很多批评。

尽管 Dylan 的新歌一贯表现出反体制的立场——简直如同他抗议时代的重现，但对

于很多人来说，任何重生基督派都多少令人想起美国总统罗纳德·里根的"道德多数派"。

其实，青年文化有时会有些冷漠，它宣称自己鄙视拜金主义和消费价值观，但它对于这二者的追逐或许是它自己也没意识到也不愿承认的，对于这样一种文化来说，任何宗教价值观都会显得有些虚伪。抛开基督徒的因素，在这个吸引顾客掏钱看演出的行当中，很少有艺术家能像 Dylan 一样如此具有号召力。门票无人问津的谣言在事实面前不攻自破：约 12 万人观看了演出。

从前来参加伯爵宫演唱会的慕尼黑观众中可以看到大量迪伦最早的粉丝，很多都是他的同代人，如今人到中年。毫无疑问，还有更多的人因无法解决门票、交通和看护婴儿等问题而无法到场。Dylan 通常吸引的那些年轻歌迷更多出现在欧洲大陆的演出上，那些地方的摇滚传统与当代抗议——如德国的和平与环保运动，以及在法国、比荷卢联盟与北欧的类似活动——还没有像在后工业的英国那样跑偏。

Dylan 曾形容这次巡演为"看看风景"。但事实并非如此。一份丹麦报纸刊发了头条报道攻击 Dylan，指责他是偏执狂，并坚称他

率领了一队名副其实的以色列保镖以缓解他对刺客的恐惧。Dylan 被这个故事彻底激怒了，他在德国北部召开临时发布会，否认 John Lennon 遇害给他造成了恐慌。"我也很有可能会被卡车撞死。"他以这样的口吻表态。无论是在幕后还是前台，我的确从未见到过两个以上的安保人员。另外，Dylan 的欧洲巡演异常顺利，甚至在一些过于乐观地安排在室外露天的表演也没有下雨。按照其助手的说法就是，"呃哼，演出开始前一个小时雨就奇迹般地停下了。"这让我想起 Bob Marley 巡演时听说的一些事情。（后来我们在谈话中突然提到 Marley，Dylan 对我说："他有一把真正触动你的嗓音。"然而这两位从没真正见过面。）

Dylan 本次巡演的策略是回顾他的整个音乐生涯，追溯到他在咖啡馆时期的歌曲，例如 *Barbara Allen*、*Girl From The North Country*，还有 *Like A Rolling Stone*、*Mr. Tambourine Man*、*It's All Over Now, Baby Blue* 等 60 年代脍炙人口的金曲。此外，也为皈依后的歌曲保留了一席之地，在这些歌中，他的嗓音似乎更加热情。

> 耶稣对我这样无知的人的帮助，
> 就是会让上帝的品质和特点
> 变得更加可信。
>
> Bob Dylan

这一次，他的演唱可以用惊人来形容：从过去所有的风格中汲取营养，又明显高于他之前的所有风格。1978 年巡演中的铜管乐声部不复存在，现在的风格变得更加轻柔和低调——口琴受到了更多的青睐。事实上，原声乐器和口琴是整场演出中最具感染力的部分。每次他拿起原声吉他时，你可以感受到观众中爆发出不敢置信的愉悦；每次他从口袋里掏出口琴并且吹响那些疯狂、凄厉、哀怨的音符时，你都能感受到整个大厅中观众们的激动。

在这个传统摇滚的表演形式一度被音乐人和歌迷所嘲笑的时代，Dylan 认为这种表演形式是对他艺术生涯的一次严酷考验，是一个无比重要的测试点。"一切发生得太迅速了，颠覆了艺术对我而言的一切概念"。他后来这样告诉我。

听 Dylan 唱起过去 40 年中累积的歌曲时，所有人都会对他创作的歌曲数量和质量惊叹不已。在当前急躁、主战的环境下，*Masters Of War* 从未感觉如此切合实际。

其他的歌曲（最突出的是 *Like A Rolling Stone*）也由于 Dylan 的基督信仰而被赋予了新的意义。

Dylan 的新作继续反映他的基督教信仰，但新专辑中的歌曲并没那么直接没有延续专辑 *Saved* 中常有的传教布道，而是采用基督教教义作为他发声的基石。Dylan 对于新专辑的热情并不持久，但是，正是这张

> **人们不知道真正的敌人是谁。他们想当然地认为敌人是他们看得见的东西。**
>
> Bob Dylan

新唱片，让 Dylan 推出了一近年来一些最好的作品，尤其是那曲让人动容的 *Every Grain Of Sand*。在这首歌中，Dylan 回顾了他的一生，唱出了"不再回首过去的错误……我看到一连串事件必须打破。"

在采访中，Dylan 向我提及了一些听上去挺不错的新歌——可能会被命名为 *Angelica*（这个歌名已在歌迷中传开）和 *Caribbean Wind*。这些歌曲融合了他在 20 世纪 60 年代 *Blonde On Blonde* 时代的声音和 20 世纪 80 年代的感性。他的一位助手认为，这些歌"如同那些经典老歌一样，有很强的预言性……也许会在未来某个时间得到应验"。

Dylan 因他的信仰遭受嘲笑、轻蔑是不公平的。对于 Dylan 的皈依，无论其他人怎么想，我们可以确定的是：如果要在黑暗的撒旦磨坊旁建立一个新耶路撒冷，那么我们的确需要在信条中丰富灵魂的维度。总而言之，当他决定破例为自己贴上"基督徒的标签"并昭告天下时，我是有些许震惊的。提起 Pete Townshend 时，人们并不会马上想到他是 Meher Baba 的追随者，只是因为他只在特定的场合谈及信仰。我的布道到此为止。

Bert 是一名来自 *OOR* 杂志的荷兰"Dylan 学家"。他和我在空旷后台的运动员休息区中排队等待 Dylan 的简短接见。"天哪！"我们绝不会听错的声音从更衣室敞开的大门中传来。助手刚刚提醒他，我们还在等待进行采访。我们瞥见 Dylan 正在穿袜子，但没过一会儿，我们就和这位大师握手了。他仿佛和我们一样紧张，正在为接下来面对 7000 人的两个小时演出做准备。

Dylan 的演出服——黑色裤子和带有奇怪金色图案的短夹克，松垮地挂在一张椅子上。现在的他穿着宽松的白色卫衣、牛仔裤和运动鞋。相比之前"清瘦小猫"的那种描述，现在的他看上去更加结实、健壮，颇具大学生的运动气息。他的眼睛很大，清澈的铁蓝色，令人着迷，被一大把发卷掩盖着。我们聊起了这场演出，但 Dylan 不喜欢："你听不到任何声音，而且观众有些奇怪，你们应该看昨晚的演出的。"Dylan 同样不喜欢媒体对演出的反应，他似乎觉得无论他怎么唱那些老歌，媒体总是为难他："你永远都是输家。"

我提到 *Maggie's Farm* 最近在英国很流行。Dylan 和旁边的贝斯手茫然地对视一下，然后贝斯手咕哝了一句 Maggie Thatcher，他们俩捧腹大笑。这不禁让我想：他们在英国演了一星期，怎么反应还这么慢。他已经听过了 The Specials 演唱的版本，但是还不太熟悉。他一边收拾自己的东西，一边叨咕了几句"朋克浪潮和新浪潮"的内容，然后告诉我们："我喜欢 George 的歌。""George？""哥们儿，George 的歌太棒了。"

哦，George Harrison。（这让人联想到 Dylan 曾和 George 共处过，这也激发了 Dylan 在伯爵宫演唱了 *Here Comes The Sun*。我很好奇他们是否讨论了《万世魔星》[*Monty Python's Life Of Brian*] 这部由 Harrison 投资的电影）。我还问他是否认为随着时代的变迁和他信仰的变化，那些老歌也有了新的含义。他用一种犀利的眼神凝视着我。"是我变了，歌还是一样的。事实上歌曲对我来说意义不大。"他继续说道，"我写出这些歌，唱出这些歌……"但演唱会上没有选 *Desire* 和 *Street Legal* 这两张专辑的任何歌曲。"我们可以用与往常不同的歌曲做一场曲目完全不同的演出。我们唱的都是老歌，即使是 *Slow Train* 里面的，也算是老歌了。但我要告诉你，我对这场演出非常自信，我相信这场演出会有出彩的地方。没有人能做到这样的演出，无论是 Bruce Springsteen 还是其他任何人。"

对于信仰基督教这件事儿所激起的敌意，Dylan 是否感到惊讶？"一点也不。我唯一惊讶的就是每次开始弹奏的时候总是有掌声出现。我很感激。你可以感知到一个观众所流露出来的所有情绪……很多人的情感掺杂其中。这是转瞬即逝的感觉。"巡演大巴车在外面嗡嗡作响，乐手和工作人员排队上车，一位福音四重唱的歌者正在雨中穿着软底鞋跳舞。他们扔下了一句话："明天在酒店会有一场更正式的采访。"或许吧。

我去看吉普普人，他们住在市中心的一个大酒店里。偶然出现的巡演工作人员身着牛仔服，与周围灰暗的德国商人形成了鲜明对比。当我踏进 Dylan 的房间后，紧张感消失了。静音的电视屏幕在角落里闪烁，Dylan 穿着黑色皮夹克和白色牛仔裤，正在踱步。我们约定将这段采访录下来。他语速很慢，声音比演唱时低，没有任何黏着、嘶哑的感觉。所有的回答都经过了深思熟虑，并且避重就轻、模棱两可，这些年来一直没变。

○我们听说你在和 Smokey Robinson 合作，是这样吗？
不是。我们当时正和 Ringo、Willy 一起录音，而 Smokey Robinson 与他的新乐队就在街对面排练新演出。我曾见他从街上走进屋里，所以我们趁一次录音间隙去见了他。

○你没跟他合作？

没有。

○你对新专辑满意吗？

上一次听的时候很满意。自从我动身去芝加哥之后，就再没听过了。那是 6 月初。我离开的时候满意。

○声音听上去更粗糙，更放松了。

其实我对这张专辑有了更多控制权……这就是我想做的那种专辑，只是还没有能力做出来。

○为什么会这样？

通常来说，我在录音室里的工作都是速战速决。但是出于这样或那样的原因，不管谁当制作人我都会纠结他的制作和音色。我想解决这个问题。

○这次的专辑制作人是谁？

Chuck (Plotkin) 和我。Bumps Blackwell 和我共同制作了 Shot Of Love，他对这首歌帮助很大。你还记得他吗？

○不记得了，他是谁？

Blackwell 制作了 Little Richard 所有的早期唱片和 Don And Dewey 的唱片。那些有特点的唱片都是他做的。

○这是专辑里最摇滚的一首歌，对吗？其他的有点布鲁斯，有的还有点雷鬼，你还喜欢雷鬼吗？

拿掉贝斯和鼓后，乡村和雷鬼其实很像。

○你似乎总是一只脚站在摇滚乐上，Little Richard 之类的；另外一只脚则尝试布鲁斯、民谣、乡村、传统……

其实这些我都喜欢。只要是时下可能流行的我都喜欢。

○你仍然会录一两遍就完成一首歌吗？

这张专辑确实是这样。

○我听说你喜欢以一种非常随性的方式工作。

与这支新乐队一起，我们通常能非常迅速地录完一首新曲子。

○与这个乐队合作的成果是不是更加贴近你所说的"变幻莫测的声音"？

是的……当然，这种效果很难在舞台上表现出来。唯一一次做到这种效果是在 60 年代和 The Band 在名为 "Bob Dylan 和 The Band" 的巡演中。过去的音响效果非常粗糙和原始，音响系统无法给我们更多帮助。所以，当 The Beatles 演奏的时候，你听不到任何他们的声音。即便 Stones 的成员在尖叫，也听不到太多的声音。你永远听不到你弹奏的声音。

○你曾说 Lenny Bruce Is Dead 这首歌的创作是非常即兴的。

我用很短时间就写出了这首歌，大概只用了五分钟……我甚至不知道为什么要写这首歌，它就是自然而然地诞生了。你知道，我写这首歌之前并没有挂念 Lenny Bruce。

○这是一首非常悲悯的歌曲。

的确是。

○你的歌中似乎有一种歌颂民间英雄的传统，例如 Hurricane、George Jackson...

我之前认为 Joey 是首好歌。但我没听任何人谈论过它，它是那种发布之后无人问津的歌曲一样。

○再看这张专辑中的其他歌曲，有很多对位高权重的人物的批判。事实上是这样的吗？

（笑声）是的，永远是这样的，我猜……我真不太知道，你应该知道的。我真的不太知道这些歌曲是怎样突出一个共同的主题的。在这张专辑中，我们录制了一些很长的单曲，就像之前我们曾出过一首叫 Visions Of Johanna 的歌，你有印象吗？

○当然。

新唱片中有首歌就和它一样。我之前从未尝试过这种歌。但这两首歌曲在某种程度上是互通的。表面上来看，这首歌非常敏感、轻柔，但歌词却不是。我们没把这首歌选入新专辑。我们没选入新专辑的另一首歌与我之前所写的任何歌曲都截然不同。它的曲调更好听，歌词也更有趣。故事主线从第三人称变成了第一人称，而这个人又变成了你自己。随即这些人既在那儿，却又不在那儿。然后时间回到过去，又被拉回到现在。我认为这非常有效果。但是，如同我刚刚讲的，考虑到整个唱片效果，这首歌就显得过长了，选歌时就删掉了这两首。所以，我们留在唱片中的歌曲似乎传达着一种宣言，但是现在就说这种宣言是什么还为时尚早。

○Dead Man 中涉及"罪恶政治"的说法。

是的。政治即罪恶。我在写歌的时候想到了这句话，而事实也正是这样……罪恶外交。他们犯下罪恶，又昭示于众；他们告诉你这是好的、那是坏的，你可以这么做、不可以那么做；发生、肢解、被归类和分级，让罪恶最终形成结构。或者可以这么说："这些罪极、十恶不赦，那些罪无足轻重；这样做会伤害到别人，那样做会伤害到你自己；出于这个原因这件事是不好的，出于那个原因那件事是不好的。"罪恶政治，这就是我所认为的。

○你仍然认为政治是幻像的一部分吗？

我从未对政治产生好感，主要是因为当今的政界。以政治为职业的人们，比较……在过去的这些年中，政治权术没怎么改变。

○你认为这个世界所面对的更大问题是灵魂危机？

是的，绝对是这样。人们不知道真正的敌人是谁。他们认为敌人是他们看得见的东西，但实际上，敌人是他们看不见的精神性质的存在，影响着人们能看到的一切，而他们并不思考，这是终极的真正敌人——控制你认为谁是你的敌人的，才是真正的敌人。

Bob Dylan 现场演唱
Blinded by the light，1981 年

○那到底是谁？

你是问你以为的敌人是谁吗？

○是的。

你会以为敌人是一个你可以攻击的对象，并且通过攻击它来解决问题。但真正的敌人是魔鬼，那才是真正的敌人。但是恶魔往往都躲在阴暗之中，让人们觉得他不在那里，也不那么坏，甚至让人们以为他能提供很多好

处。所以，这种冲突就是这样发展，蒙蔽了众人的双眼。

○我们每个人内心都有这种冲突吗？

是的，他一手挑起了冲突。冲突因他而存在。

○或许这种斗争是必由之路呢？

那就完全是另外一码事了。我也听说过这样的说法。

○当你在 *When You Gonna Wake Up* 中唱"坚定留存的东西"时，你是指什么？

留存的东西就是不会改变的本质，是依然存在的价值观。《圣经》中写道："你不可为恶所胜，反要以善胜恶。"那些能够战胜邪恶的特质就是一个人所需要坚定的。

○人们觉得反抗压迫比精神追求更重要。

这是不对的。反抗压迫、不公是永远都存

在的主题，但压迫和不公恰恰是魔鬼创造的。你可以认识自己，但你需要帮助，而能帮你打败恶魔的只有造物主。如果你得到了造物主的帮助，那就能以善胜恶。为了做到这一点，你必须对造物主的本质有些了解。耶稣对我这样无知的人的帮助，就是让上帝的品质和特点变得更加可信，因为我无法战胜魔鬼。只有上帝可以战胜它，而上帝也做到了。撒旦无处不在，你要不断地面对它。你看不见它，它会躲在你身体里控制你的想法，让你心生嫉妒、猜忌、压抑和憎恶……

○ 在 *Dead Man* 和 *When He Returns* 这两首歌曲中，很明显地可以看出，你相信我们在有生之年能看到弥赛亚再次降临。

有可能，随时都有可能。有可能在我们有生之年，也有可能需要很长一段时间。这个世界应该是有固定寿命的，七千年或者六千年。我们现在正处在最后的一个循环期。公元以前大概有三千年的历史，之后会有四千年的历史。最后的一千年就是千禧年。我认为过去已经发生的事情是对未来即将发生之事的预兆。

制你的东西。有时当你不明白自己为何会产生这种感觉，可以用这些卡片得出一个舒服的感觉，但它们并不存在必要的价值。

○ 有一段时间你曾经对犹太教很感兴趣。你游览了以色列，参观了哭墙。你觉得你在那时候和现在的信仰是一致的吗？

在我看来，这两者真的没有任何区别。有人说他们自己是犹太人，但是从来不去犹太教会。我也认识一些说他们自己是犹太人的流氓。我不知道这些身份之间有什么关系。犹太教的确是摩西的律法。我认为，如果你遵从摩西的律法，那你自然就成为一个犹太人。

我不想带着基督徒的标记行走四处。
Bob Dylan

○ 在你信仰基督教之前，你的歌曲里也包含着很强的宗教主题。

（愤怒）我不想戴着基督徒的标记行走四处。

○ 但对于很多人来说就是这样……

是的，但是无论你做什么，旁人都会给你打上标记。这就像 Mick Jagger 所说的："他们希望给你打上标记。"

○ 你是否认为了解造物主的唯一方式是通过基督？

我觉得这是唯一的方式……让我想想。当然，你可以走进沙漠，仰望太阳、俯看黄沙、赞叹群星之美，知道世间有更高的存在从而对造物主顶礼膜拜。但活在城市中，你没有什么时间与上帝交流，更多的是与人接触。你知道，我们每日与人打交道，你首先应该了解如果上帝是人的话，他会怎么做，然后你才能知道人应该怎么做。我只能试图从心智角度解释给你听，其实这事更侧重于灵魂层面的理解，不适合言传。

○ 你无法教会人们无法亲身体验的事……

大多数人认为，如果上帝化身为人，他会来到一个山顶，举起手中的剑，向人类倾泻愤怒之火或者播洒爱的光芒。这也是人们对弥赛亚的期待，认为他是一个与上帝具有类似特征且能把伸张正义的人。现在，弥赛亚来了，但不符合上面这些特点，也就造成许多问题。

○ 一个把责任反推给我们的人？

是的。

○ 你对基督教义的解读严谨吗？原始基督教义中的一些信仰和信念似乎都已经不复存在了。

我不是一个钻研基督教义的历史学家。我知道过去这些年已经变了很多，但我完全是严谨地按照福音书来学习的。

○ 你见过诺斯底福音书吗？

在某个地方看过。我不太记得了，但我的确看过。

○ 你还会继续拍电影吗？

如果我们有个故事架构的话，我会……我愿意继续拍。

○ *Renaldo & Clara* 很符号化，你在专辑 *Street Legal* 中的歌曲包含很多塔罗意象。你现在对这些是否已经没了兴趣？

对，这类兴趣确实已经过劲了。

○ 你是否认为像塔罗牌这种神秘主义的东西很具有误导性？

我不知道。我对塔罗牌的研究并不深，但确实认为它有一定的误导性。你专注一些控

○ 三年前你接受《花花公子》采访时，曾表示同意 Henry Miller 的观点——"艺术家的目的就是为了让世界对幻想破灭的免疫"。你现在仍然这么想吗？

（笑）Henry Miller 讲得不错，也许对他想要做的事情来说的确是这样的。也许这就是他进行艺术创作的目的。

○ 但不是你的目的吗？

我做的事情其实更直接——站上舞台，开始唱歌，然后立即得到反馈。这不像写书，也不像创作专辑，更不像拍电影——在拍电影时你很难得到任何反馈。你永远都不知道你在做什么，而且反馈通常都在数年以后才出现。我现在所做的事即时性很强，足以改变艺术对我而言的本质和概念。我也不知道这到底是什么。即时性太强了。这就像那幅画的画家（指向酒店房间墙上的一幅画）不会知道这会儿我们正坐在这里看这幅画……而表演更像舞台剧。

○ 你还没有画出你的杰作吗？

还没有。我都不知道自己还会不会了。但是，我已经不再去想这件事儿了。

发行日期 12 | AUGUST | 1981

SHOT OF LOVE

· 爱的针剂 ·

第三次愈加愤怒的信仰声明，
虽然加上了摇滚的弹拨，但怀疑的人依然在怀疑。

ROB HUGHES

20 世纪 80 年代初期，Bob Dylan 接受采访是稀有之事，不过他确实罕见地接受过《明尼阿波利斯城市报》（*Minneapolis City Pages*）的采访，还一反常态地公开对自己做了评价："对于现在关心 Bob Dylan 状态如何的人来说，他们应该听听 *Shot Of Love* 这首歌。"他告诉 Martin Keller："那是我最完美的歌。它展现了我现在的精神、音乐、感情和其他方面的状态。它表明了我支持什么，不用猜测我是这个还是那个，我没有隐藏任何事情。"*Shot Of Love* 由 Little Richard 早期热门歌曲的制作人 Bumps Blackwell 操刀，是一首粗犷的南方布鲁斯音乐。在歌中，Dylan 言简意赅地注入了自己的信仰，拒绝凡世间的一切追求和嗜好——不管是文学、电影，还是毒品和酒精，甚至连情感也可以不要——只寻求信仰的快感带来的那种生动的纯洁性。

事实上，这首歌中并没有太多的爱。唱这首歌时，Dylan 好像有一肚子苦水，唱出的每一句都带着蔑视与易怒的混杂情绪。"我为何会想取你性命？你只是杀了我父亲，强奸了他妻子，用你的毒笔给我的孩子文身，嘲笑过我的神，羞辱过我的朋友而已（Why would I want to take your life? You've only murdered my father, raped his wife, tattooed my babies with a poison pen, mocked my God, humiliated my friends）。"如果这就是他在当时的状态的话，听起来他其实内心并没有多平静啊。*Shot Of Love* 是同名专辑的开场。这张发行于 1981 年 8 月的唱片，同其标题曲类似，探讨的多是世俗的关切，至少有些歌曲是

这样。如果说 *Slow Train Coming* 和 *Saved* 中那个重生的 Dylan 听起来有些激动，仿佛得到了顿悟（表明那时他还陶醉于新获得的信仰中），这张专辑似乎少了很多说教，相反，其中更多是较为直白的爱情歌曲、对怀疑者的抨击以及一首讲一位死去的喜剧演员的歌。

方向的改变同样体现在了音乐上。Dylan 正在一步步远离福音音乐，重新回归摇滚的怀抱。在 *Saved* 的阵容基础，包括节奏组的 Tim Drummond 和 Jim Keltner、演奏吉他的 Fred Tackett，他还加入了吉他手 Danny Kortchmar 和 Steve Ripley。这些新加入的成员为 *Shot Of Love* 和 *Property Of Jesus* 这类歌曲带来了很大变化，用吉他的拨弦过门引领歌曲进入大合唱。Dylan 的愤怒或许在 *Property Of Jesus* 上尤为明显。对于嘲弄他的信仰的人，Dylan 给予了直白而讽刺的攻击："继续说他的坏话吧，就因为他让你怀疑，就因为他否定了你赖以生存的东西，像其他人那样在他背后嘲笑他吧（Go ahead and talk about him because he makes you doubt, because he has denied himself the things that you can't live without, laugh at him behind his back just like the others do）。"这种情绪还出现在了充满着万丈光芒和罪恶政治的 *Dead Man, Dead Man* 中。*Watered-Down Love* 也是一样，明确表达了当涉及信仰的时候，大部分不相信的人都错误地落脚于虚假的东西之上。但是，上帝的爱永远都不会使你堕落。我们可以确信的是，这些东西都不是为了使 Dylan 变得更加讨喜。*Trouble* 是一首暴躁的布鲁斯，有

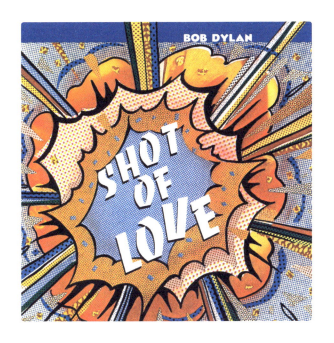

一段狂风般的吉他，展现的是对人性极为消极的看法，几乎是一首没有包含任何希望的歌曲，认为人类永远无法找到摆脱战争、干旱、革命等厄运的办法。充满仇怨的世界观还只是专辑的一部分问题所在，*Shot Of Love* 的更多问题在于，其中缺少值得人去铭记的歌曲。*Lenny Bruce* 是一首以钢琴为主导的歌曲，表达的是对刚去世的这位美国单口秀喜剧演员的悼念，而且笨拙地暗示了他似乎遭受了耶稣受难那样的境遇。这首歌着实不能算他演艺生涯中的亮点之一，就连他的嗓音也有一种奇怪的粗糙感，听起来仿佛是一只患了流感的小绵羊。

Watered-Down Love 这首歌也很难让人满意，更像是一首平淡无力的节奏布鲁斯。*Heart Of Mine* 则证明了无论你的队友多么优秀（Ronnie Wood、Ringo Starr 和 Donald "Duck" Dunn 都助了一臂之力），他们仍旧不能使你的烂作品变好。本张专辑的例外之一是 *The Groom's Still Waiting At The Alter*，本来是 *Heart Of Mine* 的 B 面歌曲，但是最后没有被收录到最早的黑胶版之中（在磁带版中有收录），直到 1985 年才出现在 *Shot Of Love* 的 CD 中。这首歌显然是一种对于 *Highway 61 Revisited* 的回归，如同一列布鲁斯火车一样轰隆隆地向前开，包含着风琴的声音、杀手般的噪音以及冷酷无情的吉他连复段。

考虑到专辑中那些较次要的歌曲，我们不禁怀疑 Dylan 对自己作品的质量掌控到底有多严格。而且，*Caribbean Wind* 和 *Angelina* 这两首录音期间高质量歌曲的缺席，

也更加令人好奇。Dylan 在专辑中最好的表现，是 *Every Grain Of Sand*，他把最好的歌曲留在了最后。这首歌有着华丽的福音曲调以及他最具叙述性的口琴独奏，还有丰富的文字游戏和想象。在这首歌中，整体情绪偏向沉思与忏悔，Dylan 想要知道自己的创作生涯以及他所有的荣誉和失望，到底是受他自己的控制，还是神的摆布。"我聆听古老的足迹像海的翻腾（I hear the ancient footsteps like the motion of the sea），"他唱道，"有时我回身，那里有一个人，有时却是我孤身一人。我悬在人类现实的天平上，像每一只坠落的麻雀，像每一粒沙砾（Sometimes I turn, there's someone there, other times it's only me, I am hanging in the balance of the reality of man, like every sparrow falling, like every grain of sand）。"要是整张专辑都像这首歌曲一样可圈可点就好了。

这张专辑被看作他基督教三部曲的最后一部，遭遇了他职业生涯中可能最尖刻的批评。在美国，《滚石》和 *Creem* 毫不留情给了它批评。*NME* 杂志的 Nick Kent 称它为 "Dylan 有史以来最差的唱片"。其销量也令人难以启齿，在英国进入了排行榜前 10 名，但在美国降到第 33 名。这是他 20 多年音乐生涯中最严重的失败，甚至一场高调的欧洲巡演都未能使他重振雄风。后来，Dylan 干脆说，怪就怪哥伦比亚公司在发行宣传方面太马虎草率了。风波结束之后，Dylan 决定在一定时期内保持低调。接下来一年中，我们几乎没有听到任何他的消息。等到他再回来时，才又表现出我们更熟悉和容易接受的 Bob Dylan。

INFIDELS

· 无信仰者们 ·

Mark Knopfler、Sly & Robbie、Mick Taylor、宗教、政治、蔑视女性……
而且少了 *Blind Willie McTell* 这首歌……
时局不顺。

NICK HASTED

Dylan 在 1982 年完全销声匿迹了。朋友 Howard Alk 因吸毒过量致死，加之其与前经纪人 Albert Grossman 旷日持久的官司，都让 Dylan 不堪其累。而且，他用不容妥协、传播福音式的音乐吸引流失迅速的听众的努力失败了，最初皈依基督教的狂热也消退了。以往世俗的金曲悄然出现在他新的演出曲目中。咖啡因、酒精和纵情的性爱也再次回到他的生活中。没有聚光灯和记者的纷扰，他在位于马里布的家中创作了更多感情强烈的歌曲，远超过一个专辑的收录量。不过，他并不是彻底抛弃对《圣经》的热忱，而是将他的信仰与歌词以更好的方式结合到了一起，最好的几首让人想起 20 世纪 60 年代中期的迷幻风格。

"所有这些政治和宗教的标签都无关紧要。" Dylan 在新专辑发布会上这么说——可是他又把这张专辑定名为 *Infidels*（无信仰者），真是有点儿自相矛盾——"或许 [让我来告诉人们如何拯救他们灵魂的] 时机来了又去。有时候，这些东西就是来得快，去得也快。耶稣基督自己不也只是布道了三年而已嘛。"可是，耶稣基督并不用保住他在 20 世纪 80 年代摇滚圈的一席之地啊。尽管 Dylan 的缪斯极度矛盾，他的骄傲要求他最终要去说服大众，这个特质在他对 *Infidels* 的野心中显露无遗。专辑于 1983 年 4 月 11 日在纽约发电站录音室开始录制，Mark Knopfler 担任制作人，80 年代的录音室中坚力量 Sly Dunbar 和 Robbie Shakespeare 担任鼓手和贝斯手。制作人 Knopfler 的吉他曾使 *Slow Train Coming* 获得相对轻松的成功，而 Dire Straits 也因时常在 Dylan 式的摇滚

中表现出来的流畅和熟练，成为大西洋两岸的明星乐队。Dylan 计划在这个不友好的时代打造他的新歌，因而为新专辑制定了史无前例的录音时间安排。

Jokerman 这首歌，将他短暂带回了英国电台的榜单上。歌曲中的流浪者"伴着夜莺的歌声"起舞，这种神秘的意象使人联想起 Dylan 早期的一些经典作品，比如 *Mr. Tambourine Man*。在极速而过的歌词中，尽管歌曲的观点我们很难把握——*Jokerman* 是好是坏——但从本质上讲，这首歌简单且富有诗意地通过 Dylan 全力以赴的嗓音，明明白白地讲述了一个基督式的人物与一个魔鬼式的王子交战的故事。虽然 *Jokerman* 与若干史诗般的前作无法相提并论，但这首开启了 *Infidels* 的歌曲，毫无疑问流淌着 Dylan 的诗意精髓，而且也展现出 Dylan 演唱的强大张力。

另一个几乎被忘记的 Dylan 特质也创造了更多头条，那就是他出人意料地重新创作起抗议歌曲。但当老粉丝们意识到作为一个中年人，Dylan 的观点随着里根时期相比发生变化后，反而希望 Dylan 没有重拾旧业。*Union Sundown* 公开谴责了因海外廉价劳动力而导致的国人失业问题，并把部分原因归结为联邦政府的"贪婪"。此外，Dylan 还更多地抨击了资本主义，并且展现出对巴西工人贫困境遇的同情。在皈依基督教后，他对于这个世界一直怀有厌恶，而这也同样带出了令人不满的真相："民主没有统治世界，让我们直说了吧! 这个世界被暴力主宰，但我觉得最好对此保持沉默（Democracy don't rule

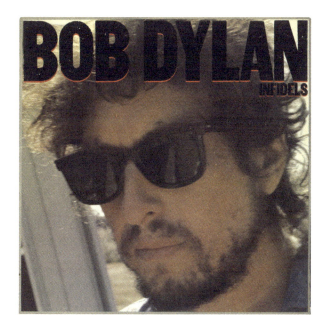

the world, let's get that straight. This world is ruled by violence, but I guess that's better left unsaid）。"Dylan 通过吉他扫弦和 50 年代的嗓音风格传递了他的信息。相比之下，他的前一首歌 Man Of Peace，在 Dire Straits 乐队的风琴手 Alan Clark 的演奏下，产生了一种如 Highway 61 般高潮迭起的曲风。这种风格中的很多迹象表明，另一张完全符合 Dylan 粉丝们喜好的专辑，正呼之欲出。

Neighborhood Bully 是一首支持以色列的抨击歌曲，不但在实际事实上有所选择，而且还毫不羞耻地一边倒。不过，其中倒是有一些令人愉悦的布鲁斯摇滚效果，与 Start Me Up 中的持续重击并无差别，所以很有可能是由前 The Rolling Stones 乐队的 Mick Taylor 演奏的。但充满反讽的歌词，同时也让人们真实地感受到了犹太人"仅因为出身便遭受审判"的苦痛迫害，而这也是以色列的根基所在。专辑内封上有一张 Dylan 触摸土地、俯瞰耶路撒冷的照片，而且他在同时期还被报道曾在布鲁克林接触犹太教卢巴维奇教派（Chabad Lubavitch），所以这一切都表明，Dylan 开始关注其自身的犹太人特性。

Dylan 的社会保守主义也从 Infidels 这张专辑的情歌中鲜明地表现出来。Sweetheart Like You 因歌词"如你一般的女人应该留在家中"照顾她的男人，而招来许多骂名。正如当时另一位反主流文化代表 Norman Mailer 的感受一样，女权主义同样也让 Dylan 感到困惑和孤单，所以

Dylan 有时候近乎厌恶女性的观点，随着时间的推移，听起来越来越无法辩解。不过，这不是故事的全貌。他在歌中所指的女人，似乎像是 Like A Rolling Stone 中那个失意、富有的窥淫癖者的表姐妹，这个能力有限又没人管的小姑娘在贼窝里，正准备"匍匐过碎玻璃来做交易"。所以，Dylan 其实是在提出友好的建议，劝她尽早离开那里，离开这个"必须吹口琴直至双唇流血"的地方——或许他希望自己也能做到吧。歌曲生动的想象，一直延续到专辑最后一首真正的情歌 Don't Fall Apart On Me Tonight。在这首歌里，Dylan 尝试通过展示自己脆弱的需求使听众陶醉。而另一首歌 I And I，无论是从第一句"已太久没有陌生女人在我的床上入眠"，还是从与分裂的自我的艰苦斗争，以及结尾叠录的幽灵般的颤音来看，都或许是最贴近他精神状态的一首歌。

在完成 Infidels 混音前，Mark Knopfler 就去参加 Dire Straits 乐队的德国巡演了。虽然他不在，但 Dylan 也不想等，而是重新混录并剪辑了 Knopfler 精心制作的专辑。最终的作品融合了 80 年代的录音室技术与未经修饰的感性色彩。然而无论如何，Dylan 决定从专辑中去掉 Blind Willie McTell 这首歌，最终使这张专辑与"伟大"二字失之交臂了。当八年后在第一批私录系列套装中发行这首歌时，其对于往昔回忆的召唤，似乎验证了这个疏漏多么让人惊讶。由于 Infidels 平庸的打榜成绩，让 Dylan 在寻找与时代联通的途径中更为沮丧，而听众则愈来愈觉得，他已经不再能把握自己最合适的音乐趣味了。

发行日期 30 | MAY | 1985

EMPIRE BURLESQUE

· 皇帝讽刺剧 ·

这是一段偏离"Planet Rock"歌曲风格的音乐旅程，
Dylan 聘请 Arthur Baker 刮起浮夸的 80 年代电台金曲风。最终，二者融洽无间。

JASON ANDERSON

从 1984 年 7 月开始，Dylan 就一直奔波于美国东西两岸，忙着录音，这是他当时所有专辑中最长的一次制作周期（若是算上制作 *Infidels* 时录的那两首歌，时间甚至会更久一些）。在 1985 年春天，Dylan 决定另找一个人承担这项艰巨的任务：筛选堆积如山的歌曲来组成一张专辑。于是他把 Arthur Baker 召集到自己凌乱的纽约酒店套房，并告诉这位 28 岁的音乐制作人兼混音师：我想要"更现代一点"的音效。Baker 后来把这事告诉了传记作家 Howard Sounes。

尽管我们可以推测 Dylan 选择 Baker 是因为他近期制作的 Hall & Oates 的 *Big Bam Boom*，以及用 Springsteen 和 Cyndi Lauper 的歌混音制作的热门舞曲，但实际情况更可能是 Dylan 想让 *Empire Burlesque* 这张专辑更加激进。毕竟，Baker 可以算是与 Dylan 最不搭调的合作伙伴了。Baker 是里程碑式的嘻哈单曲 *Planet Rock*（由 Afrika Bambaataa & Soul Sonic Force 演唱）的制作人，曾提醒过 New Order 其单曲 *Blue Monday* 潜力巨大，也曾把刚出道的 Mancs 推荐给纽约 20 世纪 80 年代早期的一些传奇夜店。不过，考虑到 Dylan 在过去十年里时有乖张之举，涉足电子乐也就不足为奇了（几年后 Leonard Cohen 用 *I'm Your Man* 宣告他也进入到了这种状态）。

看 Dylan 仍着迷于"善恶大决战"，也许他内心想超过 Time Zone 的 *World Destruction*，这首歌是 Baker 为强强联合的 Afrika Bambaataa 和 John Lydon 在一年前录制的。（Dylan 在下半年与 Bambaataa 合作过一段时间，那时 Baker 和 Little Steven 邀请他们加入"反种族隔离群星联盟"，联合录制抗议单曲 *Sun City*。）

然而，当 Baker 需要从所有歌中选出 9 首制作时（第十首 *Dark Eyes* 是那年春天才录制的），"现代感"反而变得不那么激进了。其中一个常见的表现是鼓的声音，因为当时常用的门混响音效而显得机械僵硬，就像节拍器一般；同时，杂乱和过度压缩的混音效果，消除了许多母带中呼吸的间隙。尽管 *Empire Burlesque* 在当时获得了一些不错的评价——例如 Robert Christgau 称其为 Dylan 自 *Blood On The Tracks* 后最好的专辑，又补充说"我希望这是一个正面的恭维"。但也有许多人抱怨专辑制作华而不实，并认为这张专辑进一步证明了他在 20 世纪 80 年代的衰落。

但是，就 Dylan 选择让最不搭调的 Baker 来制作专辑这一点，足以看出 *Empire Burlesque* 的冒险精神，凸显了其希望与现时代相结合的热切期盼，至少是音乐方面的。从专辑的前两首单曲可以清楚地看出这种转变。在 *Infidels* 的录制期间，以 *Someone's Got A Hold Of My Heart* 的名字被大众所了解的歌曲 *Tight Connection To My Heart (Has Anybody Seen My Love)*，于 1985 年 2 月在纽约 Power Station 录音室加录了声音部分，为歌曲注入新的活力。让这首歌从中速悦耳渐变为非同寻常的欢快流行音乐，并加入了一些雷鬼和节奏布鲁斯元素。同样令人激

动的还有对 *When The Night Comes Falling From The Sky*（最初和 Little Steven 以及来自 E Street Band 的 Roy Bittan 于当年 2 月在 Power Station 录音室录制）的改编，运用了 *Hard Rain's A-Gonna Fall* 式的圣经末世预言。（和 *Someone's Got A Hold Of My Heart* 一样，喜欢研究 Dylan 的人们不得不等到 *The Bootleg Series Vol 1-3* 发行后才明白这首歌经过了怎样的曲折。）他启用另一批乐手重新录制——其中包括 Sly 和 Robbie，他们的加盟带来了与 *Infidels* 同样让人惊喜的、散发着海岛气息的轻快旋律——加入大量疾风骤雨般的打击乐、刺耳的合成器和 Never Ending 巡演成员 Stuart Kimball 弹奏的圆滑的主音吉他（Al Kooper 负责节奏），而重头戏在于 Urban Blight 的小号和 Dylan 称为 Queens Of Rhythm 的三人和声伴唱。

虽然对于那些认为 Dylan 在当时开始没落的人来说，这些歌显得华而不实，但与消磨 Dylan 诸多付出的无力感形成鲜明对比的是，歌中传达出的活力和气势。Dylan 在这张专辑中的演唱证明了这个男人其实还是在乎的——尤其是令人心痛又迷人的民谣歌曲 *I'll Remember You* 和 *Emotionally Yours*。应 Baker 建议，专辑需要用一首纯原声乐器演奏的歌曲收尾，因而匆匆创作的歌曲 Dark Eyes 也许不够成熟，但也体现了一种熊熊燃烧的新生激情。制作的缺陷给一些并非深度参与的乐手造成很大伤害，比如 Jim Keltner 在听到 *Trust Yourself* 中对自己鼓声的处理后就感到极为痛苦，但这些歌曲所展现出的怡

然自得也是相当不寻常的。尽管 20 世纪 80 年代庞大而俗气的制作风格成为 *Empire Burlesque* 遭人诟病的替罪羊，但 Dylan 枯燥乏味的歌曲创作才是更值得关注的问题。正如 Clinton Heylin 和其他人后来所说的那样，好几首歌中的冷峻词句是从别处借来的，有的甚至是一字不差地照搬，有些很明显（Humphrey Bogart 的电影），有些很隐蔽（有一句词说他打算就这么假装下去，直到想出对策，显然是窃自某一集的《星际迷航》）。这些问题的存在不由让人心中浮现这样一幅绝望的画面：一位摇滚巨星在酒店里度过了太多个夜晚，昏暗的房间里只有电视发出的荧荧之光。

When The Night Comes Falling From The Sky 中预示大灾难的画面也让人有二手的感觉。讽刺的是，Dylan 将这张专辑中最写实、最具嘲讽意味的几句歌词（讲的是越战的疯狂令一个典型的美国青年变得失神落魄），填在了曲调简单的 *Clean Cut Kid* 中。无独有偶，*Emotionally Yours* 也是由 O'Jays 在 1991 年翻唱成 R&B 热曲后，其中的严肃情感才得以披露。而到了那时，这首歌的作者也已经有了较为明确的发展方向：远离他曾想通过 *Tight Connection* 亲近的主流听众，转而深挖自己的偏好。*Empire Burlesque* 中最为大胆的尝试，无论是激烈的 *When The Night Comes Falling From The Sky* 抑或是令人难忘的 *Dark Eyes*，终归让人不禁遐想，如果 Dylan 和 Baker 能够进行更充分的、没那么仓促的合作，会得到怎样的成果。

发行日期 14 | JULY | 1986

KNOCKED OUT LOADED

· 烂醉如泥 ·

Sam Shepard、Tom Petty 和 Carole Bayer Sager 都施以援手共同写歌，但这场混乱之中，隐藏了一首真正的经典。

JOHN LEWIS

如果说哪一首歌令 *Knocked Out Loaded* 没有成为 Dylan 的最差专辑之一，那便是 *Brownsville Girl*。这首歌时长 11 分钟，占了这张很短的专辑总时长的 1/3，成为 Dylan 为数不多的 10 分钟以上的史诗般歌曲之一。主歌和副歌使用同一个四和弦序列，只是 Dylan 的语调有所不同，这对 Dylan 来说非同寻常。歌词是由 Dylan 及其老友和剧作家 Sam Shepard 共同创作，后者起初曾担忧他写的不押韵的词要如何融合在旋律里。Shepard 告诉记者："Dylan 说不用担心，没问题的'。结果不出所料,真的成了。他在演唱时调整断句的能力真令人印象深刻。"

Brownsville Girl 采用 Dylan 式的演讲唱法，歌中主角向前任女友诉说，追忆"Gregory Peck 主演的一部电影"（可能是 1950 年左右上映的《枪手》，但是把它和另一部电影混淆了（可能是 1946 年的《阳光下的决斗》。在类似于 Peck 出演过的老电影桥段中，上演着一场穿越得克萨斯州的速度之旅，漫长的沉思中交织着回忆、感伤、爱情和友谊。这首歌创作于前一年，那时还叫 *New Danville Girl*，录制了一个简单的版本，但令人费解的是并没有被收录进 Empire *Burlesque* 这张专辑中。有人猜测，可能是因为 Dylan 在 80 年代对于专辑质量的把控不仅没有将垃圾作品剔除，甚至还把一些佳作拒之门外。*New Danville Girl* 中有一句关键的歌词似乎解释了整首歌的重点。Dylan 在歌中唱到："人们只愿相信对自己有利的事，这点十分可笑（It's funny how people just want to believe what's convenient）。"之后援引柏拉图的洞穴寓言"我们都忙于和自己投在古老石墙上的影子对话"（We're busy talking back and forth to our shadows on an old stone wall）。然而为了让歌词更晦涩，这句歌词被删除了，换成一句引人遐想的"我们唯一一确定的事情就是 Henry Porter 不叫 Henry Porter"（The only thing we knew for sure about Henry Porter is that his name wasn't Henry Porter）。参与这首歌曲录制的音乐人，包括吉他手 Ira Ingber 在内，认为不必要的伴唱和管乐削弱了这首史诗般的歌曲。然而，管乐的声音却增加了庄重感，女性伴唱实际上也充当了标点，她们不断地向 Dylan 发问（"哦，是吗？"），类似于希腊戏剧歌队。

这种宽银幕电影式的长诗在这张不连贯、良莠不齐的专辑中显得尤为别扭，要知道，这张专辑是从前后近三年的录音中拼凑出来的涉及 50 多位音乐人。完全由 Dylan 自己写的歌仅两首。一首是描写分手的顿足爵士乐 *Maybe Someday*，另一首是在 *Empire Burlesque* 录音期间录制的 *Drifting Too Far From Shore*。它们是整张专辑中最薄弱的两首歌。这两首歌都有一些挖苦意味的歌词。"我们没有站在错的一方，亲爱的，我们就是错的一方"（We weren't on the wrong side, sweetness, we were the wrong side），这是 *Drifting* 中最让人眼前一亮的一句歌词，但这仅有的亮点也被 80 年代糟糕的制作方法毁了：那就是黏糊糊的 DX7 合成器音效，吵闹的军鼓上加了太多门限混响。另一首深受其害的歌曲是 *Under Your Spell*，这首平淡的中速情歌是 Dylan 与一位获奖歌词作家 Carole Bayer Sager（当时是 Burt Bacharach 的妻子）共同创作的。这段看似不太可能的合作由他们的一位共同

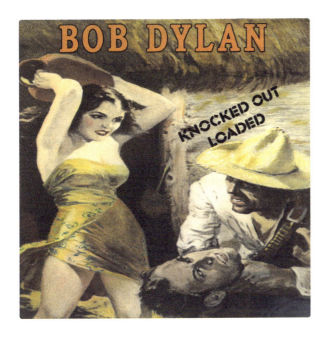

好友 Carole Childs 牵线，而 Dylan 与 Carole 在八九十年代分分合合。最终，Sager 写的歌词只有不到三分之一被保留下来，尽管这包括了专辑的名字和极有深意的结尾："好吧，沙漠炽热，山川受诅，祈祷我不要被渴死吧，宝贝，在这距离水井两英尺的地方（Well, the desert is hot, the mountain is cursed, pray that I don't die of thirst, baby, two feet from the well）。"

这张专辑的最初设想源于 1985 年 9 月，当时 Dylan 与 Tom Petty 的 Heartbreakers 乐队在第一届 Farm Aid 公益演唱会上有过一次愉快的合作。在 1986 年春季，Dylan 与 Heartbreakers 乐队在位于加州托潘加峡谷的 Skyline Studio 录音室中，本想迅速制作出一张粗糙、不加太多制作的专辑，但最终只有三首歌被采纳。显然，在录音室的许多时间都用来排练未被采纳的翻唱了，比如 *Evening Sun* 中的一段阿卡贝拉人声朗诵；*White Christmas* 最终停留在剪辑阶段，同样的遭遇也发生在改编歌曲 *You'll Never Walk Alone*、*Unchain My Heart*、*Lonely Avenue*、*Without Love*、*Too Late She's Gone* 和 *Come Rain Or Come Shine* 上。但这些翻唱的歌曲最终证明 Dylan 在改编方面具备不凡的能力。专辑开篇是一首热情的布吉乐 *You Wanna Ramble*，作者被署为因为创作 *Mystery Train* 而为人熟知 Little Junior Parker。这支曲子与 1955 年 Parker 的 B 面歌曲 *I Wanna Ramble* 有着同样的音调和 12 小节结构，但歌词不同。相较于 Parker 愉悦的"给我弄些红酒，再多聊一会儿吧"（Get me some wine and ramble some more），Dylan 的版本则是通向未知的漫长而黑暗的旅途，"深夜空旷寂寞，这般静如止水，只需一千五百块，你可以让任何人死去"（The night is so empty, so quiet and still. For only 1500 dollars, you can have anybody killed）。

另外，与 Tom Petty 共同创作并由 Bo Diddley 加持的 *Got My Mind Made Up* 有着凶猛活泼的 Bo Diddley 风格，与之前由 Petty 和 Heartbreakers 的样带有同样的和弦、旋律以及咆哮的 Diddley 式吉他。然而，Petty 版是一首分手歌曲，Dylan 却向其注入了超现实主义，带我们从利比亚游历到佛罗里达州塔拉哈西市。即使 Dylan 没有改编歌词，也在改编乐曲。*Precious Memories* 这首由田纳西的牧师 J.B.F. Wright 创作的传统赞美诗，20 年代时就已在乡村歌手和福音歌者之间传开。Dylan 为其注入了明快的曲风，融合雷鬼、夏威夷尤克里里琴和踏板电吉他，以及 Sacred Harp 风格的福音歌者和 Boney M 的钢盘鼓。

许多当代乐评家认为 *They Killed Him* 这首向甘地、耶稣和马丁·路德·金致敬的歌是专辑里最差的。这首歌由 Kris Kristofferson 为其专辑 *Repossessed* 创作，但由 Johnny Cash 在 1984 年第一次录制并收于其专辑的 B 面。Dylan 保留了童声伴唱，抛弃了 Kristofferson 那版中令人生厌的 80 年代制作手法，提高了乐曲的质量。从某种角度看，*Knocked Out Loaded* 这张专辑的不连贯也是其无以名状的魅力之一。它通过对思想灵性、消逝之爱和沉重节奏布鲁斯漫无边际的探究，辅以适度的矛盾，彰显了 Dylan 身上那既令人喜爱又令人愤怒的特质。

发行日期 **31 | MAY | 1988**

DOWN IN THE GROOVE

· 进入最佳状态 ·

**向下，向下，向下……翻唱加毫无亮点的新歌，
又一张令人费解的合集。但却还在坚持……**

RICHARD WILLIAMS

这是一个奇怪的时期。灵感已经抛弃了他，但他却还在挣扎。"写作是如此孤独。"他在 *Down In The Groove* 发行那年说道，"你的思维处于孤独的模式当中，你必须沉下心来置身于此。过去，我可以很快地沉下去。而现在，我不再能够像以前那样了。"为了寻求解脱，他和 Tom Petty 的 Heartbreaker 乐队、Grateful Dead 乐队一同上路巡演。当 Dylan 与自己的乐队（一支成员永远在变化的乐队）排练时，乐队成员发现自己必须时刻保持专注，因为 Dylan 的记忆库仿佛是无穷的，不时抛出 *Suzie Q*、*Just When I Needed You Most* 和 *Vanilla Fudge* 的慢动作版 *You Keep Me Hangin' On* 之类。或许他想到了自己曾经也写过歌，于是他向上一任经纪人 Albert Grossman 的遗孀支付了 200 万美元，从而获得自己发行版权的唯一所有权。

他已经开始考虑录制的 Frank Sinatra 有关的歌曲。1983 年，在纽约的 *Infidels* 录音中，他录了歌曲 *This Was My Love*，而后经过排练，在三年后的一场巡演中演唱了这首歌曲。*Come Rain Or Come Shine* 是另一首 Sinatra 最受喜爱的歌曲之一，录制于位于托潘加大峡谷的一系列录音期间。在那些录制当中，Al Kooper 回归并担任键盘手。在纽约一个致敬 George Gershwin 的音乐会上，Dylan 演唱了歌曲 *Soon*。

1986 年 8 月，在 *Knocked Out Loaded* 发行遭到大众冷遇一周之后，Dylan 来到伦敦。他同意在电影《烈火雄心》（*Heart Of Fire*）中扮演一个落魄的摇滚明星。那是一场仅仅在英国电影院上映了三个星期的电影，而且从来没有在美国上映过。1987 年 10 月，电影在英国首映当周，他在温布利体育馆举办，Bob Dylan 还参与了演唱会。但是他在英国的宣传者 Harvey Goldsmith 对他在第一场表演中的糟糕表现很不满意，回到酒店里后把 Dylan 训了一顿，并提醒他别忘了英国乐迷对他的忠诚。"他很平静地接受了对他的批评，"Goldsmith 回忆道，"然后我们就一起去喝酒了。"

1988 年春发布的 *Down In The Groove*，并没有改变人们对他在走下坡路的看法。这是他的第 25 张录音室专辑，但是当他的听众快速浏览过这一大堆古怪的翻唱歌曲和平庸的原创歌曲，再瞥一眼照例粗制滥造的包装后，并不觉得这是一件多么值得庆祝的大事件。

专辑的第一首歌曲就挺差劲。那是一首不温不火的翻唱歌曲 ——Wilbert Harrison 的 *Let's Stick Together*。Bryan Ferry 在 1976 年的翻唱，虽然笨拙，但笨拙得还算有力，而 Dylan 的版本里连这都没有。如果我们进行一次回顾的话，你会发现，Dylan 追寻的是多年后在 *Together Through Life* 里那种汽车旅馆布鲁斯风格，但是除了 Danny Kortchmar、Randy Jackson 和 Steve Jordan 这个一流节奏三人组之外，他距离这个目标还很远。*When Did You Leave Heaven ?* 中，有一段由和声歌手 Madelyn Quebec 演奏的奇怪的合成器前奏，加上 Dylan

自己弹的飘忽的节奏吉他，它也没能带动气氛。*Sally Sue Brown* 是 60 年代伟大的 Arthur Alexander 参与创作并录制的歌曲，是他的第一支单曲，尽管有 Sex Pistols 的 Steve Jones 和 The Clash 的 Paul Simonon 在 LA 录音室参与录制，但这首歌还是失去了它所有简洁的南方魅力，并且没有获得任何特色。

在这样严重的三连击后，只有依靠意志和忠诚，才能对这张专辑探究得更深。*Death Is Not The End* 这首曲目创作并录制于 *Infidels* 时期，Dylan 用一句"城市陷入大火之中，人们的躯体正在燃烧"打破了歌中的消极情绪，不过它完全不能和同样于 1983 年录制的 *Blind Willie McTell* 或者 *Foot Of Pride* 相提并论，后两者在很长时间以后才有了官方发行版。*Had A Dream About You, Baby* 是一首漫不经心的布吉歌曲，是为电影 *Heart Of Fire* 而创作的，在伦敦和 Eric Clapton 与 Ronnie Wood 一起录制。*Ugliest Girl In The World*，一首非常无趣的曲目，是与 Robert Hunter 合作的作品，保持着低水准。而 *Silvio* 也是和 Hunter 合作创作的，根本没有价值。

当 Dylan 的听众艰难跋涉到唱片结尾的三首歌的时候，他们已经不再宽容，亦不再客观。如果这些歌曲——都不是他写的——是在其他情况下出现，收到的反应一定会截然不同。

首先，他翻唱 Hank Snow 的 *Ninety Miles An Hour (Down A Dead End Street)* 非常出众，这首歌最初由它的曲作者以一种误导性的轻柔的西部摇摆风格演绎。Dylan 大大地减缓了它的节奏，将半隐藏在禁忌之爱隐喻背后的罪恶和恐惧表达出来。钢琴和吉他为充满激情的主唱，以及由 Bobby King、Willie Green 组成的声音低沉的和声，搭建了一个平台——这两人同时也是 Ry Cooder 长期合作的和声。

接下来是 *Shenandoah*。这首歌 Dylan 采用了轻快的节拍，与电子和原声的节奏吉他、哀伤的口琴、专辑中未注明演奏者的曼陀林（很可能出自 David Lindley）以及四位女子的和声交织在一起，可以说编曲相当优秀。Dylan 再一次完全融入歌曲中，他对这首深受大家喜爱的美国赞美诗的朗读，和最近 Bill Frisell 和 Charlie Haden 的版本不分高低。

"三重奏"的最后一首是 Albert E. Brumley 的 *Rank Stranger*，它因 1960 年 *Stanley Brothers* 的版本而成名。Dylan 虽然不能达到 *Stanley* 如泣如诉的三部和声效果，但是他演绎了 Brumley 那个歌唱个人末世与救赎希望的低调版本，非常动人，其中有他本人轻柔地弹拨吉他 Larry Klein 的叹息般的贝斯声和专辑中未署名的女声和声。对于像 *Ninety Miles An Hour* 和 *Shenandoah* 这样的作品来说，它们确实是真诚、深沉而充满想象的演奏，不应该随着这张无名唱片以及仍处在困惑时期的 Dylan 的事业一起迷失。

发行日期 **18 | SEPTEMBER | 1989**

OH MERCY

· 哦，仁慈 ·

**哦，仁慈，确实如此！经历了漫长而离奇的十年，
Dylan 终于和制作人 Daniel Lanois 一起，在新奥尔良迎来了救赎。**

MARK BENTLEY

Dylan 在其反叛到极致的《编年史》中贡献了一整章来讲述他的第 26 张唱片，这大概是整个自传中最令人感到惊奇的部分之一。为什么是 *Oh Mercy*？它不过是群山中的一座小丘，是什么让其获得如此多关注? 在各种真假轶事如 Bono 有趣的素描、街头乐手出没的新奥尔良被诅咒的乐师旅游指南，或者是记录他 80 年代音乐喜好的古怪笔记（如 Ice-T，Public Enemy，NWA）之后，答案像阴影一样若隐若现：制作人 Daniel Lanois。Lanois，因其为 Eno、U2 和 Peter Gabriel 工作而有一定名气。对于新专辑 *Oh Mercy*，他为 Bob 指明了一条道路，这条道路鲜有人走过，而 Dylan 也乐意这个加拿大人将他的工作热情带到录制进程中来。Lanois 被 Dylan 称作"天才""行走的概念"。他的熔炉般的新奥尔良录音室被贴上"Lanois 领地"（Lanois land）的标签。确实，Dylan 将 Lanois 看作自己的合作伙伴而不是雇佣关系。几乎在任何地方，他都在用"我们"这个称呼，而不是"我"。"当我们完成录制的时候，那种感觉像是整个工作室升起一片火焰。"Dylan 后来回忆说，"我不能说这是他或我想要的专辑。"

1989 年末，这张专辑获得了大众的青睐，大家几乎一边倒地称赞，并称之为"回归"。在 *Knocked Out Loaded* 和 *Down In The Groove* 惨败之后，*Oh Mercy* 在发行前就获得了相当的宣传预热，并最终跃居英国音乐排行榜第 6 名。这是 Dylan 十年间最好的一次表现——和 Gloria Estefan、Jason Donovan 以及发行了 *The Twelve Commandments of Dance* 的 The London Boys 这些风格迥异的歌手共享排行榜前 10 名。在大西洋两岸，这张专辑都成了金唱片。这是 Dylan 在 80 年代卖得最好的一张专辑，当然，也同样是他做得最好的专辑。歌曲造就专辑。无论你如何看待 Lanois 混响的、壮阔的制作色彩，他确实足够幸运，让 *Oh Mercy* 得以成为 Dylan 数年内最好的作品之一。哪怕是现在，有些歌曲仍有理由被看作是 Dylan 的经典作品。他们剔除的那些作品，例如 *Series Of Dreams*，最终出现在 2008 年绝佳的 *Bootleg Series' Tell Tale Signs* 中。从发行在 *Oh Mercy* 这张专辑 A 面的第一首歌开始，Dylan 无论在歌词上还是嗓音上都恢复活力了。

唱片开了个好头，并且越发惊艳。在 Aaron Neville 乐队吉他手 Brian Stoltz、贝斯手 Tony Hall、鼓手 Willie Green 和打击乐器手 Cyril Nevulle 的伴奏下，Dylan 用嘲笑的声音唱出了诱人上钩的布鲁斯布吉音乐 *Political World*。"我们生活在一个政治的世界里，仁慈已走向灭亡，生命倒映在镜子里，死亡消失，踏上楼梯到那个最近的边缘上"（We live in a political world where mercy walks the plank, life is in mirrors, death disappears, up the steps into the nearest bank），在嗓音和歌词上都有一种凶狠和重生的深意，并以一个精妙的结尾达到了高潮："爬进框架并高喊上帝的名字，你永远也不能确定到底是什么……（Climb into the frame and shout God's name, but you're never sure what it is）。" *Where Teardrops Fall* 和打头阵的单曲 *Everything Is Broken*

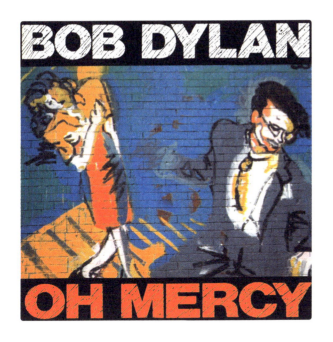

都延续了这种迷惘感。接下来是第一首杰作，*Ring Them Bell* 是一首冰冷如石头般的典型 Dylan 歌曲，其内容痛苦而隐晦，Dylan 融在地狱之火及华丽的毁灭之中。我敢确定一定有学术论文致力于解码它的指涉：Martha、St. Catherine，还有新娘……但真正重要的是它传达的感觉，那是一种新旧世界冲突的感觉，正如 Dylan 许多优秀作品一样，它在其他歌手的翻唱中获得了第二次生命，如 Sufjan Steven 在 *I'm Not Here* 原声辑中水晶般通透的翻唱版本。A 面最后一首曲目 *The Man In The Long Black Coat* 也是一首不朽的杰作。这是一首有关浮士德式的民谣传说，一种恶魔恋人比喻的变体，一个对于外来的威胁的哥特式冥想。Dylan 在自传中提到了 Johnny Cash，他把这首歌看作自己的 *I Walk The Line*。当然，你也能强烈感受到 Cash 的存在，歌词在不间断的和弦变幻中似幽灵般浮现："人们不是生存或者死亡，人们只是在飘荡，她随那个男人离开，那个穿着黑色长外套的男人……（People don't live or die, people just float, she went with the man, in the long black coat...）。"

Lanois 参与了 *Disease Of Conceit*，但是他的特点在 *Most Of The Time* 中能听得更加清楚。置身于闪耀光芒之中，编曲仿如 U2 的 *Joshua Tree*，其中充满了凄切的吉他声和远方的云。但是编曲和填词都极其惊艳，深沉、忧郁、坚决。你甚至想让 Lanois 拿开音量控制器，让它自由歌唱。这首歌让后来收录在私录系列的 *Tell Tale Signs* 中的另一个版本相形失色。*What Good Am I* 同样

出色。这是一首自白式的忧伤歌曲，把悲伤的歌词与悲叹的歌声编织在一起。"我说了错话，我有什么好，我对悲伤大笑，当你安静地死去，我仅是转过身去"（What good am I if I say foolish things, and I laugh in the face of what sorrow brings, and I just turn my back while you silently die），这张专辑的中心曲目 *What Was It You Wanted* 也表现出这种反射性的偏执。Dylan 从过去和现在的爱人，甚至是听众那里，再一次审视了自己的身份以及他所处的时代的需求。"无论你想要什么，它是什么，是否有人告诉你，我能给你这些东西？"（Whatever you wanted? What could it be? Did somebody tell you that you could get it from me?）。"我并不认为 Barry White 可以做得更好。"Dylan 在自传中表示，他才是自己最好的评论家。专辑以 *Shooting Star* 这首午夜之歌结束，最后的歌词是："今夜将看到流星，划过。"

整体来看，*Oh Mercy* 既是一篇音乐诗，充满了黑暗信条和对它的诞生地新奥尔良入木三分的描述，也是一张深沉、浪漫的启示录式专辑，有长篇传奇，有短篇小说，也有哥特的神种，震颤、刺痛、击碎你的心灵。也正因为如此，它才可以一方面让人想起 Dylan 在 60 年代的杰作，一方面发展了他在新世纪里的"布鲁斯遗产"的模板。从这方面来说，*Oh Mercy* 可以和 *John Wesley Harding* 及 *Modern Times* 相提并论。80 年代的说唱或许没有改变 Dylan 的声音，但给了他一些新的想法。不要把它称作一次回归：许多年前，他就已经在这儿了。

UNDER THE RED SKY

· 红色天空下 ·

全明星嘉年华是为了四岁的孩童歌唱？童谣中暗含深意？
像一碗汤一样，摇摆、摇摆、摇摆！

LOUIS PATTISON

Dylan 大概可以算作评论家最爱的音乐家。他的作品数量众多且层次丰富，可以把它们看作摇滚、诗歌、文学、甚至是现代艺术。但没有任何一位艺术家是可以免受批评的，尤其是在长达 60 年的职业生涯中。显然，对于这张专辑的开场单曲 Wiggle Wiggle，几乎没有评论家或者 Dylan 研究者站出来支持。即便是像 Dylan 这样的先驱艺术家习惯了孤独前行，对于人们对他的期望嗤之以鼻，这是一首建立在呆板，毫无律动的后拍基础上的布吉摇滚乐歌曲。此曲中，Dylan 恳求人们轮流摇摆起来——"像一碗汤""像一群蜜蜂""像一条肥大的蛇"，或者更具想象力的是，像"一吨铅"。有了前一年在 Oh Mercy 中的回归后——一张充满了精神和浪漫的沉思的专辑——现在这张专辑让人想要大声质问 Dylan 到底在想什么。评论家 Patrick Humphries 在他的书 The Complete Guide To The Music Of Bob Dylan 中，或许最好地总结了人们对这首歌的困惑与失望。"这是 Dylan 录制过的最糟糕的歌？"他怀疑道，"当然，你不可能每次都能写出 Hamlet 或者 Like A Rolling Stone 这样的作品，但也不至于像 Wiggle Wiggle 这样啊？"

Wiggle Wiggle 不好的声誉影响到了整张专辑，不仅是评论家。Dylan 本人对 Under The Red Sky 评价也不高，以制作仓促、没有重点，且录制时正是他对整个音乐产业最幻灭的时期这类理由而搪塞。虽然有重量级嘉宾参与，如 Jimmie Vaughan、Elton John、George Harrison、David Crosby 和 Stevie Ray Vaughan，但最后完成的作品感觉有些无足轻重；也许对于一张作品来说，人多反倒误事，整个制作则太不自然，无法让那些更简练、更绝妙的时刻发挥作用。尽管如此，Under The Red Sky 仍旧有其支持者，他们试图窥视这些显而易见的浅水域去探究这里面的深意。

1990 年的 Dylan 非常忙，在北美举行巡回演唱会，在欧洲参加夏季音乐节，还与 Brian Wilson 和 The Traveling Wilburys 一起录唱片，在 Royal Orbison 的纪念演唱会上担任客串嘉宾，与 Tom Petty 一起唱现场了。在舞台背后，他家里的事情也需要关心。他和 Carolyn Dennis 的女儿 Desiree Gabrielle Dennis-Dylan 已经四岁，Under The Red Sky 就是献给她的，或者如专辑封套所言，是献给 Gabby Goo Goo 的。所以，这是一张儿歌专辑吗？不完全是，但如果仔细观察，确实有些童谣的成分。寓言和《圣经》总是交替出现：10000 Men 是向儿歌《约克大公爵》点头致意；标题曲 Under The Red Sky 鹅妈妈童谣式的歌词反复吟唱，以将小男孩和小女孩"做成派"为结尾，就像旧时童谣 Sing A Song Of Sixpence 中出现的黑画眉一样；接下来是谜一般的 Handy Dandy，但是仔细分析，却又能找到《李尔王》和《圣经·新约》中"登山宝训"的影子。这样雄心勃勃的抒情被放置在一个音乐景观上，与 Daniel Lanois 制作的 Oh Mercy 相比，显得简单明快，虽然常常也会受到限制。除 Jack Frost（Dylan 在专辑封套上这么称呼自己外，底特律流行剧团 Was (Not Was) 乐队的 Don Fagenson 和 David Weiss 也参与了专

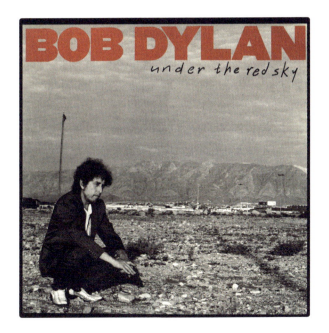

辑制作——Was (Not Was) 乐队因 80 年代登上排行榜的新颖放克歌曲 *Walk The Dinosaur* 名声在外。他们同 Dylan 建立合作的方式走的是格外迂回的路线。1990 年，Fagenson 为喜剧电影 *The Freshmen* 将前任美国小姐主持人、美国低吟歌手 Bert Parks 演唱的 *Maggie's Farm* 做了一个剪辑版。两人在多伦多的 Molson Amphitheater 后台见到 Dylan 后，将这首歌的磁带给了他。令他们惊讶的是，几个月后，他们接到了 Dylan 的电话，问他们是否愿意到录音室来帮迪伦制作新歌 *God Knows*。好吧，你当然很难说不，不是吗？

"我们从未讨论过关于想法和主题的任何东西。"2008 年，Fagenson 接受 *Uncut* 采访。在聊到专辑的录音时，他这样说道："我们之间存在一种心照不宣的默契。Bob 从来不会预先给我们放过这些歌，而 David 和我也从没有告诉过他我们会请哪些音乐家。"录音室的气氛放松而活泼，Dylan 十分偏爱长长的即兴演奏和第一遍录制的效果。鼓手 Kenny Aronoff 绝对是张王牌，他强健的节奏为 *Unbelievable* 和 *TV Talkin' Song* 的酒吧钢琴声带来一种喧闹的感觉。*TV Talkin' Song* 是一首强劲的摇滚乐，以 Dylan 在伦敦海德公园"演讲者之角"看到的情景开始，之后转为一篇反对电视机罪恶的长文："有时你要学着像猫王那样，一枪崩了这该死的东西 (Sometimes you gotta do like Elvis did and shoot the damn thing out)。"专辑里也有不错的表演。*Handy Dandy* 有点儿像 *Like A Rolling Stone* 的姊妹篇，温暖的风琴声、Al Kooper 的

键盘乐器声、Stevie Ray 和 Jimmy Vaughan 的吉他声以及 David Lindley 的 Weissenborn 滑棒吉他声，是从 34 分钟的录音里提炼出来的。

轻柔的歌曲 *Born In Time* 原版来自专辑 *Oh Mercy*。这首歌中，Dylan 演奏原声吉他，Bruce Hornsby 演奏钢琴，将歌曲中厌世的情感演绎得淋漓尽致。但对自发演奏的重视使这张专辑显得火候不足。从歌词上讲，*God Knows* 可以算是 Dylan 最好的赞美诗之一，但是展现形式欠佳：马马虎虎的布鲁斯摇滚太过平庸，难以表达出歌词中所蕴含的精神层面的深刻问题。相比较之下，*10000 Men* 就毫无创意了。在 Dylan 的想象中，"10000 个女人往我房间里挤"，最终以一个奇怪而老套的方式结尾："哦，宝贝，谢谢你的茶。宝贝，谢谢你的茶。你待我真好，你是个好人 (Ooh, baby, thank you for my tea, baby, thank you for my tea, it's so sweet of you to be so nice to me)。"无疑，这对作者来说有一些深意，但正如有人指出的，它完全比不上 *Desolation Row*。

当然，Dylan 并不会故意去取悦谁。但是这张专辑到底是献给谁的呢？很难想象四岁的 Gabby Goo Goo 能从这些匆忙的录音室练习中得到太多。同时，那些欣赏 Dylan 和其他明星合作的人，大概会抵触专辑中有些孩子气的歌词。最终，它可能只是受到童话的灵感启发而录制的一张专辑而已，Dylan 的第 27 张唱片可能是一只丑小鸭：不太招人喜欢，也不可爱。

发行日期 03 | NOVEMBER | 1992

GOOD AS I BEEN TO YOU

· 像我对你一样好 ·

**在马里布宽敞的车库内，Dylan 重新找回他的灵感。
一个民谣歌手重生了。**

ALASTAIR MCKAY

在 *The Red Sky* 失望而归的时候，Dylan 发现自己站在十字路口上。他做了每一个迷茫旅人都会做的事情——原路返回。

在马里布的车库内，他不废什么事地录制了一张传统民谣歌曲的原声专辑。那是 MTV 不插电的时代——Paul McCartney 在一年前掀起了简约风潮，而 Dylan 做的比他还要粗糙，有些地方甚至简单得过分。但事后看来，Dylan 很明显是在试着重新找回灵感。毫无疑问，没有什么新东西可以录制，Dylan 也考虑到了自己的写作才能已经枯竭的可能。但是 *Good As I Been To You* 却证明，Dylan 确实找到了一种新的嗓音——不是漂亮的那种，而是充满了沧桑，就算不是破碎。

这张唱片是一次重生，并且开启了 Dylan 后来的职业生涯。嗓音的蜕变见证了时光的流失，而歌者的视野也转向整个流行乐史。在未找到合适地点之前，Dylan 签约在芝加哥 Acme 录音室录音，由他的朋友兼乐手 David Bromberg 担任制作。

这几次录音发生了很多冲突，但是 Dylan 还是录制了一系列芝加哥布鲁斯音乐和一些 Bromberg 的作品。其中两首被收录在 2008 年的 *Tell Tale Signs* 当中（Duncan And Brady 和 Jimmie Rodgers 的 *Miss The Mississippi*）。在 Acme 的录音虽然很随意，但却折磨人。有传言说，Dylan 为了寻找他想要的"现场"声音，删掉了很多完美的版本。当时录制了大约 30 首歌，Bromberg 用它们混成了一张专辑，而此时的 Dylan 则前往欧洲进行了一次短期的夏季巡演。当他回来之后，对这些混音很不满意，并告诉 Bromberg "回去重新听原唱"。他的言外之意是 Bromberg 修饰得太过了。

不过，整个项目并没有完全搁浅，Dylan 选择继续在马里布的车库录音室内录制唱片。起初，这个想法只是为了给 Bromberg 的全乐队伴奏录音加上一些原声独奏。这场录制由 Dylan 的老朋友 Debbie Gold 制作，她也是 Guns N'Roses 的录音师 Micajah Ryan 的经纪人，而 Micajah Ryan 对民谣也同样感兴趣。Ryan 不是 Dylan 的粉丝，但 Gold 说这份工作只会持续一周时间，所以他才加入了录制。Dylan 在马里布的录音室的简陋程度可能被夸大了。这个录音室位于车库的最里面，是 Dylan 平时存放摩托车和旅行箱的地方。里面空间很大，天花板有 15 英尺高，布满了 Sonex 泡沫吸音板。进去以后，Ryan 发现那个地方有自己三个卧室那么大，但是几乎没什么家具——只有几把椅子、扩音音箱、乐谱架和一把吉他。玻璃窗后面就是控制室，内设一个调音台和两英寸磁带机。

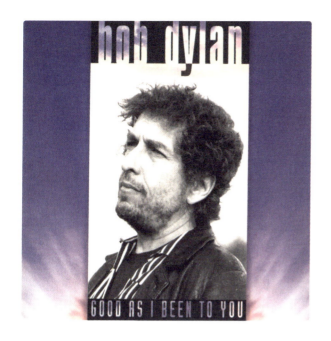

当时没有什么大计划。Dylan 也没说太多，只是说自己想要录制一些原声音乐，并且听起来像 Son House 的唱片一样。录制几天之后，Ryan 想要更多参照，Charlie Patton 和 Robert Johnson 的名字也因此被加进参照名单中。Ryan 意识到 Dylan 想要的声音在当前的技术条件下是不可能达到的，因为老布鲁斯唱片是直接录在黑胶唱片上的，所以他开始寻找方法限制录制过程中的动态。

这期间，他逐渐认可了 Dylan 的作品。在他听来，Dylan 的歌像是爱尔兰 - 澳大利亚民谣 *Wild Colonial Boy*，但是对于 Dylan 来说，则是 *The Ballad Of Jim Jones* 或者仅仅是 *Jim Jones*。他们两个人不仅讨论了歌曲，还谈及之前 Ryan 读过的一本有关澳大利亚历史的书，并达成了一些共识。在 Gold 的劝说和鼓励下，Dylan 找到了新目的。歌曲被一遍又一遍地录制，尝试每一种音调和速度 Dylan 试图从它们之中榨取新的生命。一个以合同义务开始的项目，也变成对 Dylan 歌曲创作根源的深切探求。

在处理这些素材的方式上，Dylan 表现得相当随意，好像这些歌全都是他自己的一样，甚至那些不是很传统的歌曲，比如说 Stephen Foster 的客厅歌谣 *Hard Times*，也散发出一种独特的沧桑感。这是首美妙的歌，尽管其中不靠谱的噪音暗示了为什么 Dylan 在多年后，还追问评论

家怎么总是针对他的声音，却从不为难 Tom Waits。与之类似，Dylan 也为 *Tomorrow Night* 带来颤抖的拨弦和情感错位的暗示，这在猫王的原作中是没有的——一首浪漫的小夜曲，成了一场孤寂的街头表演。

Dylan 对于传统材料挖掘得很深，并收获了一首很好的歌曲 *Arthur McBride*（一首百年前的反战老歌，Planxty 和一些歌手都曾经演唱过）。*Blackjack Davy* 是一首可以追溯到 Robert Burns 甚至更久远时期的歌曲，之后又出现在摇滚时代（Warren Smith 将这首歌作为其山地摇滚金曲 *Ubangi Stomp* 的 B 面歌曲），而 Dylan 对于这首歌的处理方式是充满鼻音的轻声吟唱配以原声吉他。

这张专辑在商业上并不成功，却赢得了不少歌迷的青睐。虽然对素材的随意使用引来了一些版权问题，还有人声称 Dylan 把其他艺术家的编曲据为己有，但不可否认的是，这张专辑重新燃起了他的创作灵感。

或许，*Good As I Been To You* 没有辉煌的成绩，纯粹主义的歌迷也早已怀念 Dylan 原创歌曲的魔力，但这不仅是一张翻唱专辑，不仅意味着 Dylan 推出了不插电作品。这是沾满泪痕的藏宝图，绘制出联结着 Dylan 过去与未来的路——一条他从未离开过的蜿蜒崎岖之路。

发行日期 29 / AUGUST / 1993

WORLD GONE WRONG

· 错乱世界 ·

**作者的困境仍在继续，但是当 Dylan 学会"以退为进"的时候，
摆脱黑暗的道路就变得清晰起来了。**

NICK HASTED

Good As I Been To You 带来的新方向在意外的地方被提到了。这是几十年来，John Peel 在 BBC 的节目里选择的第一张 Dylan 唱片，这位 DJ 还特意评析了专辑在音乐方面的巨大进步。尽管如此，哥伦比亚唱片公司仍旧不是很重视这张专辑，因此它也很快地离开了大家的视线。

现在，我们很难记起当时 Dylan 的声望跌到了什么程度，大多数人是曾把他当成了一个"破嗓子"的笑话来看待。现在看来，他回归原声、传统歌曲的举动可以视为最终强势回归的一个预告。但是 1993 年的当下，Dylan 并不知道自己是否还能写歌。于是他回到家里的录音室，打算录制第二张古老歌曲的翻唱专辑，并结束了与哥伦比亚公司的合同。当时的他前途未卜。

World Gone Wrong 这张专辑似乎映衬出这种情感。*Good As I Been To You* 使 Dylan 再次回到了乡村音乐的根源，但这张专辑在整体上基本是一张布鲁斯专辑。Dylan 的嗓音也发生了变化，如同一把坏掉的乐器在精心呵护下，总能焕发出激情。之前唱片中那种沙哑的嗓音一扫而光，取而代之的是轻柔和哀婉。虽然这两张专辑与之前昂贵的制作费用形成鲜明对比，但是从另一个角度来看，它们延续了 Dylan 十年前在自己最受嘲笑的几张专辑中开辟的道路：*Empire Burlesque* 简朴的原声吉他结束曲 *Dark Eyes*；停滞期的专辑 *Down In The Groove* 中的标准曲 *Shenandoah* 和 *Rank Strangers To Me* 突兀自信的唱腔；还有在 *Under The Red Sky* 中诸如 *10,000 Men* 和 *2 × 2* 等用黑猫和扫帚之类旧语言演唱的新民谣。

在你听到他的音乐之前，*World Gone Wrong* 中 Dylan 自己写的专辑内页就已经得到了好评。这是他自 1974 年以来第一次写这种东西，内容占了整整一个封底。这一举动意义非凡，因为在 20 世纪 90 年代早期，Dylan 的形象正如 Don Was 在他制作 *Under The Red Sky* 时看到的那样——脸埋在灰色的帽衫里，呆滞而昏沉，没有人知道他在想什么。

专辑内页还有一个目的，就是将他编曲所用的资料都罗列出来，以回应对他在 *Good As I Been To You* 上剽窃的指控。更重要的是，它们反映出 Dylan 的思维仍然活跃。专辑中没有新歌词，这些话赋予了 *World Gone Wrong* 一个即时的创作环境，它们是和 Dylan 现在心里的想法。这些内页还分享了 Dylan 在 20 世纪 60 年代的一些散文创作，是一种对战后世界不满的宣言。他更加喜欢那个"在卓别林之前，在 *Wild One* 之前，在娱乐至死炸烂我们之前，当人们还唱着 *Mother The Queen Of My Heart* 时"的美国；演唱的这些歌曲也是对"以退为进⋯⋯在时间

的脸上胡乱放上几枪"的诠释。*Mississippi Sheiks* 堪称 Charlie Patton 在大萧条期间的表弟，他们的名曲 *Sittin' On Top Of The World* 收录在专辑 *Good As I Been To You* 中，同时还在这张专辑中提供了 *Wrong Gone Wrong* 和 *Blood In My Eyes* 两首歌，Dylan 在内页文中说他们"反对文化政策"。

这是一次相当精彩且极致的音乐评论，为 Dylan 的回忆录《编年史》的辉煌成就埋下了第一粒种子。这也使 Dylan 在 90 年代的余下时间更多地融入时代，那时候独立乡村音乐取代了 Grunge，而他不断奋战的老战友们也在回忆过往的原声专辑中绽放了自己的创作力，比如 Johnny Cash 的 *American Recordings*（1994）或者 Springsteen 的 *The Ghost Of Tom Joad*（1995）。

这张专辑在音乐方面也毫不逊色，包含 Dylan 两首最好的歌曲。*Blood In My Eye* 以一种悲伤的男声，唱出主角对和妓女发生关系的渴望。他低沉的声音伴着吉他的节奏，仿佛使我们真的感受到男主角可怜的尊严"回家去吧，戴上我的领带"，偷听到暗巷里的交易。但那女子却对他采取巧妙的避让（也可能是欺骗）态度，但男子却一再坚持。"你让我疯狂"唱出了男主角对欢愉的病态渴望，好像这是这女人的幸运，殊不知这让情况更糟。然后 Dylan

用一种绝望的态度结束了这段可怕的对话，最后一句"不在乎你到底是做什么的"，变得掷地有声。

Delia 也同样精彩，Dylan 首次演唱这首歌的时候，还是在 1960 年，那时他还是明尼苏达大学一名乳臭未干的学生。这首歌曲讲述了一个奇怪的爱情故事——一个爱赌博的女孩和枪杀她的男人，男子最终被判了 99 年监禁，由一个身份不明的叙述者讲述，歌曲中匹克吉他的伴奏相当好听。让人铭记的是，当时已经 52 岁的 Dylan 一遍遍地重复着"我所有的朋友都已离去"，语气中暗含空虚、疲惫和孤独。*World Gone Wrong* 这首歌是用一种吐露秘密般的轻声哼唱演绎出来的，同样也是一首沉重的悔恨之歌。而 *Stack A Lee* 则节奏极快，正好与主人公遭遇的突发暴力事件相吻合，这一特点和 *Lovely Henry* 的复仇女友如出一辙。从内战屠杀主题的 *Two Soldiers* 到悲伤的 *Lone Pilgrim*，死亡开始堆积，仿佛声音是从坟墓中传出来的一样。

World Gone Wrong 向粉丝证实了 Dylan 的创造力犹在，但是再一次被大家无情忽略。在美国，它只排到音乐榜的第 70 名，这是他迄今为止最差的成绩。由于没有新歌，我们很难知道他的下一步计划是什么。可是，距离他全胜回归大概还有很长一段路要走。

发行日期 30 | SEPTEMBER | 1997

TIME OUT OF MIND

· 被遗忘的时光 ·

黑暗还没到来！
复兴的热情已经点燃，带着人皆有死命运的悲凉和中年的焦虑。

ANDREW MUELLER

在 Bob Dylan 异常活跃、作品产量颇丰的 20 世纪 60 年代，他发行 *Blonde On Blonde* 和 *John Wesley Harding* 之间竟然间隔了整整 19 个月，虽然部分原因仅仅是由于一次摩托车事故，但是，这已经足以使得外界盛传 Dylan 可能永远不会再回来，或者至少他不会再像以前那样活跃于公众面前。

1997 年发行的 *Time Out Of Mind*，是 Bob Dylan 七年以来首张原创专辑——至于上一张尴尬又毫无重点的专辑 *Under The Red Sky*，只有那些想找茬儿打架的人，才会认为那是 Dylan 最好的作品（或者说最不乱七八糟的作品）。在两张乡村音乐翻唱专辑之后，*Time Out Of Mind* 来了，让人不禁觉得这是曾经的冠军想要重夺名誉所进行的背水一战，尤其是对于 Bob Dylan 这样一个已经被认为其巅峰时期已经过去的人而言，尤其重要。

在那样的背景之下，*Time Out Of Mind* 带来一个可以被理解的安全选择，它在许多方面都很像 Dylan 上一张多少受到一致好评的专辑——1989 年发布的那张庄严的 *Oh Mercy*。Dylan 重新邀请 Daniel Lanois 担任专辑制作人，并重新回到忧郁的布鲁斯风格。不过，他似乎有一种观点，认为质量不够，那就数量来凑。11 首歌加在一起几乎达到 73 分钟，而导致专辑平均时长猛增的最后一首歌曲 *Highlands* 甚至耗掉了其中的 16 分钟半。这充分表明，Dylan 仍然坚定地认为，即便他（再次）失败，原因也绝不会是因为他缺乏雄心！

这张专辑所有外在信息，都暗示出它会成为伟大（甚至威严）作品的征兆——它的长度，它的普通又神秘的名字，以及 Dylan 的黑白照片（不过 Dylan 可能需要稍微注意一下拼写，比如把 Gretsch 和乐手名单中键盘手的 Jim Dickinson 的姓拼对）。事实证明，专辑的一切外包装并没有误导人——这张专辑充满了对人皆有死命运的伤感、私人化而且通常十分深刻的探讨，并且也承认，人的这种脆弱性，连 Bob Dylan 都无法避免。不过讽刺的是，专辑最后史诗般的结尾却是 Dylan 唯一一次充满戏谑的表演。尽管歌曲非常沉重，像专辑大部分歌曲一样，都是忧虑人如何在有限的时间做正确的事情这一类"派对要结束了，想要说的越来越少"（The party's over, and there's less and less to say）——但 Dylan 还使用了七个段落，回顾了自己和波士顿的一位女侍者讨论鸡蛋、艺术和女权主义文学的事情。

Time Out Of Mind 中许多歌曲都表达了 Dylan 的自我思考，充满着后悔和烦躁，就像所有五十多岁的男人那样。这张专辑的内容就是中年男人的写照：这个家伙终于认识到，第一，自己不能改变世界，就算能也没多少；第二，他也不知道从哪儿开始去改变了。Dylan 在 *Time Out Of Mind* 这张专辑，退回到了他充满悔恨和忧伤的私人世界中。开场歌曲 *Love Sick* 从歌名开始，就表明了这样的关注：在昏沉的风琴声和狂躁的吉他声中，扭曲的 Dylan 咆哮着，清晰地表达了自己的想法——"我厌倦了爱，却又在爱之中"（I'm sick of love, but I'm in the thick of it）。

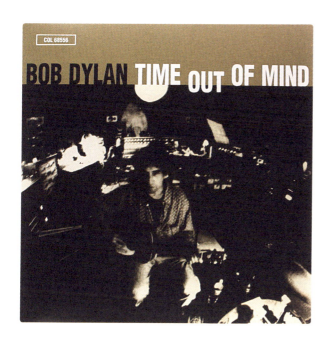

COL 68556

BOB DYLAN TIME OUT OF MIND

其他表达爱情的歌曲，虽然没那么令人沮丧，但是也没有一首会被当成 *You Are My Sunshine* 这种类型的歌曲。*'Til I Fell In Love With You* 是一曲忧伤的布鲁斯，Bob Dylan 在歌中运用了大量跟心碎相关的表达，比如"好吧，垃圾堆成小山，占据空间，我感觉我的眼睛掉出了眼眶"（Well, junk's piling up, taking up space. My eyes feel like they've fallen off my face）。

Make You Feel My Love 听起来像是 Dylan 想尝试写一首经久不衰的伤感情歌，类似 *Bridge Over Troubled Water*、*Unchained Melody*，甚至是 *(Everything I Do) I Do It For You*，可以成为无数情侣第一支舞的伴奏。从这个角度上来说，这首歌是成功了。*Make You Feel My Love* 之后被 Billy Joel、Garth Brooks 和 Adele 等很多歌手都翻唱过。不过，说这歌听起来更符合那些翻唱者的风格，而不是 Dylan 的歌曲，其实并不算是一种赞誉。尽管 Bob Dylan 在 20 世纪 90 年代几乎没有什么作品，但是他的歌迷，再怎样也有权听到点儿比"当大雨打在你的脸上，什么都与你作对的时候，我仍然会给你一个温暖的拥抱"（When the rain is blowing in your face, and the whole world is on your case, I could offer you a warm embrace）更好些的歌词吧——要是某个见习文案写出这样的开场段落，早被扔下贺曼公司的台阶了。

不过，至少 *Make You Feel My Love* 的时间并不长，这一点还是值得肯定的——专辑中的其他歌曲就不能这么说了。太多有潜力、有力量的歌曲——斗胆说一句，要求 Dylan 稍微缩减一下歌曲的时长，肯定是件叫人畏惧的事——都被允许超过了它们本应有的时长。*Standing In The Doorway* 虽然好，但是也没好到需要有八分钟才能唱完。*Million Miles* 本是一首性感的布鲁斯音乐，歌曲的演唱时间差不多歌名所说的"百万英里"一样长了，着实莫名其妙。但是如更加欢快、更好的歌曲 *Dirt Road Blues* 表明的。对于 Bob Dylan 来说，简洁并不是他难以企及的。

能给予 *Time Out Of Mind* 的最高评价，可能是它和 Bob Dylan 焦急的粉丝们所疯狂期盼的一样好。*Tryin' To Get To Heaven* 很棒，伴奏有着 Lanois 标志性的风格：在黑暗中那种阴森森的感觉——让人想起 *Oh Mercy* 中 *What Good Am I?* 或者是 *Ring Them Bells* 等歌曲。*Cold Irons Bound* 是一首听起来略感愤怒、狂躁的布鲁斯，火热沸腾的七分钟反倒让人觉得有点儿短。在这首歌中，Bob Dylan 为一些情感上的背叛找到了宣泄的出口，如"有太多人可以忆起，我曾认为他们是我的朋友，然而，是我想错了"（There's too many people, too many to recall, I thought some of 'em were friends of mine, I was wrong about 'em all）。*Not Dark Yet* 是一首平静、美妙的挽歌，感叹了许多错失的可能，是专辑中让人感到以前的那个 Dylan 又回来了的一首歌。"现在还没有步入黑暗，但是快了"（It's not dark yet, but it's getting there）。Dylan 发着牢骚，在慢慢快要熄灭的灯光中，嘟囔个不停。

发行日期 11 | SEPTEMBER | 2001

"LOVE AND THEFT"

· 爱与偷窃 ·

旧时光的拼贴，魔术师用高超的手法布设下各种暗示，喧嚣的谜题和真正的 Dylan 经典。

DAMIEN LOVE

"音乐是一张电网，歌词就是承载一切的底座。我更愿意把它当作一个没有热门单曲的精选集。"
——Dylan 在 2001 年接受《今日美国》采访时如是说

"Bukka White 曾经唱过 'Po' Boy'，这是一首原型式的传统民谣。民谣收集者们发现，这首歌曲在 20 世纪风行美国南部腹地。每个歌手都有自己的演绎方式，他们自己填词或用不同方式演唱。但它们都叫 'Po' Boy'。"
——Alexis Korner, *BBC The Devil's Music* 系列（1979）

"成熟的诗人都会偷。"
——艾略特,《圣林》(*The Sacred Wood*)（1920）

"客房服务给我来个大点儿的房。"
——Groucho Marx,《客房服务》(*Room Service*)（1938）

Dylan 的所有专辑中只有这张的名称有一对引号。2001 年 5 月，Dylan 即将 60 岁的时候，他和训练有素的巡演乐队，在纽约录制了他的第 31 张专辑，名字叫 "*Love And Theft*"（要加引号）。这个名字可能取自美国学者 Eric Lott 出版于 1993 年的作品《爱与盗窃：黑人吟游诗人与美国的工人阶级》。这本书追溯了美国穷苦白人在巡回演出中扮演黑人，表演黑奴歌曲的历史。当然，黑人表演者有时也会扮演黑人，搞得观众也分辨不出他们到底是白还是黑。这样的表演引发的是一种怪异、杂乱的挪用与化妆的循环，成为整个美国流行文化混杂历史的一个特征。

相对专辑名称而言，引号才是关键。听第一遍时，音乐的美妙、奇特、活泼让人震惊，同时，你会注意到对其他歌曲和文本的致敬在歌词中缓缓飘过，正如 Dylan 的其他歌曲一样。你听到的是你熟悉的东西。因此，你可能在 *Tweedle Dee* 和 *High Water* 中感受到 Robert Johnson 的 *Love Zin Vain* 和 *Dust My Broom* 的回声。而且，还很可能忽忽觉得后者怎么突然好像成了 *The Coo Coo Bird* 这首奇怪的古老民谣，这首歌最著名的版本应该是 Harry Smith 的 *Anthology* 中收录的那首。又可能，你发现与 *Lonesome Day Blues* 和 Muddy Waters 在 1951 年推出的那首 *Lonesome Day* 开头几句句相同，而且又会想到他是从 *The Mississippi Sheiks* 得到的灵感。或许，你还会在听 *Summer Days* 时，惊奇地发现，当别人告诉他 "你不能复制过去" 的时候，我们那位身着黑人祖特装的主角有些震惊，甩开跳跃布鲁斯的节奏，像盖茨比一样噼里啪啦地说："你不能? 你不能是什么意思? 你当然可以！"

这张专辑听得越久，我们便越会发现 Dylan 在专辑中到底窃取多少内容。*Tweedle Dee* 借用了 Johnny & Jack 少有人知的 1961 年单曲 *Uncle John's Bongos* 的曲调和编曲，*Mississipp* 像极了 Alan Lomax 在 20 世纪 40 年代录制的监狱里的音乐，*Floater* 中的乡村超现实主义则可以追溯到 1932 年 Bing Crosby 演唱的 *Snuggled On Your Shoulder*，*Moonlight* 和 30 年代的 *Memories of You* 很像，史诗般的最后一首歌 *Sugar Baby* 则是仿照 Gene Austin 的 *Lonesome Road*，等等。专辑的部分歌词改编自 Jinichi Saga 在 1991 年的小说 *Confessions Of A*

Columbia CK 85975
BOB DYLAN
"Love And Theft"

Yakuza 的传言出现后，引发了争议。但对 Dylan 的粉丝来讲，这一点儿都不新鲜，他们都记得 Dylan 在 80 年代唱片中引用过电影《盖世枭雄》(*Key Largo*) 和《马耳他之鹰》(*The Maltese Falcon*) 的内容，甚至还直接引用了《星际迷航》中的对话。同时，Dylan 像之前其他布鲁斯、民谣和山地摇滚乐的老乐手一样，从一开始就在使用别人的曲调。比如在他的首张专辑中，*Song for Woody* 就模仿了 Guthrie 的 *1913 Massacre*，还将 Everlys 的 *Wake Up Little Susie* 用在了歌曲 *Highway 51* 中。唯一不同的是拼接的规模和密度：事还是同样的事，只是程度不同。揭露材料来源是一件令人着迷的事情：只要看看 *Po' Boy* 怎样在三行中从 Baudelaire 的 "时光与爱用巨爪为我烙印" (Time and love has branded me with its claws)，跳到 *Blind Willie McTell* 的 "去佛罗里达逃避乔治亚的法律" (Had to go to Florida dodging them Georgia laws) 再到 Groucho Marx，就知道了。(*Po' Boy* 的曲调来源于 *Wanderin'*，首先被诗人兼民俗学家 Carl Sandburg 在 1927 年收录于 *An American Songbag* 一书。在书的前言中，Sandburg 写道，两个音乐家打官司，都声称 *Livery Stable Blues* 是自己的作品：" 未来还将看到许多争议。")

但是，对于这些来源的搜集不应掩饰 Dylan 真正的贡献：他从中取材并在自己的 "电网" 中创造了古怪而令人共鸣的奇妙氛围。封面上的引号开诚布公地让人注意到了他的取材方法。可是即便如此，纵然你知道他在做什么，你也无法知道他是如何做到的 (在 "*Love And Theft*" 的电视广告中，Dylan 和著名魔术师 Ricky Jay 一起打扑克)。

最终的效果上是一种听觉上的哥特式美式乡村风格，与 Marx Ernst 在 20 世纪 30 年代通过疯狂拼贴维多利亚时代小说插图所创作的令人不安的诡秘超现实主义漫画一脉相承。它看起来是旧时代的，而后你会发现其中其实有着某种古怪的深层内涵。

当然，你还会发现其他一些东西。跟随他的引导去听一下 *Lonesome Day Blues*，歌中的 Dylan 咆哮着、哀号着——从 1966 年之后，他还没怎么在录音棚中这样演唱过。除了其中的狂暴、断断续续的布鲁斯、博采众长和歌词中出现的众多人物，还有那些傻傻的玩笑和闪闪烁烁、萦绕其中的哈克费恩历险记式的荒谬，"*Love And Theft*" 最突出的一点就是，它就是你期待中创作过 *Highway 61 Revisited*、*Blonde On Blonde* 和 *The Basement Tapes* 的这位艺术家会在 35 年后所能创作的那种专辑。已经年届 60 年代成了自己的制作人的 Dylan，在专辑中突然间找回了他在 60 年代的那种感觉，就好像他终于发觉如何才能有意地创作出他之前不经意就能创作的作品。这条炼金术等式奠定了 Dylanz 在 21 世纪的基调：*ModernTimes*、*Together Through Life*、*Tempest*、*Masked And Anonymous* 和 *Theme Time Radio Hour*，都是从 "*Love And Theft*" 中爆发出来，甚至 *Shadows In The Night* 中的黑色梦幻时光也在它的蒙荫之下。"*Love And Theft*" 把旧作品拿来重新制作。*Shadows* 则拿下了面具。无论有多少千丝万缕的联系，"*Love And Theft*" 始终独立、固执地保持着神秘。作为 Dylan 最优秀的唱片之一，它当之无愧。

MODERN TIMES

· 摩登时代 ·

魔术师杰出的演出还在继续。
本次的音乐家包括奥维德、Henry Timrod 和世界上最棒的酒吧乐队。

BUD SCOPPA

Modern Times 为我们了解 Bob Dylan 事业后期的复兴提供了更多的证据，很多 Dylan 爱好者把它看作 Dylan 思考后 1/4 人生之三部曲的最后一部，尽管他距离这个话题的终结还很远。从 "*Love And Theft*" 发行到 2008 年 6 月 *Modern Times* 发行的 5 年中，发生了许多事情：他参与了（这在当时还是很出人意料的）马丁·斯科塞斯拍摄的纪录片《没有家的方向》（*No Direction Home*）；2005 年，他的《编年史》第一卷得以出版；他主持的节目 *Theme Time Radio Hour* 在 2006 年 5 月首次播出。在这个背景下，*Modern Times* 也是第一张出现在 Dylan 正在进行的 *Big Reveal* 中的专辑，他在这张专辑中透露素材来源的程度胜过之前任何一张唱片，尽管它的兄弟专辑 "*Love And Theft*" 已为这次激进的曝光派对搭好了舞台。

虽然有些延迟，魔术师还是果断地打开了他的魔术袋。正如他 2015 年当选格莱美音乐年度关怀人物时所发表的杰出独白那样，Dylan 仿佛乐于 "搞乱期待"。"我的这些歌就如同神秘事件一样，就是莎士比亚成长过程中见到的那种。" 他当时说道。2011 年，在一次关于他的画作的采访中（他的 *Big Reveal* 中另一个引人注意的部分，在这一部分中他指出了音乐中引以为豪的 "引用" 传统），Dylan 从另一个角度阐释了这个问题。"圣保罗说我们透过一面模糊的镜子看世界。在大自然和我们的日常生活中隐藏着许许多多的秘密。有些人不敢面对，我则和他们不同。" *Modern Times* 中充满了这类主题。同 "*Love And Theft*" 一样，*Modern Times* 运用了大量暗示、引用、反映、折射和哗众取宠的技巧。学术界称其引用了从奥维德到 Henry Timrod 的作品，然而这并不能成为你被这张专辑吸引的先决条件。*Modern Times* 的人性、音乐的活泼性以及无休止的长篇大论真是太让人愉快了。简直可以让听者放下查找出处的游戏，只跟着它摇摆，随意地领会它诠释的内容，或快或慢地扭动舞步，让神秘下意识地流淌出来，就行了。

当然，*Modern Times* 非常注意歌曲细节，毕竟这是 Bob Dylan 的专辑，但是它也有他所组建的世界级酒吧乐队那种永远在变化的特征。在这个他所组建的乐队中，只有贝斯手 Tony Garnier 曾经参加过之前专辑的制作。但是，它在乐手水平方面并没有下降，表演者们再次采用了全部乐器同时在现场录制到模拟磁带上的方式。这些表演者技艺高超且充满热情，采用 1964 滚石乐队的方式，把 Chuck Berry 式的连复段，运用到了开场曲 *Thunder On The Mountain* 当中，又将 Muddy Waters 的乐队，以及迪伦在自己的专辑 *Highway 61 Revisited* 中的乐队的做法，借鉴到了 *Rollin' And Tumblin'*、*Someday Baby* 和 *The Levee's Gonna Break* 中。在 *Beyond The Horizon* 中，他们又扮演成一支婚礼乐队，当最后一首旋律缓缓响起，我们很容易想象一个小型的伴奏乐团，尽职地按照要求演奏着，新娘和父亲在原本空荡荡的舞池里缓缓移动着，旁边的人泪眼婆娑地看着。通过这些，做为主唱的 Dylan 轻描淡写地表达出同等程度的伤感和讽刺，且毫不在意这两种情感同时迸发产生的矛盾。

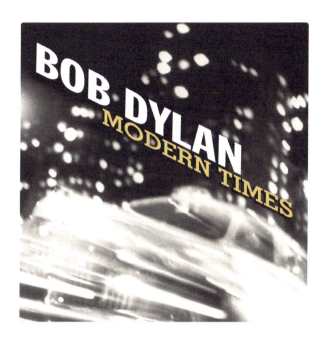

Dylan 在他前 3/4 的生命中不断受到批判，因为他总是去追求比他小很多的年轻女人。女歌手 Alicia Keys 突然出现在开场单曲 *Thunder On The Mountain* 的头几句中。对于接下来的两首歌，在 *Rollin' And Tumblin'* 中，他坦白道："某个年轻的懒婆娘令我冲昏了头脑（Some young lazy slut has charmed away my brains）。"但是，在这些充斥着性欲描述的歌曲之间，*Spirit On The Water* 则是一首轻柔、心安的曲目，它的旋律像是一对情侣手牵手在开满野花的草地上缓缓散步，随着歌曲的结束，他们也停下了脚步。"我想在天堂中和你在一起"（I wanna be with you in paradise），热情的声音荡漾着，"看起来不太公平，我再不能回到天堂，我在那儿杀了一个人"（and it seems so unfair, I can't go back to paradise no more, I killed a man back there）。他看起来并不懊悔，也不在意是否因为触犯戒律而遭受惩罚，他仅仅因为他和爱人将永远分离而感到绝望。

这是否是 20 世纪 80 年代早期的基督徒 Bob 的回声？或者说，是一个像 Chandler 或希区柯克那样，擅长在高潮中进行反转的叙事大师的绝招？再或者，这个 65 岁老人脸上的皱纹可以作为一种隐喻，预示着他原谅了自己的罪行，并且珍惜发生过的点点滴滴？

我们并不知晓，他也没有告诉我们。可能他会在第二卷或者第三卷给我们一个答案。在天空变得昏暗之前，Dylan 把他的人生壁炉烧得噼啪作响，他通过换歌系列 *Beyond* *The Horizon*、*Workingman's Blues #2* 和 *Nettie Moore* 来追逐潮流。如果他的上一张专辑 *High Water（For Charley Patton）* 是诡异的先知的话，歌曲 *The Levee's Gonna Break* 可以称作对于飓风卡特里娜灾难的第一手报道。在最后的 *Ain't Talking* 中，情况变得更加黑暗，在这首恪守《圣经》、启示录般引发幻觉的史诗作品中，你会发现深夜人静时，叙述者在"神秘花园"里踱来踱去。当他向着神秘的未知境地前进的时候，他在执行某项先定的任务，好像自由意志本身是个谎言，引用 Dylan 的助手和他在 Subud 时的临时合作者 Roger McGuinn 的话来说，一切都在正常轨道上。

在无望之地的无声行走末端，经历了混乱，就像 Cormac McCarthy 的作品 *The Road* 中描绘的那样绝对——正如他自己说的"强忍牙疼般的脚痛向前走着"（Walkin' with a toothache in my heel）。眼睛细长的主人公不断地向前，"直到 [他] 消失得无影无踪（'til [he's] clean out of sight）"。虚无就像那神秘花园，毫无生气，甚至"花匠都不知所终"（the gardener is gone）。如果你仔细思考，你会发现这个完全相对性的结局像是库布里克的作品《2001太空漫游》、冯内古特的《第五屠场》时空转换结局的翻版。

Dylan 在格莱美音乐年度关怀人物演讲时，借用了古老的杂耍妙语，他告诉大家他要"在鞋子里放一个鸡蛋，然后击碎它"（put an egg in my shoe and beat it）。引用依旧，神秘是他最后的话语。

发行日期 28 | APRIL | 2009

TOGETHER THROUGH LIFE

· 生死与共 ·

一份随便的电影原声辑工作变成另一块宝石。
欢迎来到老 Bob 的激进公路旅馆！

JOHN ROBINSON

这是另一种风格的 Bob Dylan。他过去一直对于外界对自己举动的解读不甚满意，现在终于适应了比如给 iPod 或凯迪拉克拍广告（"没有偶尔走弯路叫什么生活？"他曾在 2007 年近乎莫名其妙地说），又或许是主持一个电台节目，或者穿得像个纳什维尔的皮条客，又或者享受他的后"编年史"放下戒备的状态。说到底,还能有什么最糟的？最糟糕的事情是什么?

"我在听 Billy Joe Shaver…"他在 2009 年专辑的最后嘶哑地说，一天的第四部分也过去了，惺惺相惜的酒吧乐队在他身后。"……我正在读乔伊斯。"好像他终于决定要回答 1965 年在一次采访中提到的传记问题。他还在继续，描述着他 69 岁那年嗓音有什么样的变化 : "有人说我的嗓音有着土地的血脉……"

伴随专辑一同出现的还有一次发行前的简要访谈，采访者是记者兼制作人 Bill Flanagan。他们之间的谈话有趣而坦诚，明显引出了关于歌曲 This Dream Of You 的答案，这是专辑中唯一一首不是和 Grateful Dead 乐队的歌词作者 Robert Hunter 合作的歌。Dylan 对《奥巴马自传 : 我父亲的梦想》（Dreams From My Father: A Story of Race and Inheritance）很感兴趣，并且乐于解释自己的新歌。他向 Flanagan 解释说，歌曲中的那个角色并不一定要在路边或者其他什么地方。这不像一部电影，如果听众对角色的感受做出反应，角色就存在 ; 如果听众没有反应 , 他就不存在。

如果我们能从 Dylan 的这张专辑中感知什么的话，那就是 Dylan 不再躲避或者操纵人们对他音乐的反应。同样，他对专辑的由来也不再隐瞒。当时，他并没有录制新专辑的计划，直到法国导演 Olivier Dahan 邀请他为电影《我自己的情歌》（My Own Love Song）创作一首歌曲，情况才有了转机 。因此，我们必须要感谢这部由 Forest Whitaker 和 Renée Zellweger 出演的，介乎于 Beaches 和电影版的 Porridge 之间的公路电影。

尽管从这点来看，整个故事很有深意。Bob Dylan 可以接活儿了。Together Through Life 本身就像在某个概念旅馆中现场录制的专辑。汗水从墙上滚落下来，乐队在跳跃，笑话都是粗俗的。这张专辑的制作人是 Jack Frost（也就是 Dylan 本人），但大部分的功劳应该归功于录音师兼混音师 David Bianco。他为 Pro-Tools 软件本可能平平无奇的现代录音之声带来了 Sun 或者 Chess 唱片公司当年那种录音一次就过的感觉，满足了 Dylan 对专辑的感觉，这也是这张专辑最大的优点之一。Dylan 说 : "乐器也是沿用这种方法演奏。"确实如此。但是，当内敛的西部乐队悲叹地唱着 This Dream of You 和 Forgetful Heart 的时候，Mick Campbell（来自 Heartbreaker，演奏吉他等）和 David Hidalgo（来自 Los Lobos 乐队，手风琴乐手）的加入，提供了 MTV 后朋克的新鲜感，以及专辑需要的那种直接的感觉。

这张专辑中有摇摆布鲁斯（Shake Shake Mama），有时

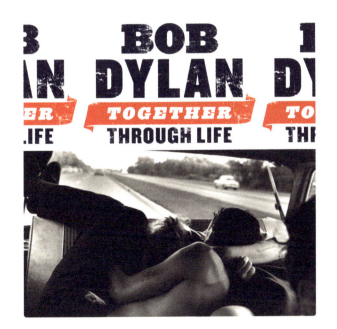

还有笑话掺杂其中（*My Wife's Home Town*），它从头到尾交织着日常生活中的汗水、欲望和污垢。实际上，如果你在听那首焦灼的开头曲目 *Beyond Here Lies Nothing* 的话，你会发现，Dylan 的叙述者正处于 Daniel Lenois 和 John Hillcoat 重新想象下的美国墨西哥边境，在烧焦的汽车之间移动，我们恰恰正在 *Modern Times* 中停止的地方拾起衰退时期的布吉乐。

不过，要是这么下结论可就完全错了。在上一张专辑中，迪伦用经济报道将听众带到了时事中，相比之下，*Together Through Life* 更加神秘而浪漫，其中 Dylan 的动作触发了痛苦回忆，像盎格鲁撒克逊诗歌一样。就像垂死的 Johnny Cash 在视频 *Hurt* 中将自己一生的瞬间存入 House Of Cash 博物馆，Dylan 在这里也存入了自己的记忆。这些不是发生在我们生命中的事情，但我们应学会如何应对他们。*Life Is Hard* 这首歌就进入了这一反思领域，并且运用了很多 20 世纪 50 年代的经典民谣。Dylan 在之后的专辑 *Tempest* 的 *Soon After Midnight* 等歌曲中对其进行了颠覆。在这首歌中，伴随着 Mick Campell 的曼陀林，Dylan 回忆了一些熟悉的地方并且承认他失去爱情时的痛苦，很有可能是青春不复的痛苦。过去带不来任何慰藉。"我感到一阵冷风吹过（I feel a chilly breeze）"，他低声吟唱着，"在我的记忆之中……（in place of memories…）"

除了温暖的音色和逼真的表演，*Together Through Life*

还有优美的节奏。Willie Dixon 风格、唱给岳母的布鲁斯的 *My Wife's Home Town*（"家乡"是"地狱"——倘若你想知道的话）打破了反思情绪，正如散布在专辑当中的其他布鲁斯摇滚一样。*Jolene* 唱出了 Godard 在电影中的思想（你需要的仅仅是姑娘和枪）。*Shake Shake Mama* 虽然狂躁，但仍旧能发现演唱者几次"登上心碎坡"。

记忆是你永远不想遇见的好友。它们插入了流浪主题的 *If You Ever Go To Houston*，"把它们放进一个瓶子中，拧紧瓶盖（Put them in a bottle, screw the lid on tight）"。在 *Forgetful Heart* 中，Dylan 把一首跟踪者的午夜摇滚变成了苏格拉底式的对话，思想指责心灵的热情和混乱，而后思想留下，弄清意义所在。

I Feel A Change Coming On 是一首睿智而有力的作品。作为倒数第二首歌，它再次确立了我们在之前半个小时听到的那个歌者的权威。Billy Joe Shaver、乔伊斯、土地。所以，在最后一首歌 *It's All Good* 中，当他在活泼的 *Modern Tines* 式的音符中，纵览了世界的混乱，并大喊"这太棒了"时，Bob Dylan 变了，他变得成熟了，成了一个现实主义者。他节制了自己的期望，将业已成熟的愤怒和怀疑化作了某种坚韧的平和。这首歌的副歌段重复着标题，It's All Good，这句话后来流行起来，人尽皆知。它也表明了 Dylan 开始扮演一个漫画式的 Dylan，简直有《黑道家族》的感觉。这无疑是一个不同的 Bob Dylan，好在并不是那么不同。

发行日期 13 | OCTOBER | 2009

CHRISTMAS IN THE HEART

· 心中的圣诞节 ·

吝啬鬼变成了慷慨的圣诞老人，驯鹿将至。

JOHN LEWIS

"马上，我们的盛大表演就要淹没在圣诞主题、假期美梦和铃铛方案中了。"一个沙哑的声音喘着粗气说，"所以，带上你们的蛋酒和槲寄生，坐下来放松一下，跟着我和驯鹿鲁道夫出发吧！"

这听起来像有人做了个夸张搞笑的 Bob Dylan 模仿秀，但事实上，这是 Bob Dylan 在主持他的电台节目 *Theme Time Radio Hour*。这个节目他从 2006 年做到了 2009 年，本次节目是圣诞特别版。在接下来的两个小时里，他混合着播放了一些节目唱片，从 Lead Belly 的 *Christmas Is A-Coming*（1941）到 Staples Singer 的 *Who Took The Merry Out Of Christmas* (1970)，其间穿插着诗歌、无花果布丁食谱和关于录音的一些逸闻趣事（"它听起来像是 Farfisa 电风琴。"他对 The Sonic 在 1965 年发行的顿足爵士乐 *Don't Believe In Christmas* 中的风琴演奏如此评价道，"可实际上，这是 B3 型号的。"）

Dylan 在 2009 年 4 月录制了最后一期电台节目，不过你可以把专辑 *Christmas In The Heart* 看作他的最后一期圣诞专题。只是这一次，他没有和制作人 Eddie Gorodetsky 一起翻箱倒柜，寻找布满灰尘的老 78 转唱片，而是自己来演唱。在专辑 *Christmas In The Heart* 中，怀旧的 68 岁收藏者 Dylan，试图重新构造出 Norman Rockwell 画作中的意境。专辑封面是一封复古圣诞卡，内页上是半裸的、穿着不雅圣诞老人套装的 Betty Page。整个封面设计体现出对更简单、更健全的美国的向往，而此前，像他这样的垮掉派和嬉皮士一起毁掉了它。

几个月之前，他曾和同一支乐队合作录制 *Together Through Life*，这次又加入了两个成员——灵魂吉他老手 Phil Upchurch 和录音室钢琴师 Patrick Warren，为偏爵士风的曲目注入了一抹亮色。最主要的是，这张专辑在情绪上是健康的"城市乡村乐"——叽叽喳喳的背景人声，夏威夷吉他的叹息声，绚丽的小提琴和隆隆作响的节奏组。在专辑问世之前，有不少嘲笑声。有人认为 Dylan 录制圣诞节专辑是放弃信誉，他们可能并没有意识到，诸如 Willie Nelson、James Brown、The Beach Boys 和 Ray Charles 等明星都曾经录制过一张圣诞专辑，Elvis Presley 录过两张，而 Johnny Cash 则录制过三张。

看作他的，这张专辑最大的问题是那些最虔诚的圣诞颂歌。当 Dylan 用拉丁文刚刚唱出 *O Come All Ye Faithful* 的第一句（"Ven-EE-tay ador-ay- MOOOSE"）时，我们有理由相信他在戏谑。而当他演唱 *Hark The Herald Angels Sing* 的时候，听起来就像一个伤感的酒鬼，闯入了清一色美女的无伴奏合唱。而且，他在唱 *The First Noel* 时，就算不咆哮也能唱上去最高音，这意味着他那气喘的牛蛙式演唱并不是必须的。

然而，事实上，Dylan 的声音在这张专辑里就算再糟糕也是很好听的，演绎那些听厌的慢节奏应季歌曲时，他喘着气的嗓音听上去十分感人。"二战"时期的民谣 *I'll Be Home For Christmas* 有着相似的编曲，但是不同于 Bing Crosby 轻柔的低唱，Dylan 这里采用的 Tom Waits 式的渴望，才是演绎这种心碎情感最好的方法："我要

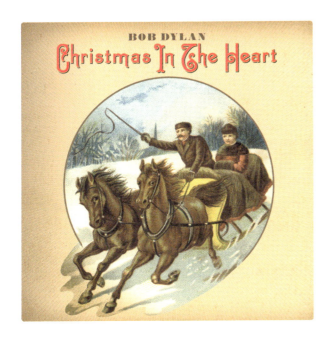

回家过圣诞节，也许只能在我的梦里（I'll be home for Christmas, if only in my dreams）。" 在 Mel Torme 的 *The Christmas Song* 中，有着混乱却有趣的和弦变化——罕见的八小节前奏中，Dylan 仿佛有痰一般沙哑的嗓音，将歌曲演绎得更加令人感动。

这种嗓音同样适用于 Sammy Cahn 优美悲伤的歌曲 *Christmas Blues*，"当礼物清单上一个人都没有的时候，圣诞节购物有什么用"（What's the use in Christmas shopping/When there's no-one on your list）。哪怕是 Dylan 在 *Have Yourself A Merry Little Christmas* 中随意断句，和弦和情感也堪称完美。这可不是什么刻奇，它们是 *The Great American Songbook* 中的中流砥柱，如今我们正从新角度来欣赏它们。

当 Dylan 不够专注于通常真正的时代风格时，有些歌曲就会出现小的偏差。比如 *Winter Wonderland* 在 Phi Spector 的雪橇铃声中开场，然后加入了 Chet Atkins 的拨弦声，之后是 Boswell Sisters 的风格。*Little Drummer Boy*，它听上去像悦耳但可能不够妥当的丧葬歌。而 Bing Crosby 催人泪下的华尔兹舞曲 *Silver Bells*，节奏则有点太快了，虽然有不少放克吉他乐句，*Do You Hear What I Hear* 听起来又有些傻。

专辑中有首不出名的曲目 *Christmas Island*，这是一首酒馆风格的战时标准曲，由 Andrews Sisters 在 1946 年第一次演唱（1960 年被 Ella Fitzgerald 翻唱）。Dylan 以

Donnie Herron 清脆的夏威夷吉他与和谐的 Aloha 伴唱为基础，将这首歌曲改编成一首 Martin Denny 风格的异国情调歌曲。"你想不想把长袜挂在一棵大椰子树上？"这样的歌词让人浮想联翩：身着黑衣的 Dylan 在毛伊岛海滩的泳池边，喝着蓝色夏威夷，周围是跳着草裙舞的舞者。

专辑中最好的一首歌当属 *Must Be Santa*。这首歌因 1960 年 Mitch Mille（美国版）和 Tommy Steele（英国版）的演唱而流行。Dylan 在他的电台节目里播放过来自得州的 Brave Combo 乐队演唱的版本。但是专辑里，来自 Los Lobos 乐队的 David Hidalgo 将 Brave Combo 的墨西哥流浪乐队风格小号换成了热情洋溢的手风琴，最终的效果介于 The Pogues 的 *Fiesta* 和 Los Lobos 的 *Anselma* 之间。这绝对是首滑稽的歌，特别是当 Dylan 开始把玩歌词的时候："驯鹿、舞者、欢腾者、泼妇；艾森豪威尔、肯尼迪、约翰逊、尼克松；驯鹿、舞者、欢腾者、泼妇；卡特、里根、布什和克林顿（Dasher, Dancer, Prancer, Vixen/Eisenhower, Kennedy, Johnson, Nixon/Dasher, Dancer, Prancer, Vixen/Carter, Reagan, Bush and Clinton）。"

当然，这张专辑所有的收入都将永久地捐献给帮助无家可归的难民的慈善机构：消除美国饥饿组织（Feeding America）、英国的 Crisis、联合国世界粮食计划署。而 Dylan 本人，也从长期以来的吝啬鬼成功转型成为令人喜爱的美国圣诞老人。这是烤栗子在火中爆裂开的声音，Jack Frost 挠着自己的脖子。

TEMPEST

· 暴风雨 ·

**欺骗的女人、复仇的神灵和惊人的死亡人数……
Dylan 宏伟的第 35 张唱片。**

PETER WATTS

"世界上最大的隐喻撞上了冰山。"讽刺报纸《洋葱新闻》(The Onion) 如此看待泰坦尼克号的沉没。所以,当 Bob Dylan 在专辑的标题曲中,将注意力转向那场百年悲剧时,我们都想知道什么样的教训、讯息、寓意与主题会被刻画出来。但故事展开后,引人入胜的十四多分钟与整整四十五段近乎快活的歌词,显现出 Dylan 讲起故事来令人惊讶地直率。他到乘客那儿记录下他们在灾难逼近时的不同反应,并用冷酷但如实的言语描述一步一步的下沉连接到一起,然后耸耸肩总结道:"上帝手上的裁决,无法理解 (There is no understanding/On the judgement of God's hand)。"上帝变化莫测,Dylan 亦是。

死亡、上帝和性,是 Dylan 在他第三十五张专辑 Tempest 里头,反复言说、无法回避也难以估量的三件套。继 Christmas In The Heart 这张充满欢快的意外作品后,Tempest 是自 Time Our Of Mind 以来那种感觉的回归。专辑在位于圣莫妮卡的 Jackson Browne 录音室录制,乐队多数是 Modern Times 的原班人马,以及多乐器演奏家 Dave Hidalgo,和代替 Danny Freeman 的吉他手 Charlie Sexton。专辑听起来广阔、硬气,就像老朋友之间严格编排的即兴表演。那营火般的氛围,部分是使用录音师 Scott Litt 的两只纽曼全方位麦克风的结果。它们被安在房间中央,同时捕捉每个人的演奏。

像往常一样,乐队先开始演奏一首和 Harry Smith 或 Alan Lomax 录过的歌相似的曲子,Dlyan 呢喃、低吼、轻吟和念叨着,时而玩世不恭,时而充满仇恨,更多时候则令人难忘。歌词多是关于谋杀、宗教或是乱伦的,和一切伟大的布鲁斯、民谣和乡村歌曲一样,这三个主题经久不衰。上帝往往被置于背景中——作为某人去求助或担忧的对象——而另外两件事,则用最惹人注意的言语置于表面,"你有一双令人疯狂的双腿,有太多的事我希望我们做过,却未能如愿"(You've got legs that can drive men mad, a lot of things we didn't do that I wish we had)。他在 Scarlet Town 中低吼着:"末日将至,把你的心放在盘内,看谁会来咬,看谁会抱住你献上晚安的吻 (The end is near... put your heart on a platter and see who will bite, see who will hold you and kiss you good night)。"

我们无法确定 Scarlet Town 的故事是发生在哪年。这首歌反映的是 Dylan 对 60 年代之前的音乐的迷恋,他小心地模糊掉了年代,将不同时代的元素融合在一起,如同一名一流的奇幻小说作家。这方面最明显的便是 Tin Angel——专辑接近尾声时的一个血腥故事。它包含了一切该有的东西,像性、谋杀、宗教、魔术和复仇。在强劲的九分多钟里,Dylan 幻想出了一段发生在宅邸、部落、十字手剑、枪、电线共存的世界里,承载着死亡的三角恋。这首满是恶意与戏剧性的歌,是在努力朝莎翁看齐,却倒能给一集《权利的游戏》增加个不错的结尾。好歌 Early Roman King 也弥漫着类似的感觉,除了歌名外,这首大赞的布鲁斯,似乎是关于强盗或是银行家,抑或是身着

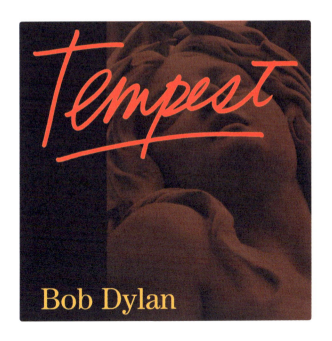

Bob Dylan

鲨鱼皮西装，好色奸诈的强盗银行家。他们已经把底特律毁了，如今只有 Dylan 能阻止他们。"我不怕做爱，和婊子也好，巫婆也罢"（I ain't afraid to make love to a bitch or a hag），他叫到——全曲对女性的处理相当令人不快——"我还没死呢，我的铃还在响"（I ain't dead yet, my bell still rings）。性，死亡。

然而专辑有个甜美的开头。*Duquesne Whistle* 以温和、老相片般的乡村摇摆风开场。前头持续 45 秒后，变得越发粗野、快速、大声。和 Robert Hunter 一起创作的有趣歌词是关于女人和火车的，但也有关于事物的变化，"听那迪尤肯的汽笛正作响，好似我的世界要被它一吹而尽"（Listen to that Duquesne whistle blowing/Blowing like it's gonna sweep my world away）。这韵律在愉快的 *Soon After Midnight* 中继续了下去。当 Dylan 讲到各种的女人，如 Honey、Charlotte 和 Mary。人们对她们"唧唧喳喳、喋喋不休"（chirp and they chatter）时，"那又怎样"（What does it matter）？他说，"她们都躺那儿，死在自己的血液里"（They're lying there dying in their blood）。但没多久，他又吹嘘起要在见爱人之前，把那劈腿郎 Slim 的尸体拖过泥地。

接着下一首是 *Narrow Way*，除了有着持续不断的 Bo Diddley 节奏，Dylan 声嘶力竭地唱着副歌。"如果我无法一路上到你那儿去，你定会在某天一路下到我这儿来"（If I can't work up to you, You'll surely have to work down to me some day），从这里开始，事情开始变得越发黑暗。*Long And Wasted Years* 是一首苦涩的华尔兹。Dylan 在这里释放出了极好的歌声，像说话多于演唱，同时像被动攻击型人格的反社会分子，渗透着令人胆战心惊的魅力，时而哄骗，时而威胁，时而撒谎，歌唱一段恋情的结束。而 *Pay In Blood* 则感觉一气呵成，开头发着狠毒的牢骚，好像 Dylan 抑制不了他的狂怒。不过，令人失望的是，它的音乐没有特质，就是温和的摇滚曲，不过歌词很残酷——"我口袋里有东西让你眼球游弋，我的狗可以将你撕成碎片"（I got something in my pocket make your eyeballs swim. I got dogs could tear you limb from limb）。这才不过是刚刚开始。

Dylan 此时开始大步向前，*Scarlet Town*、*Early Roman Kings* 和 *Tin Angel* 里面出现的死亡数量越来越多，然后才是冷酷、持久、如惨景一般的 *Tempest*。这首歌描写出的史诗规模，使人联想到了历史画。巨大的帆布上满是像 Wellington、Leo（Dicaprio 还是 Vinci？）、赌徒 Calvin、Blake 和 Wilson、Jim Dandy 以及铁哥们儿 Davey 等乘客们的细节与迷人的典故。它真该是专辑的高潮才对，但一如既往坏脾气的 Dylan，决定用人物肖像般的 *Roll On John*，这么一首反常甚至稍微有些老套的献给 John Lennon 的颂歌收尾。这也是专辑中极少数错误决定里的一个。不过至少，一个人可以在死去后如此明亮地闪耀，这样的信息也许给那数千名在专辑浸满血的律动里被杀害的灵魂们，带来一些慰藉。

SHADOWS IN THE NIGHT

· 夜晚的阴影 ·

结尾临近……当 Dylan 真诚地向 *Ol' Blue Eyes*（Sinatra 的昵称）致敬时，另一个根源显现出来。

MICHAEL BONNER

2015 年 1 月，5 万名《美国退休人杂志》(AARP) 的读者收到了一份意想不到的礼物——Bob Dylan 的新专辑 *Shadows In The Night* 的一张赠送碟。作为一个面向美国中老年人需求与兴趣的组织，*AARP* 很可能代表了相当一部分 Dylan 的目标听众。Dylan 对杂志的总编 Bob Love 提了一些对自己这代人的建议。"年轻人可以有激情，老年人则得更睿智。你们已经经历了那么多，需要留些东西给年轻人。不要假装自己还年轻，不然会害了自己。"没有人会指责这位 73 岁的老人假装年轻，然而 *Shadows* 还是让迪伦得以重新与陪伴他长大的音乐恢复了联系。具体来说，这张专辑收录了 10 首由 Frank Sinatra 唱红的曲子，其中大部分都是在 20 世纪 40 年代为哥伦比亚唱片公司录制的。从 *Shadows* 选歌的跨度来看：Frank Sinatra 录制专辑里的年代最早的歌，也就是 1942 年的 The *Night We Called It A Day* 时，Dylan 才刚刚 1 岁，而 Sinatra 演唱专辑里年代最近的歌 *Stay With Me* 时，Dylan 已经 22 岁，并在同年发行成名作 *Freewhellin'*。

实际上，Dylan 和 Sinatra 有过很长一段时间的不解之缘。他曾经在现场和录音室试过这位绰号"老蓝眼"的大师的音乐，并且在录制 *Infidels* 期间唱了后来并未发行的 Sinatra 的歌曲 *This is My Love*。 他甚至还在 1998 年 5 月 20 日，去比佛利山庄参加了在好牧人天主教堂为 Sinatra 举办的葬礼。对于 *Shadows*，Dylan 极力追求"Frank 百分百"，甚至去了国会唱片 B 录音室录制——Sinatra 在 50 年代最成功的一些作品就是在那里录制的。"我不认为我在翻唱这些歌曲。"Dylan 解释说，"它们已

经被翻唱得够多了，事实上，是被埋葬了。我和我的乐队干的基本上就是重新把它们挖出来。" *Shadows* 的录制期是 2014 年的 2 月到 3 月。T Bone Burnett 告诉 *Uncut*，他在录制"重见天日"的 *Basement Tapes* 企划专辑 *Lost On The River* 时，Dylan 在旁边的录音室里混音。据录音师 Al Schmitt 透露，他们总共录制了 23 首歌曲。两个月后的 5 月 14 日，Dylan 选择将 *Full Moon And Empty Arms* 的数码音频放到他的网站上纪念 Sinatra 逝世 16 周年。但到底是什么理由让专辑后来延期，使得它从录制到发行隔了一年? 原因可能是 *Lost On The River* 的企划，为了加快备受赞誉的 *The Complete Basement Tapes* 的发行，把 *Shadows* 移出了原定日程。不过合宜的是，专辑延期到 2015 年，也就是 Sinatra 的百年诞辰终结。

Dylan 的上张翻唱专辑，是 2009 年的 *Christmas In the Heart*，展露出他怀旧情结的一面，而这张专辑中也有类似的部分。显然，Sinatra 和 Dylan 都是他人作品的优秀诠释者，当然，也是截然不同的歌手。Sinatra 是简单自信的男中音大师。Dylan 则在这里呈现出了近些年来记忆中最强有力的声音表演。作为开场曲，他为 *I'm a Fool To Want You*（Sinatra 罕见地参与创作）提供了亲密而富有戏剧性的诠释，一字一句、发音清晰，人声在混音中很靠前，断句也准确而谨慎，"我一次次告诉你我要离开你"，他唱道，嗓音随之而上，然后落下来，轻轻传达了更为懊悔的认识，"但是总有些时候我需要你"。在他周围有两个长号和一个圆号，悲哀地吹响，像充满同情的希腊合唱队。有利的是，Dylan 的选歌突出了 Sinatra 作为浪漫忧郁型

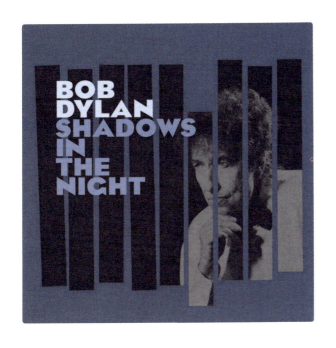

歌手的特质。前两首歌以 Donnie Herron 令人难忘的夏威夷吉他开场，强调了歌曲阴郁的气质。*Shadows* 有可能是一次从千千槽蹋过 Sinatra 遗产的维加斯俗气艺人中将他夺回来的尝试。Dylan 幸而没有唱 *Themes from New York*、*New York* 或 *My Way*，因为它们大部分都是对单恋、错恋、失恋的伤感反映。专辑的编排适度而敏感。如在 *The Night We Called It A Day* 中，当 Dylan 唱到一首爱情故事歌曲尾声时候，铜管乐用上升的旋律来迎合他。"已经没什么好说的了，这一晚工作已经结束"。音乐上，专辑并未从 *Full Moon And Empty Arms* 建立的模板中脱离出来，乐队温和而真情流露，他们的音乐寓居于 Dylan 本人温暖、质朴的制作里。比如在 *What'll I Do* 中有可能听得到 Charlie Sexton 吉他间奏时，Dylan 靠近麦克风的呼吸。你可以抓住每一个乐器，虽然混音后声音不响，敏锐的听众还是能识出 Tony Garnier 在赞歌般的 *Stay With Me* 里用弓拉的贝斯。

同样用弓拉的贝斯优雅地滑过了整首 *Autumn Leaves*，并 与 Charlie Sexton 那美丽、哀恸的吉他前奏和 Stu Kimball 有分寸的指弹美妙合入。Dylan 演唱前有完整的五十秒钟——几乎占到了歌曲三分零二秒时长的 1/3，但他声音一出，随即变成整张专辑里最有效的表达方式。当他若有所思地叹息"但亲爱的，我尤其思念你"时，猜想他正将什么样的个人经历带入其中，是很有诱惑力的。紧接着，*Why Try To Change Me Now* 速率上有了改变。这是一首轻松的歌曲，得以让 Dylan 有机会问这个不朽的问题："我为什么不能更守规矩点儿呢？"之后他唱起，

Some Enchanted Evening 当然，Dylan 是一个机敏的故事述说者，他演绎这首歌曲时，就像在向听众表达一种来之不易的智慧："一旦你发现了她，千万不要放她走"。他奉劝道。在其他方面，歌曲 *Where Are You* 深入强调了 Sinatra 那些沙龙歌曲带有的悔恨特质。开头是来自 Herron 那萦绕徘徊的夏威夷电吉他前奏。"我们开始的那个梦哪儿去了"，Dylan 问，"我们的快乐结局呢"？最后一句"你在哪儿"，听上去疲惫，几近愤恨。这是另一种有技巧的解读方式，将 Dylan 置于叙事者位置：一个老头儿回顾过往记忆，有好有坏。专辑用一首 Dylan 在 1986 年和 2000 年的现场翻唱过的歌 *That Lucky Old Sun* 收尾。两只小号和一只长号用于增色，和 Dylan 想要的活泼的、好莱坞式的结局接近。"升我入天堂。" Dylan 挑衅唱道，铜管乐声饱满地环绕着他。

本质上，*Shadows* 专辑使 Dylan 成为"伟大的美国歌集"最新的诠释者，不经意间将 Dylan 与 McCartney、Rod Stewart、Ringo Starr、Harry Nilsson、Willie Nelson、Michael Bublé 和 Harry Connick Jr. 联系在一起。虽然 *Shadows* 是怀旧的，但并不会多愁善感。作为对经典歌曲创作方法的颂扬，它与 Dylan 其他深入美国传统根源风格的作品一样诚挚。但是 Sinatra 怎么去和其他 Dylan 早年心中的英雄们比呢？"从一开始，他就在那儿，歌声里满是事物的真谛。" Sinatra 过世后的几天里，Dylan 写下了这句话，"无论我意识到与否，他的音乐对我都有着深远影响。他是极少见不带面具唱歌的歌手之一。"因此，*Shadows In The Night*，是用 Dylan 的方式在说谢谢。

THE LIVE ALBUMS

· 现场专辑 ·

从 *The Gaslight* 到 *MTV*，Bob Dylan 古怪的现场专辑，需要成熟地重新评估。

NIGEL WILLIAMSON

从首张录音室专辑到他职业生涯中的首张官方现场专辑的发行，Dylan 用了 12 年，也在这段人生中，经历了许多变化，足够有些人过一生了——从 Woody Guthrie 崇拜者到抗议桂冠诗人到电吉他救世主，从隐退到重回公众视线，再到回归乡村摇滚并发行一张饱受所有粉丝诟病的翻唱专辑……直到 1974 年，随着 *Before The Flood* 的发行开始巡演。

但是在 Bob Dylan 早期的职业生涯中，并不是他不愿意发行现场专辑，而是总阴错差阳地发不成。1963 年至 1964 年期间，哥伦比亚唱片公司至少有两次为他录制了原声演唱会，甚至连唱片套都已经设计出来，目录顺序也指定好了，但是最终没有发行的原因很简单，那就是 Dylan 向前冲得太快，根本没有时间来安排。他写歌的速度要远远快于发录音室唱片速度。发行现场专辑不仅可能会加重这个僵局，而且还有可能未发行就已过时了。

所以，这么多年来，我们只能被迫依靠私录专辑来构建我们对早期 Dylan 作为一个表演艺术家的印象。可喜的是，近几年来，有许多高质量的资料专辑发布，这些专辑反映了 Dylan 非凡且高产的 20 世纪 60 年代，满足了我们过去对现场专辑的饥渴。其中一些出现在官方私录系列中（在文中其他地方有所综述），部分则是从不那么普通的现场专辑中流出的。

Live At The Gaslight 1962 ★★★★★

这是所有私录专辑中比较受人欢迎的一张，最终在 2005 年由哥伦比亚唱片公司和星巴克联合正式发行，这种商业合伙可能暗示了咖啡馆在 20 世纪 60 年代民谣繁荣时期起到的重要作用。纵然大多数粉丝感受到的是大公司对历史进行利用的臭气，而不是现磨咖啡的香气氤氲。

这张专辑是用便携式录音机在 1962 年 10 月 Bob Dylan 创作 *The Freewheelin'* 时期录制的，生动、形象地展现了还未成名的 Dylan。那时他穿梭在格林尼治村中心地带他喜欢出入的场所间，经历着他从一个有才华的翻唱者到原创歌手转变的关键时刻。除传统民谣 *Handsome Molly* 和 *Barbara Allen* 外，专辑中的 *A Hard Rain's A-Gonna Fall* 和 *Don't Think Twice*，可能是这两首歌最早期的表演版本，演唱得镇定自若，令人印象深刻。那时古巴导弹危机正值高潮，核战争处在爆发的边缘，世界岌岌可危，无时无刻不让人心生战栗，所以听着 Dylan 对 *Hard Rain* 的不朽演绎，伴随着 MacDougal 大街上汽车鸣喇叭的声响，更产生了一种超真实的迫切感觉。

In Concert – Brandeis University 1963 ★★★★★

六个多月后的这张专辑，揭示了 Dylan 惊人的进步。他的台风以及与观众之间的和谐，较 Gaslight 磁带上明显模仿 Woody Guthrie 时期有了很大进步。他高超的表演技巧就像单口相声演员一样：在 *Talkin' John Birch Paranoid Blues* 的表演中，他使听众放声大笑，随后又让大家戏剧性地进入针落有声的安静中，为大家带来了才华横溢的

Masters Of War。这七首歌是 1963 年 5 月，Dylan 在马萨诸塞州一所犹太大学的乡村音乐节上表演的，被一位早期便开始支持 Dylan 的评论家 Ralph Gleason 以开盘式录音带收录。他死后，这些歌在 2010 年被加入到 The Original Mono Recordings 中，作为附赠光盘发售，不过后来此专辑又被单独进行了发售。

Live At Carnegie Hall 1963 ★★★★

再往后五个月，我们会发现 Dylan 已经成为一代人的声音。这完整的 19 首歌曲由哥伦比亚唱片公司录制，并被列入了潜在的发行计划。所以，当 2005 年斯科塞斯的纪录片 No Direction Home 发行时，只是附赠了包含六首歌曲的迷你专辑作为宣传碟，着实令人沮丧。

不过，即便这样，这种简略的小集锦仍旧证明 Dylan 不断变化的能力。他可以任意地从激情抨击的 The Times They Are A-Changin' 和 With God On Our Side 转变

成 Boots Of Spanish Leather 和 Lay Down Your Weary Tune 辛酸的抒情。两首录制于卡内基音乐厅的歌曲出现在 The Bootleg Series Vols I-III 中，另外两首则收录在 No Direction Home 原声辑中，不过，索尼公司也确实应该做件实事，发行完整版音乐会了。

Before The Flood ★★★★

快进 11 年，听过 Dylan 在 1964 年在纽约爱乐厅最后几场原声演唱会的录音，又听过 1966 年煽动性的全球巡演中的精彩录音（见后文）。你会发现 1974 年由 The Band 搬走的这次巡演只是 Dylan 的第二次电声巡演，这张专辑就是当时的现场。近来，The Band 乐队发行了他们自己的现场专辑 Rock Of Ages，专辑 1/3 的歌曲都源自 Dylan 第一张官方现场专辑，看起来大方得都有些不必要了，特别考虑到这就意味着没有地方可以留给巡演的亮点曲目，比如 The Lonesome Death Of Hattie Carroll 和 Just Like Tom Thumb's Blues。

Dylan 和全体乐队成员激情演绎了 *Most Likely You Go Your Way*、*All Along The Watchtower*（他第一次用这首歌来向 Hendrix 致敬）、*Highway 61 Revisited* 和忧郁的 *Ballad Of A Thin Man*，但对 *It Ain't Me Babe* 夸张的重新编曲，却不太成功。这大概是 Dylan 著名的改编能力最早的体现之一，往往能将歌曲改编得面目全非。除此之外，*Blowing In The Wind* 也被简化为描述一个笨拙的旅人的挽歌。

Dylan 的嗓音在许多的乐队合奏歌曲中听上去很刺耳，好像他太努力让自己变成一个体育场的摇滚乐手。最令人振奋的时刻出现在他的原声吉他弹唱部分，Dylan 将著名的"即使是美国总统有时候也要在公众面前毫无保留"加入到歌曲 *It's Alright, Ma (I'm Only Bleeding)* 中。当时，美国的"水门事件"炒得火热，你能明显感受到会场中人们的紧张。洛杉矶论坛（LA Forum）演出后的第 14 天，大陪审团将尼克松判定为了同谋。

Dylan 抱怨说，自己几乎对 *Before The Flood* 巡演这样要在短短 42 天内组织 40 次表演的繁重行程，丝毫没有控制

力。但是，这次八年来的第一次巡演再次燃起了他对现场表演的兴趣，因此他开始创造一种更欢乐的巡回模式——The Rolling Thunder Revenue，与一些精心挑选的朋友随心所欲地在路上开了一场格林尼治村俱乐部式的友谊聚会。

Hard Rain ★★★★

Rolling Thunder 最成功的表演发生在 1975 年年末（见 *The Bootleg Series Vol 5*），等到第二阶段（1976 年 4 月），那种自然而然的能量已经消失殆尽。不过，这张录制于 1976 年 5 月巡回倒数第二站（表演场地是科罗拉多州柯林斯一个被雨淋过的橄榄球场）的专辑，却有着惊人的强度和近乎朋克的能量。据说是因为 Dylan 失和的妻子 Sara 意外来到了现场，这可能是他这次巡演中最有力的一场表演。

与最初发行时的微妙的诱惑相比 ["忘掉跳舞这回事吧，咱们上楼去"（Forget this dance, let's go upstairs）]，*Lay Lady Lay* 在演唱时加入了某种原始的肉欲。但专辑的重点是由 *Blood On The Track* 中的三首"婚姻"歌曲组成的一组感情旋涡，*I Threw All Away* 则被有意放在最中间。到他以 *Idiot Wind* 来结尾的时候，Dylan 已经近乎暴躁了，唾沫狂飞地吼着那些歌词。

Bob Dylan At Budokan ★★★

让我们等了 12 年才看到他的第一张现场专辑，但在这之后的四年内他一下子就发行了三张，似乎很符合 Dylan 声名狼藉的反常个性。事实上，他从未想过发行

这张在 1978 年的 115 场世界巡演期间录制的专辑。他在日本进行了十场巡演后，迫于日本索尼公司想要发行纪念专辑的压力，最初只批准了这张专辑在远东地区发行，但大量的进口销售，最终导致全球版被迫在六个月后发行。这张现场版的歌曲获得了自 *Self Portrait* 以来最糟糕的评论，可是多年后再听颇具启示意义。对熟悉的经典歌曲的改编别出心裁，有些地方甚至是才华横溢的表现——在 *Don't Think Twice* 中加入雷鬼的节奏，

**与 Grateful Dead 的合作使 Dylan 确信，
音乐从根本上是一种现场体验。**

在 *Ballad Of A Thin Man* 中加入 Ray Charles 的氛围，贴近 Issac Hayes 想象的那种 Stax 风格的 *Maggie's Farm*，节奏布鲁斯民谣风格的 *Going, Going, Gone*，渲染成沼泽地摇摆舞音乐风格的 *Oh Sister*，将拍子减慢变成赞美诗风格的 *I Want You*，还有用从 *The 59th Street Bridge Song (Feelin' Groovy)* 中借来的节奏进行编曲的 *All I Want To Do*。Dylan 的这些歌曲比他和 The Band 在 *Before The Flood* 中的表演，释放出了更具表现力的自信。

Real Live ★★★

小范围来说，上面的重新评估也可以用到这张专辑上。*Real Live* 录制的时间正逢 Dylan 早期的中年危机，也就是 *Infidels* 和 *Empire Burlesque* 中间那段时期。当时，一位评论家参加了 1984 年在温布利球场举办的演唱会（这张专辑大部分都录制于此），并在左翼周刊《论坛报》（Tribune）上发表评论，说 Dylan 做作而散漫，而且当时包括 Mick Tylor 和 Ian McLagan 在内的乐队应该对其

Dead good：Dylan 与 Grateful Dead 同台演出，1987 年

演奏的布鲁斯摇滚乐乏味和毫无新意感到愧疚。时至今日，这评价听起来仍旧刺耳。*Tangled Up In Blue* 被重新填词，*Master Of War* 证明了自己在马岛战争结束后，在对抗的新时代中仍有现实意义，而与 Carlos Santana 合作的风暴般的 *Tombstone Blues*，也是非常精彩的表演。

Dylan & The Dead ★★★

到 1987 年，当 Dylan 开始和 Grateful Dead 巡演的时候，他或许已经处在事业的最低点了。专辑 *Down In The Groove* 和电影 *Hearts Of Fire* 的发行，让他的事业沉入谷底。他在《编年史》中写到，他当时几近放弃。但是他在 Jerry Garcia 身上找到了灵魂伴侣，在与 Grateful Dead 的合作中，更加确信音乐从根本上是一种现场体验，其独一无二的力量只有在与听众交流的过程中才会完全迸发出来。换句话说，这就是激发 Dylan 开始 *Never Ending Tour* 巡回演出的哲学。

这张专辑直到两年之后的 1989 年才发行，而此时 *Never Ending Tour* 也已经开始了。不过，这张专辑无论在当时还是之后，都被广泛诟病，很难理解是为什么。事实上，这张专辑是一张相当好的现场专辑，Grateful Dead 演唱了一系列 Dylan 的歌，而且更棒的是，还有写歌的那个人以嘉宾歌手出现在现场。所以，人们到底希望或期待它们听起来像什么才满足呢？

不用说，Grateful Dead 是富有经验的歌曲演绎者，比如他们唱的 *Queen Jane Approximately* 和 *All Along The Watchtower*，而 Garcia 的演奏也是一流的。素材的选择也是十分合适的，*Slow Train* 和 *Gotta Serve Somebody* 让我们意识到，Dylan 早期风暴般的"重生"音乐会没有现场专辑是件多么遗憾的事。这张专辑远远不是几乎每个评论家所称的"车祸现场"，反而表明了 Dylan 正在找回他的最佳状态。

MTV Unplugged ★★★

Never Ending Tour 巡演开始后，Dylan 似乎开始认为 Live 专辑就变得有些多余了，因为你每年都会有一百多个晚上能在舞台上看到和听到 Dylan 本人。所以过去的 25 年里，只有一张非档案收藏类的现场专辑发行出来——那就是电视特别节目 *MTV Unplugged*。Dylan 早先的计划是一次个人的乡村布鲁斯演唱会，就像 *World Gone Wrong* 那种风格。而这个想法要实现的话，简直叫人激动。但是，MTV 迫使他演出最热门的单曲，因此他只好和一个五人乐队一起出演。

正如 Dylan 的现场专辑通常的遭遇那样，这张专辑也被评论家狂喷（"卑劣、骗子、俗气。"一位评论家写道）。但是，重新评定的时机如今已经成熟。闪耀的 *Desolation Row*、充满反思而不是慷慨激昂（这种情绪在 1963 年没有表达出来，但是在 1994 年却表达得近乎完美）的 *The Times They Are A-Changin'*，沉思的 *Shooting Star* 和罕见的摆脱了 Hendrix 编曲风格的 *All Along The Watchtower*，都是后来加入进来的优秀作品，也让这张专辑有可能同任何"Dylan 最好的现场专辑"媲美。

THE BOOTLEG SERIES

· 私录系列 ·

全新审视全局的过程。私录系列 Volume 1–11 的特别启示录。

JOHN ROBINSON

1966 年 5 月，在又一场有很多明显怀着敌意的英国人的演唱会上，Bob Dylan 在后台翻着白眼。他很疲惫了，而且为了能保持清醒，他还服用了不知什么兴奋剂，所以他的注意力十分涣散，只有偶尔会突然清醒一下。他和他的乐队已经巡演三个月了，横穿美国，从檀香山到了法国巴黎和英国利兹，现在又到了曼彻斯特。到了这个时候，你都无法信任眼前这个人能把吃下去的欧式早餐留在肚子里，更别说放心地叫他控制一辆飞驰的摩托车了。

电影人 D. A. Pennebaker 用镜头捕捉到了他这自由联想中最清醒的某个时刻。此时的 Dylan，因为服用了化学药物，思觉失调，说着说着就从第一人称变成了第三人称。他坐下来，鼓着腮帮子，思考如何应付剩下的巡演。突然，他想到了一个解决办法。"下周，我要给自己找一个全新的 Bob Dylan。"他说道，他为自己的行程安排有了一个新的计划感到高兴，"我要好好地运用他，我要看看新的 Bob Dylan 到底能持续多久。"

这位幽默风趣、满头乱发的摇滚乐手的终点已经很近了。前方的旅途：从那天晚上被人喊"犹大"，到拿着乡村摇滚开辟道路，走完这段路的速度不慢于 Dylan 以往完成其他任何事情的速度。不过，要做到这一点，不能再有漫长的巡演，而是要躲开公众目光，好好休息一段时间。所以在作为表演者或者说某方面公众领袖的 Dylan 消失的这段时间里，私录的 Bob Dylan 便涌现出来，填补了这片真空。

确切地说，这不是一个新的 Bob Dylan，而是出现在摇滚音乐中的第一张私录专辑 *Great White Wonder* 中的 Bob Dylan，是我们没有听过的 Dylan。无关地下发行的特质，这张专辑证明了，尽管有人愿意听着演唱者的音乐，让自己"行驶"在有指示牌的高速公路上，但有的人也会想追随自己的直觉，专挑那些充满冒险的小路来走。这样随心所欲、不受约束的私录专辑系列对艺术家来说似乎是件好事。如果 Bob Dylan 要听听 Bob Dylan，这似乎是他定会选择的方式。

Bob Dylan 的私录系列不仅仅是对伟大作品的简单收录，同时也是现代目录管理的一个大事件。如果可以把 Dylan 视为战后文化中的马可·波罗的话，那这就是证明：他的影响不但包括他要传递的信息，同时还延伸到了传递信息的媒介上。正如 Bob Dylan 是第一位被私录专辑的艺术家一样，这一切都是他的安排（这个想法主要归功于他的经纪人 Jeff Rosen），他是第一个发明官方私录概念的人：打开档案，但同样回收并鉴定那些录带子的人手中的传奇表演。在 Dylan1991 年出版了 *Vols 1–3* 之后，时隔四年，The Beatles 才出版了 *Anthology*，提供了能与之在质量和精髓上相抗衡的东西。Hendrix 呢？The Stones 呢？他们根本没有。

1991 年时，一个能买到 *Loveless* 或者 *Nevermind* 的年轻人，能从 50 岁的 Bob Dylan 那里得到什么，还并不太明显。然而，1965 年那个 24 岁的 Dylan，留给人们的依

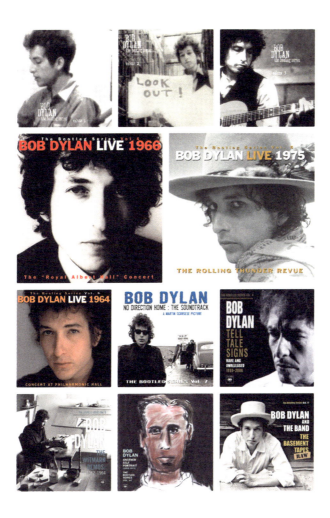

然是非常迷人的形象。私录系列的首张专辑 Rare And Unreleased 1961-1991—The Bootleg Series Volumes 1-3 ★★★★★ 的天才之处在于它让 Dylan 同时有了两份职业生涯。在第一份中，Bob Dylan 正从杰克·尼克尔森手中接过格莱美奖杯，但在第二份中，Bob Dylan 却依旧是那个戴着墨镜、踩着脚、用自己的指尖掀起革命的家伙。在这种新的商业模式之下，Dylan 精明世故，却又永远年轻，即使是对下一代人，也是完全具备着吸引力。这让他的新专辑感觉很酷。在第一张绿洲乐队（Oasis）专辑发行很久之后，这张专辑的封面照片纸板还摆在 New Musical Express（NME）的办公室里。

第一张私录系列专辑显现出一个具有无限可能性的 Dylan。曲目是到目前为止整个系列的一个缩影，是 Dylan 音乐生涯的基本讲述（包括抗议、电声音乐、离婚、基督教、Mark Knopfler），但里面的重要角色却已经发生了细微

的变化。比如在 Talkin' Bear Mountain Picnic Massacre Blues（"带着你的妻子 / 带着所有……孩子们"）中，你可以听到 Dylan 的成长历程：一个人努力塑造他的表演形象，这个形象虽然好笑，但也同样真诚。事后回想起来，你也许会觉得奇怪，为什么一张收录了 Mama You've Been On My Mind、If You Gotta Go Go Now、或者 Catfish 和 Blind Willie McTell 等歌曲的专辑，并没太快把太多好东西拿出来。其实，它只是暗示这套专辑的基本思想：这类素材是取之不尽的，这里不只有一个 Bob Dylan，而是有成百上千个。

从这个角度来看，不免会让人觉得有些许兴奋，不过目前发行的两卷私录系列并没有搅混 Dylan 的故事。相反，反倒让他的故事高潮迭起，加深了人们的理解，变得更充满戏剧性。在 Dylan 私录专辑规模不断增大的"地图"上，可以找到更多的"房间"，去探寻其他有趣的细节。

马丁·斯科塞斯导演的纪录片《没有家的方向》(*No Direction Home*) 是一份关键的记录。这部片子由 Rosen 在 1995 年开始策划，回顾了从 1959 年明尼苏达的希宾镇起程，到 1966 年成为"民谣犹大"之间的历程。这部影片的原声带 *No Direction Home: The Soundtrack—The Bootleg Series Vol 7* ★★★★★ 基本上和电影一样，并没有跟随 Vol 1–3 的脚步，而是带我们从 Dylan 在学生时代的伙伴 Ric Kangas 在 1959 年的纪录片录音开始，一直听到 1965 年录音室内从原声到插电的变化，直至现场超级震耳欲聋的 *Like A Rolling Stone*。

从原声到电声的变化特别体现在许多歌的另一个版本里，比如 *Just Like Tom Thumb's Blues*、*She Belongs To Me* 和 *Tombstone Blues*，这些版本和发行的版本不相上下。而传奇本身也在细微的区别中不断生长变化。*Maggie's Farm* 在 1965 年纽波特港的表演，可以看作是 Dylan 首次把电子的魔力用于民谣，同时也解释了人们的嘘声。如果说，Pete Seeger 试图用斧头砍断电线以阻止这场演出的话，抗议的可能并非是 Dylan 的电声摇滚乐，反而更可能是 Mike Bloomfield 并不激动人心的布鲁斯演奏。

无论是公众注意的中心还是消失在公众视野中，这一系列专辑记录的是作为变化动因的 Dylan。*Bootleg Series Vol 9* ★★★ 向我们展现了身处经纪人 Albert Grossman 保护下、辗转于发行商办公室的 Dylan。对于听众而言，这些本质上都是低调的合法演出专辑。听着这些音乐，我们可以感受到 Dylan 天马行空的创造力，感到他正在为他的个人财富、他到处上榜以及他的民谣摇滚风格撒下种子。里面有一些有趣但不知名的歌曲(*Ballad For A Friend* 听起来就像 Bert Jansch 的歌而非 Dylan)，专辑带给人们的快乐，更多来自它的亲密感，比如听 *Mr. Tambourine Man* 时，像在地下室储藏间里，直接听旋律从钢琴上倾泻而出。

然而，Dylan 的才华没有变得面目全非。比如，他在 1964 年费城交响乐大厅万圣

打字打疯了：Bob Dylan 在纽约，1964 年

你或许会被其迷幻的演奏所吸引，但 *The Bootleg Series* 一定会让你听到隐藏在其中的真相。

节音乐会上的表演，便被收录在专辑 *Bob Dylan Live 1964—The Bootleg Series Vol 6* ★★★★ 中。这张专辑中那个 23 岁的他，虽然可能嗑了药，但表演能力已完全成熟，充满着有关时局的指涉和笑话。单就曲调来说，专辑着实让人惊艳。听众们时而爆发出阵阵笑声，时而又陷入可怕的沉寂。之后的 The *Lonesome Death Of Hattie Carroll* 也是如此。

两年之后，在英国的曼彻斯特，Bob Dylan 已经不想笑了。在 *Bob Dylan Live 1966: The "Royal Albert Hall Concert"—The Bootleg Series Vol 4* ★★★★ 这张专辑的第一张碟都是原声曲目，包含着许多相对柔和的版本，比如 Visions Of Johanna，但这些歌不久之后，就成为更被人熟知的电音版。可以说，原声的 Bob Dylan 当时并完全投入到其中。

中场休息过后，迎来了高潮。Robbie Robertson 即兴弹奏了一曲 *An English Country Garden*，同时 Bob Dylan 和 Hawks 乐队的 3/4 成员演奏出迷幻的布鲁斯曲调。正如他们所预料的那样，歌曲激怒了所有听众。而这张专辑同样很

大程度上造就了那次演出的神话。作为一张纪实专辑，它是很了不起的（包含了缓缓的掌声，和那一声"犹大"——你们当时在嗑什么药呢？1960 年时的英国人）。更中肯地来说，它捕捉到的可能是最惊人的摇滚现场，任何人都想达到这样的效果。在聆听专辑的过程中，*The Bootleg Series* 会让人明白，你或许是被那个传奇吸引过来的，但它会让你留下来，好好听听事实的真相。

随后，Bob Dylan 从现场表演的舞台上慢慢淡出，更是让这个传奇达到了高潮——摩托车祸，成了他隐居起来的理由。所以对于 *Great White Wonder* 私录系列的最初制作者 Dub 和 Ken 来说，Dylan 把自己关在家里这一时期，为私录系列的提供了丰富的资源。

Dylan 的谜团，集中发生在他和 Hawks 乐队成员一起玩的那段时间里。他们当时在纽约的西索格蒂斯租了一处不起眼的房子，探索了 Dylan 的音乐及影响他的音乐风格的美国歌曲，然后用从周围普通商店买来的带子，录下了他们的演绎。不过，它们会面世，还是因为即便 Dylan 淡出了公众视线，但他仍大量创作商业歌曲。简洁的双碟专辑 *The Basement Tapes Raw—The Bootleg Series Vol 11* ★★★★★。神秘而有魅力，可以说与惠特马克唱片公司发行的传记是近亲，因为它同样是配上曲调的 Dylan 原创（*The Mighty Quinn*、*Million Dollar Bash*、*This Wheel's On Fire*），原本是做为版权发行小样，拿给 Fairpor、Byrds、Manfred Mann 等无数人翻唱的。

整个录音中，有很多地方都把 Dylan 的作曲置于不同环境中。他和 Hawks 乐队从牛仔挽歌中汲灵感（如 *Spanish Is The Loving Tongue*），或者在遇到令人惊诧的乡村音乐同行时脱帽致敬一样（有很多的 Ian & Sylvia）。这是一张卓越的音乐合集——终于满足了那些一直怀疑还有更多 Dylan 可听的人，也揭开了传言背后到底发生了什么的谜团。

两年后，Bob Dylan 隐居得更深了，但是

他仍然在深入挖掘美国音乐——然而唯一的问题是，他对于原材料的挖掘听起来似乎并不是那么原汁原味。在 *Another Self Portrait—The Bootleg Series Vol 10* ★★★★中，David Bromberg 尖刻的吉他，对 *Little Sadie* 等传统歌曲的演绎，很难让人赞同最初版本遭到的批评。

原因是一系列的。这些专辑中有个少有人注意的操作，即修正过去怪异的制作。如果有时候它听起来和后面的 *Tell Tale Signs* 专辑一样，好像是在回顾中清算过去，它是在提醒你，在所有的铃声和口哨声之下，终究还是抱着吉他弹唱的那个 Bob Dylan，无论他在那时把自己掩藏得有多好，他还是他。

八年没有长期巡演后，Dylan 终于在 1974 年进行了巡演，但这次巡演的私录还没面世，反而是 1975 年的 57 场 *Rolling Thunder Revue* 先发行了。*Bob Dylan Live 1975—The Bootleg Series Vol 5* ★★★★好像一辆振奋人心的大游览车，在十年后聚集了一批拥有 65 年音乐精神的人（Baez、Neuwirth、McGuinn 等人，连 Sandy Bull 有时也会出现在专辑里）。他们系着精致的丝巾，戴着帽子，拉着小提琴，然而，所有这些都比不上他们的音乐更令人着迷。

把 *A Hard Rain's A-Gonna Fall* 弄得听起来好像 *The Jean Genie*，是这段巡演的亮点之一（毕竟有 Mick Ronson 的参与）。实际上，你和你太太如果现在再去听 Bob Dylan 的演唱会，可能不会一下就听出来当下唱的是什么，这是因为实际上这时的 Dylan 本身就已成了民谣传统。他的歌曲的本质已经到位，接下来，这个本质会在他的乐手中传递，让他们重新演绎。那些歌曲不再是一成不变，就这样一代代下去的产物，而是每天晚上都会在台上发生变化。

Tell Tale Signs: Rare And Unreleased 1989-2006—The Bootleg Series Vol 8 ★★★★★是最近一批收入私录系列的 Dylan 作品，里面有许多很棒的改编。比如电影《奇迹小子》（*Wonder Boys*）中

的 *Things Have Changed* 的现场版，就从 Dylan 在 21 世纪那种戴着大檐帽，亲切、欢快的布吉风格，被重新结构，变成了一首有着不祥气氛的歌曲，充满了幽灵般、类似 Wilco 乐队风格的吉他声。

专辑中不少未公开曲目也让人得到了很多启发。比如，*Time Out Of Mind* 那张专辑，似乎时间过长，所以 *Red River Shore* 没有收入。不仅如此，同一批录音还产生了 *Mississippi* 这样的歌曲，这里的两个版本都是更注重歌词，而不是像 "*Love And Theft*" 中最终出现的更偏重吉他。*Someday Baby* 根本上是 *Muddy Waters* 般的摇摆，在专辑 *Modern Times* 里被演绎得非常低沉。在 *Oh Mercy* 中的 *Most of The Time* 里，Lanois 把 Dylan 移植到 U2 的 *The Joshua Tree* 之中，然而，这里的结合是毁灭性的，没有任何特效，仅由吉他弹唱配合口琴演奏。

这个版本被 Bob Dylan 所拒绝了，就像过去常常发生的那样，理由就是都"太 Bob Dylan"了。避免限制同样是私录系列的目的。这不是 Dylan 最终的专辑，而是一种他的创作过程的解释：一个不断深入探究美国音乐的过程。在这里，他就像特别的天气现象主宰着大地一样：洪水覆盖着好与坏，想方设法渗透到了所有一切之中。

DYLAN ON FILM

· 迪伦的影视之路 ·

Alias、Renaldo、Jack Fate。
Dylan 在电影中的奇闻趣谈。

JASON ANDERSON

电影《比利小子》开创了 Bob Dylan 作为电影演员的副业。在这部由 Sam Peckinpah 于 1973 年拍摄的西部片中，Dylan 饰演 Alias——一位机敏警觉、刀不离身的传奇枪手的同伴。电影中的这个角色，在自己的身份问题上总是显得既神秘又狡猾，因此，Alias（别名、化名）这个名字再恰当不过。许多观众觉得这个名字是 Bob Dylan 自己起的（实际上这是编剧 Rudy Wurlitzer 的功劳）。不管怎样，Dylan 饰演 Alias 的经历也激发他继续涉足影视领域。之后，他还陆续饰演了 Renaldo、Billy Parker 和 Jack Fate 等角色，过了一把改变自我，饰演流氓、隐士的瘾。

不幸的是，之后的这些名字都不如 Robert Zimmerman （Dylan 的本名）给自己起的第一个名字那样令人印象深刻。Zimmerman 为自己设计了一条离开明尼苏达州的出路。事实上，Robert Zimmerman 把最精彩的表演都献给了 Bob Dylan 这个最主要的角色。尽管他在演员、编剧和导演的道路上偶尔投入的精力，但表面上（不是严格地）他在与纪录片导演 D. A. Pennbaker 和斯科塞斯在非虚构领域的合作无疑热情得多。

不管怎样，纵观这个男人漫长的生涯，不管是做为被拍摄者还是以其他更有创意的方式，Dylan 看上去沉默寡言，但真实的他愿意一次次走到镜头之前（或者在镜头之后）。他的作品很多，不仅仅是我们所熟知的那些以摇滚巨星身份出镜的历史纪录片、演唱会影片和宣传片。他第一次

展现出影视表演的才华，是 1965 年在伦敦萨伏依酒店与 Pennebaker 一同为 *Subterranean Homesick Blues* 创作的音乐视频。

这部短片出名之后，他在 Andy Warhol 面前做了一次"试镜"。Dylan 一贯的特立独行在作品中体现得淋漓尽致，甚至可以说在他接下来的 50 年艺术生涯中绝无仅有。由于 Warhol 的"工厂"工作室的工作人员的说法不是那么可信，因此我们并不确定这部作品是 1965 年年中还是 1966 年 1 月完成的。在这部用 16mm 瑞士宝莱克斯相机拍摄的短片中，Dylan 带着一丝忧郁，不安地出镜了。他似乎同样对整个过程非常好奇。他既羞怯，又显得神秘莫测，好像总是有所保留。这也预示着他的演员之路存在着先天的局限性。作为报酬，Warhol 送给 Dylan 和他的朋友 Bobby Neuwirth 一幅七英尺高的 Elvis 肖像画。Dylan 后来用这张画从 Albert Grossman 那里换了一张沙发。

Grossman 想在 Dylan 的 1965 年英国巡演期间，请 Pennebaker 为这个善变的年轻歌手拍摄一部电影。在美国当时名为"直接电影"（Direct Cinema）的纪录片运动（法国业界人士倾向于称之为"真实电影"）中，Pennebaker 已经小有名气，而且与即将成为 Dylan 妻子的 Sara Lownds 有过合作。Dylan 认为这个制片人足够新潮，随即决定让他与自己一路同行。Dylan 对 Pennebaker 的信任从纪录片《别回头》（*Don't Look Back*）中可见一斑。在今天看来，

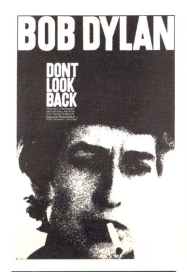

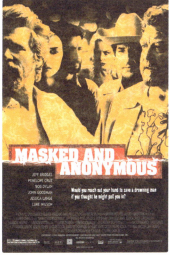

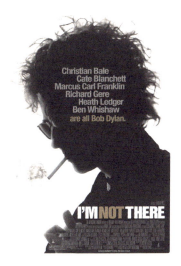

这部纪录片所流露出来的亲密感和自发感仍然同 1967 年拍摄时那样鲜活。通过展现 Dylan 与傲慢记者的交锋以及与朋友和同龄人享受空闲时间，当然也通过在艾尔伯特音乐厅的演出，Pennebaker 刻画 Dylan 形象，主要是可爱的。尽管如此，导演也通过他与 Joan Baez 和 Donovan 充分地互动，表现出 Dylan 冷酷无情、好胜心强的一面。Donovan 与 Dylan 通过即兴写歌的方式过了几招，结果前者输得心服口服。

对于 Dylan 回到美国后几个月里都发生了什么，Murray Lerner 的纪录片 Festival 为我们提供了一个有趣的视角。

尽管内容其实是三届新港民谣音乐节，包括各种艺人的大量的演出，Lerner 的这部影片是因记录了 Dylan 与 The Hawks 乐队的第一次电声合作才在历史上占据了一席之地。在影片中，我们可以看到，这次新的尝试在 1965 年的新港爵士音乐节上，遭遇了观众的嘘声和漫骂。2007 年，Lerner 整合早期的素材剪辑成新的纪录片《镜子的另一面》(The Other Side Of The Mirror)。它完全以 Dylan 为中心，包含了许多之前未曾公开的片段。其中，Dylan 在 1963 年和 1965 年两届新港音乐节中间排练、研讨和表演的画面，也展现了他从一个真挚的民谣歌手，向一个身着皮衣的摇滚先锋转变的过程。

1967 年摩托车车祸发生之后，Dylan 消失在大众的视野中。这些关于 Dylan 的影像也许更能打动那段时期的观众。讽刺的是，正是在这段"康复期"（姑且这么说吧），Dylan 开始了作为电影制作人的第一次尝试，或者说至少是在尝试成为一位明显带有自毁倾向的编辑。

在 1966 年 Dylan 与 The Hawks 乐队第一次到欧洲巡演时，Pennebaker 受美国电视剧频道邀请拍摄了另外一部纪录片 *Stage 66*。Dylan 认为它的剪辑与《别回头》过于相似，随即决定着手剪辑一个新版，现在看来更像彻底自毁形象。这部名为 *Eat The Document* 的纪录片支离破碎、语无伦次，充斥着愤怒和幻灭的情绪。影片在几个部分之间唐突地跳跃：电气摇滚、粉丝的恶语相向（一位观众咒骂他应该被一枪打死，说他"真是无耻至极"），还有后台以及演出间歇的小插曲……它丝毫没有掩饰这位歌手的可怜状态（他和 John Lennon 吸毒后晕乎乎地坐上豪华轿车的片段最为声名狼藉）。

如同之前 Pennebaker 和 Lerner 的电影一样，*Eat The Document* 的大多数片段都出现在 2005 年的电影《没有家的方向》（*No Direction Home*）中。马丁·斯科塞斯饶有兴味地回顾了 Dylan 的历史：从他在格林尼治村的民谣演出中崭露头角，到 1966 年车祸后"退出舞台"。尽管这部影片长达三个半小时，但还是给人一种难以置信的密集感。视角完整、逻辑缜密，在摇滚纪录片中颇为少见。但最令人吃惊的还是整部影片的坦率。在这部影片面世的一年前，尽管 Dylan 凭借《编年史》一书塑造了反思、坦白的新形象，但他很少（如果有的话）以在电影中的那种坦诚态度公开说话。

他在这部纪录片中的谈话取自于他和经纪人 Jeff Rosen 在 2000 年长达十个小时的谈话影像（作为 *The Last Waltz* 的导演，斯科塞斯是 The Band 乐队的好友，于是一些人猜测他和 Dylan 也是推心置腹的密友。但斯科塞斯后来声明，他在制作《没有方向的家》的过程中并未与 Dylan 见过面，消除了那些谣言）。

Dylan 和 D.A. Pennebaker，1966 年

1967 年之后，缺乏标志性的真实事件以及有分量的素材支撑，成为 Dylan 相关电影的另外一个硬伤。随后的一些零散的演唱会视频，如澳大利亚导演 Gillian Armstrong 拍摄的 *Hard To Handle: Bob Dylan In Concert*（1986）、1992 年包装精巧的纪念品 *30th Anniversary Concert Celebration* 和他在 1994 年的 *MTV 不插电演唱会*，都不能弥补这个缺陷。

无论好坏（尽管通常是后者），Dylan 在 20 世纪 60 年代后直接参与的虚构题材类影视作品，更能生动反映出他的艺术轨迹。他首次涉足影视要追溯到 1963 年。1962 年，英国导演 Philip Saville 看到他在纽约演出，决定把他带到伦敦主演一部计划在 1 月 13 日 BBC 周日晚剧场上映的影片：*Madhouse On Castle Street*。Dylan 最初被选为主演，但由于他在为期三个星期的排练中缺乏经验和兴趣，剧组让 Dylan 改饰一个小角色。*Madhouse On Castle Street* 原始的 35mm 底片在 1968 年被销毁，如今也没有拷贝版本留存下来。唯一保存下来的是 BBC 在 2005 年前后找到的 Dylan 演唱歌曲的一些录音带。

不单单是这一次，Dylan 的影视之路一直是命途多舛。Peckinpah 在《比利小子》的剪辑问题上与 MGM 讨价还价。1973 年 5 月在影院上映的那个版本就是双方妥协、让步的结果，但导演最终否定了这个版本。另外，导演对制片方要求 Dylan 参演感到不满。*Knockin' On Heaven's Door* 这首歌为电影的结局增添了悲恸和宏伟的情怀，没有出现在他喜爱的剪辑版中。最初 Kris Kristofferson 决定在片中饰演 Billy，正式开始涉足影视领域。在他听说朋友 Dylan 有兴趣做配乐的时候，他决定拉 Dylan 出演。Peckinpah 不知道 Dylan 是谁，但他觉得也许片中会有适合他的角色。平心而论，Dylan 在片中的表演并未给观众留下很深的印象。但当我们把他所饰演的角色与 Kristofferson 和 James Coburn 等人所饰演的大放异彩的角色进行比较时，少言寡语的 Alias 也许足以证明：那时的 Dylan 已经懂得了低调的意义。

Renaldo & Clara 的打击
让他心灰意冷。
这之后，他远离影视行业很多年。

不过，同样的策略在他下一部电影中并没有起到正面的效果。在 Renaldo & Clara 中，Dylan 不仅是演员，且是一个需要在镜头前后发号施令的头儿。这部电影由 Dylan 与 Sam Shepard 一同编剧，音乐会镜头、半表演式的采访和大量的即兴戏剧场景让整部电影变得混乱不堪，尤其是"滚雷巡演"（Rolling Thunder Revue）的部分。尽管 Dylan 将一些法国电影，如 François Truffaut 的《射杀钢琴师》（Shoot The Piano Player）和 Marcel Carné 的《天堂的孩子》（Children Of Paradise），作为灵感来源，但影片笨拙地混合了后台戏剧痛苦的爱情和孤独的反思，让这部长达四个小时的电影看上去更像费里尼最拙劣的作品。

不过，即便如此，这部影片也算得上是一个吸引人的，甚至让人着迷的混乱场景。音乐表演片段（与电影的私密唱片一样粗糙）和 Dylan 漫长的即兴演奏片段有惊人的清晰度，为电影带来活力。影片在 1978 年一上映就遭到了猛烈的抨击，之后很快在院线销声匿迹，大多数人只闻其名，未见其影。

现实的打击让 Dylan 心灰意冷。他付出

了婚姻破裂和两百万美元的代价，随后远离影视行业多年。后来，他决定出演《烈火雄心》（Hearts Of Fire），至今没人知道他为何做出这个决定。1987 年上映的这部电影，在各方面都做得非常差。Richard Marquand 导演的这部作品可以说是《一个明星的诞生》（A Star Is Born）的翻拍版。Dylan 在片中饰演 Billy Parker，一位想要放弃所有、归隐田园的摇滚明星。但是，他毫无预兆地想帮助一个梦想远大的女歌手，于是又想重回舞台。他对她可以说一半是父爱、另一半是情欲。女主角由 Fiona 饰演，一位曾经的 AOR[成人摇滚乐（Adult Oriented Rock）] 歌手。从她名字的特征来看，这位歌手曾经立志成名，但最终也未能如愿。影片有着错综复杂的三角关系，"第三者"是由 Rupert Everett 扮演的一位声名狼藉的摇滚歌手。他以哥特和 Spandau-Ballet 混合式风格演唱的一曲 Tainted Love 从侧面反映了片中音乐的低烂水准，也反映出整部制作在各方面的迂腐和恼人。难怪 Dylan 看上去想要在他那一头蓬松的卷发下躲藏起来。

这部电影在英国小范围上映后，遭到了无数的奚落（该片在美国只发行了录像带）。此后的 16 年内，Dylan 在影视行业的境遇没有得到任何改善，直到他接触了下一部影片。《蒙面与匿名》（Masked And Anonymous）一片中，Dylan 以笔名 Sergei Petrov 和导演 Larry Charles 共同编剧，Dylan 在片中扮演另外一位隐居的摇滚明星（之前提到的 Jack Fate）。不同于以往的角色经历，Dylan 在这部

片子中很好地掩盖了自己的缺点。电影在"9·11"事件之后的美国想象为成为一个处于永久内战状态的香蕉共和国。Jeff Bridges、John Goodman、Jessica Lange、Luke Wilson 和 Mickey Rourke 都非常喜欢 Dylan 和 Charles 在这部充满了讽刺意味的电影中为他们设定的角色。片中 Down In The Flood 和 Cold Irons Bound 简洁的表演也反映了 Jack Fate 在不断改变风格的过程中内心的不安。

Larry Charles 说过，他要为 Bob Dylan 制作出一部层次分明的、超现实的、暧昧模糊的电影，如同 Dylan 的歌一样。在 Bob Dylan 的官方作品中，《蒙面与匿名》是唯一一部算得上与这个目标接近的作品。但全面反映 Dylan 性格和气质的一部非官方的作品更配得上这个评价。2007 年，Todd Haynes 在影片《我不在那儿》（I'm Not There）中，以一种大胆、千变万化的手法，通过先抑后扬再解构的方式解读了 Dylan 的人生历程和他的歌曲。其中 Dylan 本人的前后矛盾、表里不一变成了圣洁的美德。

影片最吸引人的地方，是几个带有轻微虚构的片段讲述的 Dylan 的故事，并且生动地以超现实影像的方式塑造了不同的 Bob Dylan。由 Christian Bale 饰演的约翰牧师"（一场在专辑 Saved 时期慷慨激昂地传教的戏），由 Cate Blanchett 饰演的 1965 年前后英气逼人的 Jude Quinn，还有一位由 11 岁非裔美国男孩不协调地扮演的 Freewheelin 时期风格的 Woody。在整场错乱的结局部分，我们看到了真实的 McCoy。在 Eat The Document 的一段废片里演奏 Mr Tambourine Man。如同老 Norma Desmond 一样，他的风头盖过了整部电影。

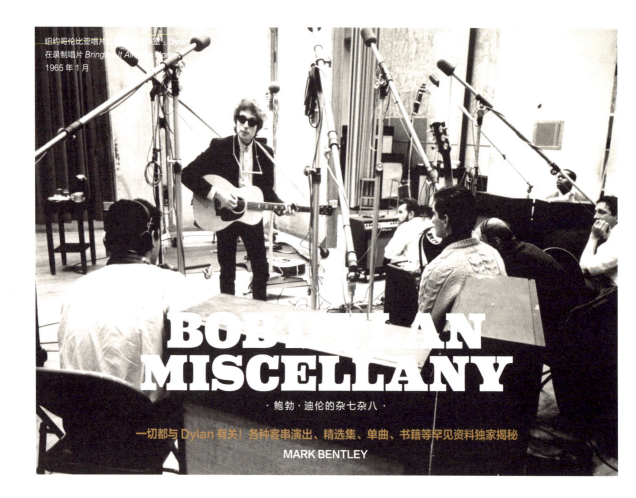

BOB DYLAN
MISCELLANY
· 鲍勃 · 迪伦的杂七杂八 ·

一切都与 Dylan 有关！各种客串演出、精选集、单曲、书籍等罕见资料独家揭秘

MARK BENTLEY

零零散散：
DYLAN的多张精选集

众所周知，Dylan 从来都不是一个单曲艺人。但说到他在单曲排行榜上的糟糕成绩，一定还是会让你惊讶。他从没有一首单曲在英国或美国榜单上拿过第一。在英国，他只有六首个人作品挤入过榜单前十名，并且自 1969 年 Lay Lady Lay 发表之后，便再没有一首歌进过前十。而自 1978 年 Baby, Stop Crying 登上英国榜单前二十以后，他连前二十也再没进过。在 Billboard 榜单上也一样——只有四首前十的单曲，比在英国还要糟糕。

这也许可以解释，为什么 Dylan 的精选集总是奇怪地不能让人满意。在主打歌都成绩平平的情况下，又如何决定该选要哪些歌而不要哪些歌呢？Greatest Hits（1967 年）是一张不出人意料的精选集，收入了若干值得纪念的作品。但奇怪的是，其中并没有收录他截止当时发表的全部单曲（比如说 Can You Please Crawl Out Of Your Window）。于 1971 年发行的双张专辑 Greatest Hits Vol II（又称 More Bob Dylan Greatest Hits）则对人们更具吸引力。这张专辑

的歌曲由 Dylan 亲自挑选，有之前没有发行的五首歌曲。在专辑的第四面，隐藏着 Basement Tapes 里三首歌曲的重录版本，包括 1971 了年 9 月的 I Shall Be Released、You Ain't Goin' Nowhere 和 Down In The Flood，此外还收录了 When I Paint My Masterpiece 以及 1963 年现场演唱的 Tomorrow Is A Long Time。Vol II 开启了 Dylan 精选集的一个优良传统：将未经发表的东西公布出来。

为 Dylan 出全面范围选集的尝试 ——包括不计其数的未收录歌曲和废弃录音——最早并未出现在美国或英国，而是出现在日本、澳大利亚和新西兰等国家。这就是 1978 年发行的 Masterpieces，一张包含三张专辑的套装，在 Dylan 太平洋巡演之前发行。它是对于过往热门单曲和专辑中重要歌曲的一次回顾，其中的歌曲按照主题顺序排列，而非严格意义上按时间顺序。更关键的是，Masterpieces 收入了许多罕见单曲和 B 面歌曲，并且首次公开了早期歌曲 Mixed Up Confusion。虽然后来被 Biograph 这张选集取代，但在整个 20 世纪 80 年代，Masterpieces 都极具收藏价值，并且被认为足够重视，以至于索尼公司在 1991 年用 CD 格式重新发行了整张专辑。

对于粉丝们而言，Biograph 意味着一个惊喜。这张在 1985 年出版的精选集，由五张黑胶唱片、三张 CD、53 首精选曲目组成，起到了收集各种零散作品的作用。选集收录了 18 首未发表歌曲、包括录音室弃用版本、现场版本以及一些"新东西"，包括 1963 年的 Percy's Song 和 1975 年的 Abandoned Love。Cameron Crowe 为撰写封套上的生涯回顾而采访 Dylan 时，Dylan 表现出刻薄的智慧和诡异的见解（"至于60年代，我没觉得有什么大不了。要是能选择的话，我宁愿活在大卫王的时代……"）。这是一张必买专辑，从很多方面都堪称 The Bootleg Series 的先驱——它的做法在 The Bootleg Series 中得

HANDLE WITH CARE:
幸运、BOO以及 THE TRAVELING WILBURYS乐队

到了成功的改进和加强。

因为 Dylan 的全部作品已经广泛传播，再加上 The Bootleg Series，其他精选集相较而言就变成不值得一提的产品。1994 年的 Bob Dylan's Greatest Hits Volume 3 是专辑 Oh Mercy 未收录歌曲 Dignity 的第一次亮相，但是并没有披露其他的未发表作品。于 2000 年发行的 The Essential Dylan，以及 2007 年发行的三碟装豪华版合集 Dylan，则最多只能被看作是经过专业级重新包装的合集而已。和 2011 年的 Side Tracks 比起来，它们都应该被淘汰了。Side Tracks 和含有 47 张碟的 Bob Dylan: The Complete Album Collection Vol 1 一同发布。和 The Beatles 的 Past Masters 系列一样，Side Tracks 将所有非录音室专辑的作品全部收入囊中。另外还要注意的，是欧洲进口的 Pure Dylan: An Intimate Look At Bob Dylan（同样发行于 2011 年），这是他和 Mark Knopfler 的巡演发行的选集，有点像 Masterpieces 的第二辑，也同样包含了一些罕见的歌曲，包括 Moonshiner 和 Spanish Is The Loving Tongue。

仅从人员构成上来看，这简直是超级乐队中的超级乐队——Dylan、Harrison、Petty、Lynne 以及 Orbison，他们一同发行的两张专辑在 Dylan 的职业生涯中绝不应该只是一笔带过。在 1988 年的专辑 Vol 1 中，Bob Dylan 化名为 Lucky Wilbury，并以 Boo Wilbury 的身份在第 1990 年发行的专辑 Vol 3 中出现（Vol 2 的缺席是 Harrison 开的小玩笑，可能是指两张唱片之间的某张私录唱片）。从歌曲 Handle With Care 中，你能听出一种熟悉的感觉，这两张专辑都是充满阳光且有趣的，是各路巨星惺惺相惜的白金级即兴合作。那段时期内的多次合作可以为此提供证据，比如 Orbison 的告别歌曲 Mystery Girl 由 Lynne 和 Petty 合作完成，又或者 Harrison 在 Under The Red Sky 中的演出。所有 Wilbury 的歌曲都是联合署名的，但是其中有一些则更加偏向 Dylan 的风格。Vol 1 中的 Tweeter And The Monkey Man 的版权发行就是在 Dylan 自己的 Special Rider Music 公司，那是一首诙谐幽默的改编歌曲，其原作可能来自于 Springsteen 早期的冗长作品，歌词影射了 Springsteen 的许多主题。

这个乐队从来没有进行过巡演，而且 Harrison 的遗产管理者拥有这两张唱片的版权。或许有更多素材没有公布于众？有趣的是，这两张唱片一直处于绝版状态，直到 2007 年，精美的 The Traveling Wilburys Collection 套装才弥补了这个缺憾。而且最重要的事实是：大师级录音室乐手 Jim Keltner 担任了了这两张唱片的鼓手，并且在专辑再版时使用了 Buster Sidebury 这个绝妙的化名……

……BOB DYLAN的口琴演奏！
DYLAN鲜为人知的合作

大家都知道，Dylan 曾经在 Live Aid 演出过，也曾在 U2 的 Rattle And Hum、The Band 的 The Last Waltz 以及 Warren Zevon 的 Sentimental Hygiene 等一系列专辑中露过面。不过这些不那么知名的合作，你又知道多少呢？

Earl Scruggs, Earl Scruggs Performing With His Family & Friends（1971）
Dylan 在 Nashville Skyline Rag 中担任吉他手

David Bromberg, David Bromberg（1972）
Dylan 在 Sammy's Song 中担任口琴演奏

Steve Goodman, Somebodelse's Troubles（1973）
Dylan 在专辑的同名标题曲中担任钢琴演奏和背景和声

Booker T Jones And Priscilla Jones, Chronicles（1973）
Dyaln 在 Crippled Crow 中再次担任口琴演奏

Barry Goldberg, Barry Goldberg（1974）
Dylan 在五首歌中担任合音，并且与 Jerry Wexler 一起担任制作人

Eric Clapton, No Reason To Cry（1976）
Dylan 在 Sign Language 中与 Clappo 合作二重唱

Bette Midler, Songs For The New Depression（1976）
Bob 在 Bucket Of Rain 中与 Bette 合唱

Sly And Robbie, Language Barrier（1985）
Dylan 在 No Name On The Bullet 中担任口琴演奏

Kurtis Blow, "Street Rock"（1986）
根据《编年史》一书，这位乐手向 Dylan 介绍了嘻哈音乐，Dylan 在他的专辑中客串说唱了一把。你可以在（厌恶地？）在 YouTube 上找到这个视频

Willie Nelson, Across The Borderline（1993）
Bob 与 Willie 一同创作并演唱了 Heartland 这首歌。

Ronnie Wood, Not For Beginners（2001）
Bob 在 Interfere 中担任吉他手，并被列为 King Of Kings 的作者

Gotta Serve Somebody: The Gospel Songs Of Bob Dylan（2003）
Bob 和 Mavis Staples 一起，为 Gonna Change My Way Of Thinking 的新版本录制二重唱。

Gary "Mudbone" Cooper, Fresh Mud（2006）
Bob 在 Home 中进行钢琴演奏，并被署名为联合作者。

The Lost Notebooks Of Hank Williams（2011）
化名为 Jack Frost 为 Hank 遗失的的歌词谱曲，并演唱了 The Love That Faded。Jack White、Lucinda Williams 和 Merle Haggard 也有贡献

他的另一页

有关BOB DYLAN的书：
DYLAN的"自"传

这世上可能有太多关于Dylan的书，但是由他自己写的呢？那就完全不同了。如果你还没有看过Dylan的书，建议先买一本《编年史：第一卷》（2004）。首先，这本书写得娓娓道来、推心置腹又饱受争议，是通往Bob Dylan内心隐秘世界的一次旅程，或者说，至少可以通往Dylan想让我们看到的那个世界。这本书的文字功底了得，轻松有趣，而且和他本人一样，充满矛盾。这本书以平常的叙事口吻，从最早的事情写起（从家乡德卢斯到格林尼治村）。在这本书里，Dylan思考了许多问题：关于伍德斯托克、关于自己"一代人的声音"的地位，以及在他的手受伤后如何

改变弹琴方式，等等。这本书的标题也挺撩人的，那第二卷何时会出版呢？按照时间顺序来说，《狼蛛》（*Tarantula*，创作于1965—1966年之间，于1971年正式出版）是Bob Dylan创作的第一本书，也是出版时那个年代的产物。实验性的散文诗明显受到了金斯堡、凯鲁亚克和乔伊斯的影响，最终产生了这样一本颇具挑战性，也让人有些摸不着头脑的作品。有人说，这本书是经纪人Albert Grossman没有征得Dylan完全同意的情况下给他签来的差事。

Bob Dylan的艺术作品对他的写作同样起到了启迪性的衬托。*Writings And Drawings By Bob Dylan*（1973）中收录了Dylan的手稿，展示了他直到1971年的歌词、亲笔素描、诗歌以及笔记。虽然这本书当初只要6美元，但现在你起码得花十倍的价格才能得到一本质量不错的二手书。Drawn Blank系列丛书（1994）向人们展示了Dylan的铅笔素描作品，如城市景观和天际线等。而在2013年，*Revisionist Art: Thirty Works By Bob Dylan* 收录了Dylan用丝网印刷术制作的50年代以来的畅销杂志封面，可以说是视觉创作的*Theme Time Radio Hour*。

当然，Dylan最大的文学成就还是他的歌词集 *Lyrics: Since 1962*。这本书初版由文学学者和评论家Christopher Ricks编辑，共960页，是装帧精美的馆藏本。即使售价100英镑左右，本书依旧物有所值……

永远年轻的 Bob Dylan，纽约，1962 年 9 月

无家可归的孩子

DYLAN未收录于录音室专辑的单曲

Mixed up Confusion / Corinna, Corinna
Bob创作的第一首单曲（只在美国发行），并未被收录于*Freewheelin*专辑中，直到1978年才被编入精选集 *Masterpieces*...

Positively 4Th Street / From A Buick 6
哥伦比亚唱片公司，1965.9
在英国和美国排行榜均排行前10，也是他最著名的歌曲之一，录制于1965年7月。

Can you please crawl out your window? / highway 61 revisited
哥伦比亚唱片公司，1965.12
在 *Highway 61* 录制期间完成，并作为独立单曲发行。而后出现在*Masterpieces*和*Bigraph*中，英国音乐榜中排名17。

If You Gotta Go, Go Now / To Ramona
哥伦比亚唱片公司（仅在荷兰发行），1967.1
因Manfred Mann的翻唱为英国粉丝所知晓（以及由Fairport Convention翻唱的法语版 *Si Tu Dois Partir*）。Dylan在1965年的专辑仅在比荷卢经济联盟区域内发行，并且未能上榜。最终在 *The Bootleg Series Vols 1-3* 中重新发行。

George Jackson Big Band Version / George Jackson Acoustic Version
哥伦比亚唱片公司，1971.11
这可能是他最著名的"孤儿"单曲了：Dylan以此来致敬黑豹党领导人者George Jackson，他之前在圣昆丁州立监狱被警卫击毙。

Stuck inside of mobile... / rita may
CBS，1976.11
*Stuck Inside Of Mobile*是在*Hard Rain*现场版的基础上加以编辑的。令人生趣的是它的B面歌曲，录制于*Desire*录音期间。

Band Of The Hand / Joe'S Death
CBS，1986.4
来自电影原声带，与Tom Petty & The Heartbreakers合作，并由包括Stevie Nicks在内的一系列歌手伴唱。

Things Have Changed / Blind Willie Mctell(现场版)
哥伦比亚唱片公司，2000.5
这首获得奥斯卡和金球奖的歌曲被收录在 *Wonder Boys* 的原声大碟中。歌曲视频中包含了一组Dylan和电影场景的混剪镜头。

最好全部拥有！

BOB DYLAN收藏品导读

除了 Jeff Gold，还有谁更懂得如何在 Bob Dylan 纷纷杂杂、没边没际的收藏世界中寻找宝贝呢？Gold 不但是一位音乐史专家、作家、前华纳兄弟公司执行官，同时还是位于洛杉矶的音乐收藏网站 Recordmecca.com 的拥有者。他曾经碰巧在 Ralph Gleason 位于曼哈顿公寓的地下室中，发现大量佚失的 Dylan 录音。这些素材后来被发行为 *Bob Dylan In Concert – Brandeis University 1963* ...

现在收藏市场的行情如何？现在收藏 Bob Dylan，价值是高于十年前还是低于十年前？ Bob Dylan 一直都是最值得收藏的那一类艺人，和他一样的还有 Beatles、Stones 以及其他一些人。现在收藏 Bob Dylan 的人比以前要多得多，最珍贵的物件价格也一直在走高。

在你收藏 Bob Dylan 的过程中，有哪些趋势是值得注意的？ 他当他在新港音乐节使用的吉他涨到一百万美元、*Like A Rolling Stone* 的歌词涨到 200 万美元的时候（2014 年夏天），有价值的藏品的行情一定比以前更受追捧。好的海报、专辑和纪念品的价格都在走高，而且不缺买家。但同时也催生出很多不诚信的交易者，我见到越来越多卖假醋酸酯唱片和签名的，甚至卖假歌词的也有。所以，当大家在买一些价格高昂的收藏品时，务必要询问卖家东西的出处，知道卖家都是些什么人。也应该向他们索要官方的终身真品担保。普通的真品证书并没什么用，如果他们卖给你假货，那伪造的真品证书肯定也早就准备好了。

在 Recordmecca 上，人们最常搜索的藏品都有哪些？ 人们非常想要保存完好的 Bob Dylan 的早期专辑——当然，这些东西现在越来越难弄了。人们也很喜欢 60 年代演唱会的海报和宣传单——同样难以弄到手，但是我一直很努力地在寻找。当然，醋酸酯唱片和签名照都卖得不错。

对于资深的 Bob Dylan 收藏家来说，什么才是他们的终极藏品？ 对于所有收藏 Dylan 的人来说，最初版的 *Freewheelin'* 永远是大家想要的东西。这个版本里有四首后来被撤掉的曲子，原因至今都未知。当这张专辑后来被正式发行后，原先的四首歌被替换了。有一些猜测是说 CBS 电视台不允许 Dylan 在 The Ed Sullivan Show 中演唱 *Talkin' John Birch Paranoid Blues*，于是 CBS 公司控股的哥伦比亚唱片公司只好将它去掉。还有一些人说这是因为四首替换的歌曲在黑胶唱片出来前就已经录制好了，并且它们都很好听，所以无法割舍掉（其中包括 *Masters Of War* 和 *Girl From The North Country*）。不管怎么说，哥伦比亚唱片公司制作了包含新歌的唱片母盘，换掉了封面图，发行了这张经过改动的专辑。但是这一改，改出了大事儿——压制唱片的工厂中有一家没有接到通知，结果按照按照旧版本制作了少量专辑。在 Freewheelin' 发行后的 49 年之间，基本上没有多少包含撤掉的四首歌曲的版本出现在市场上——迄今所知的立体声版本只有两张，还有不到 20 张只有单轨音。而且，为什么只有如此少量的拷贝从哥伦比亚的唱片工厂流散出来，至今也没有人能解开这个谜。唱片的状态很重要，但是这张唱片全新的单轨黑胶可以卖到 15000 美元一张，立体声的就更贵了。而且现在，已知的两张拷贝都在同一位私人藏家手里。其他一些终极藏品，包括 *Blood On The Tracks* 的原始版本，曾经被制成醋酸酯唱片和测试盘，但现存极少。一张完好无损的 *Blood On The Tracks* 醋酸酯唱片或测试盘都可以卖到 7 万到 10 万美元。还有就是 1963 年发行的一张不太为人所知的精选集，其中包括了许多没被发行的歌曲，是用来邀请别人翻唱的——这张唱片现在还有一些测试盘留存下来。很多受人喜爱的醋酸酯唱片也开始被发现，我有一张双面醋酸酯版的 *The Times They Are A-Changin'*，包含了一首替换曲目 *Hero Blues*。我还有两张不同版本的未发表的 1964 年现场专辑的醋酸酯唱片。

有 Dylan 的亲笔签名能让藏品有多大溢价？他的签名到底有多珍贵？ 他真正的签名非常罕见，这也是为什么大家后来都在搜寻的原因，因为他不爱签名，而且人们很少能接触到他。签名的价值在于签得怎么样、在哪里签的以及在什么时候签的。我在网上看到的许多签名都是假的，还有签得很不好的。如果是我买 Bob Dylan 的亲笔签名，我会非常谨慎。就像我之前说的，要弄清楚卖给你签名的人是谁，向他索要书面的终身正品保障。我在 1976 年见过 Dylan，他也没有给我签名，但却跟我聊了十分钟天。现在即使我有许多他的签名，仍然比不了那十分钟聊天的特殊价值。

Dylan 的私录专辑系列已经为我们带来一些全新的、超棒的素材。你最希望哪些私录素材能够得到官方出版？ 我认为代理 Bob 的 Jeff Rosen 收集整理私录专辑系列的工作做得很棒。*The Basement Tapes Complete* 和 *Another Self Portrait* 这两张专辑，都是给 Dylan 粉丝的最好的回馈。Geoff Gans 在封套设计方面的工作也做得很好。我唯一想说的就是：一直做下去吧。我知道有他们在讨论 *Blood On The Tracks Bootleg Series* 的正式出版，我已经有些等不及了。

跟我们说说你在曼哈顿的地下室里发现的那 150 张佚失的醋酸酯唱片吧。 那真是令人难以置信。听起来就足以值得我坐飞机横跨美国去看看了。但当我打开那个纸箱，看到那些完好保存了 45 年的东西——其中的一些醋酸酯唱片封套上还有 Dylan 亲手写的手写笔记，这一切都让我激动到无法呼吸。接下来发生的事情也同样让人开心。把所有的都听完并转录下来，让朋友帮忙分辨哪个是未发行版本，哪个是属于不同版本的……现在回想起来，仍然令人难以置信。试想一下，如果公寓的主人没有发现这一小盒收藏，它们也许被直接扔掉，再也不能与世界见面了……

BOB DYLAN

1. You're No Good ★★★
2. Talkin' New York ★★★★
3. In My Time Of Dyin' ★★★
4. Man Of Constant Sorrow ★★★
5. Fixin' To Die ★★★
6. Pretty Peggy-o ★★★
7. Highway 51 ★★★
8. Gospel Plow ★★★
9. Baby Let Me Follow You Down ★★★★
10 House Of The Risin' Sun ★★★★
11. Freight Train Blues ★★★
12. Song To Woody ★★★★★
13. See That My Grave Is Kept Clean ★★★

发行日期：1962 年 3 月 19 日
厂牌：哥伦比亚唱片公司
制作人：John Hammond
录制信息：1961 年 11 月 20—22 日, 纽约市哥
伦比亚唱片
榜单最高排名：无（美国）,13（英国，1965）

THE TIMES THEY ARE A-CHANGIN'

1. The Times They Are A-Changin' ★★★★★
2. Ballad Of Hollis Brown ★★★★
3. With God On Our Side ★★★★★
4. One Too Many Mornings ★★★★★
5. North Country Blues ★★★
6. Only A Pawn In Their Game ★★★★★
7. Boots Of Spanish Leather ★★★★
8. When The Ship Comes In ★★★
9. The Lonesome Death Of Hattie Carroll ★★★★★
10. Restless Farewell ★★★

发行日期：1964 年 2 月 10 日
厂牌：哥伦比亚唱片公司
制作人：Tom Wilson
录制地点：纽约哥伦比亚录音室
榜单最高排名：4（英国）；20（美国）

BRINGING IT ALL BACK HOME

1. Subterranean Homesick Blues ★★★★★
2. She Belongs To Me ★★★★
3. Maggie's Farm ★★★★
4. Love Minus Zero/ No Limit ★★★★
5. Outlaw Blues ★★★★
6. On The Road Again ★★★★★
7. Bob Dylan's 115th Dream ★★★★★
8. Mr Tambourine Man ★★★★★
9. Gates Of Eden ★★★★
10. It's Alright Ma（I'm Only Bleeding）★★★★★
11. It's All Over Now, Baby Blue ★★★★★

发行日期：1965 年 3 月 22 日
厂牌：哥伦比亚唱片公司
制作人：Tom Wilson
录制地点：纽约哥伦比亚录音室
榜单最高排名：1（英国）；6（美国）

THE FREEWHEELIN' BOB DYLAN

1. Blowin' In The Wind ★★★★
2. Girl From The North Country ★★★★★
3. Masters Of War ★★★★★
4. Down The Highway ★★★
5. Bob Dylan's Blues ★★★
6. A Hard Rain's A-Gonna Fall ★★★★★
7. Don't Think Twice, It's Alright ★★★★★
8. Bob Dylan's Dream ★★★★
9. Oxford Town ★★★
10. Talkin' World War Ⅲ Blues ★★★
11. Corrina, Corrina ★★★★
12. Honey, Just Allow Me One More Chance ★★★
13. I Shall Be Free ★★★

发行日期：1963 年 5 月 27 日
厂牌：美国哥伦比亚唱片公司、英国 CBS 唱片
公司
制作人：John Hammond、Tom Wilson
录制地点：哥伦比亚唱片公司 A 棚
榜单最高排名：1（英国）；22（美国）

ANOTHER SIDE OF BOB DYLAN

1. All I Really Want To Do ★★★★
2. Black Crow Blues ★★
3. Spanish Harlem Incident ★★★
4. Chimes Of Freedom ★★★★★
5. I Shall Be Free No. ★★
6. To Ramona ★★★
7. Motorpsycho Nitemare ★★
8. My Back Pages ★★★★
9. I Don't Believe You（She Acts Like We Never Have Met）★★
10. Ballad In Plain D ★★★
11. It Ain't Me Babe ★★★★★

发行日期：1964 年 8 月 8 日
厂牌：哥伦比亚唱片公司
制作人：Tom Wilson
录制地点：纽约哥伦比亚录音室
榜单最高排名：8（英国）；43（美国）

HIGHWAY 61 REVISITED

1. Like A Rolling Stone ★★★★★
2. Tombstone Blues ★★★★★
3. It Takes A Lot To Laugh, It Takes A Train To Cry ★★★★
4. From A Buick 6 ★★★★
5. Ballad Of A Thin Man ★★★★★
6. Queen Jane Approximately ★★★★
7. Highway 61 Revisited ★★★★★
8. Just Like Tom Thumb's Blues ★★★★★
9. Desolation Row ★★★★★

发行日期：1965 年 8 月 30 日
厂牌：哥伦比亚唱片公司
制作人：Tom Wilson、Bob Johnston
录制地点：伦敦三叉戟录音室
榜单最高排名：4（英国）；3（美国）

BLONDE ON BLONDE

1. Rainy Day Women #12 & 35　★★★★
2. Pledging My Time　★★★★
3. Visions Of Johanna　★★★★★
4. One Of Us Must Know（Sooner Or Later）
★★★★★
5. I Want You　★★★★★
6. Stuck Inside Of Mobile With The Memphis
Blues Again　★★★★★
7. Leopard-Skin Pill-Box Hat　★★★★
8. Just Like A Woman　★★★★★
9. Most Likely You Go Your Way（And I'll Go
Mine）　★★★★★
10. Temporary Like Achilles　★★★★
11. Absolutely Sweet Marie　★★★★★
12. Fourth Time Around　★★★★
13. Obviously Five Believers　★★★★
14. Sad Eyed Lady Of The Lowlands　★★★★

发行日期：1966 年 5 月 16 日
厂牌：哥伦比亚唱片公司
制作人：Bob Johnston
录制地点：纽约、纳什维尔
榜单最高排名：3（英国）；9（美国）

JOHN WESLEY HARDING

1. John Wesley Harding　★★★★★
2. As I Went Out One Morning　★★★★★
3. I Dreamed I Saw St Augustine　★★★★★
4. All Along The Watchtower　★★★★★
5. The Ballad Of Frankie Lee And Judas Priest
★★★★★
6. Drifer's Escape　★★★★★
7. Dear Landlord　★★★★
8. I Am A Lonesome Hobo　★★★★
9. I Pity The Poor Immigrant　★★★★★
10. The Wicked Messenger　★★★★★
11. Down Along The Cove　★★★★
12. I'll Be Your Baby Tonight　★★★★★

发行日期：1967 年 12 月 27 日
厂牌：哥伦比亚唱片公司
制作人：Bob Johnston
录制地点：哥伦比亚录音室、纳什维尔
榜单最高排名：1（英国）；2（美国）

NASHVILLE SKYLINE

1. Girl From The North Country　★★★★★
2. Nashville Skyline Rag　★★★
3. To Be Alone With You　★★★★
4. I Threw It All Away　★★★★★
5. Peggy Day　★★★
6. Lay Lady Lay　★★★★★
7. One More Night　★★★★
8. Tell Me That It Isn't True　★★★★
9. Country Pie　★★★
10. Tonight I'll Be Staying Here With You　★★★★

发行日期：1969 年 4 月 9 日
厂牌：哥伦比亚唱片公司
制作人：Bob Johnston
录制地点：哥伦比亚录音室 A 号录音室、田纳西
州纳什维尔
榜单最高排名：1（英国）；3（美国）

SELF PORTRAIT

1. All The Tired Horses　★★★
2. Alberta #1　★★★★
3. I Forgot More Than You'll Ever Know　★★★
4. Days Of 49　★★★★
5. Early Mornin' Rain　★★★
6. In Search Of Little Sadie　★★★★
7. Let It Be Me　★★★
8. Little Sadie　★★★
9. Woogie Boogie　★★
10. Belle Isle　★★★
11. Living The Blues　★★★
12. Like A Rolling Stone　★★
13. Copper Kettle　★★★★★
14. Gotta Travel On　★★★
15. Blue Moon　★★★
16. The Boxer　★★
17. The Mighty Quinn（Quinn The Eskimo）　★★
18. Take Me As I Am（Or Let Me Go）　★★★
19. Take A Message To Mary　★★★
20. It Hurts Me Too　★★★★
21. Minstrel Boy　★★★
22. She Belongs To Me　★★★
23. Wigwam　★★★
24. Alberta #2　★★★

发行日期：1970 年 6 月 8 日
厂牌：哥伦比亚唱片公司
制作人：Bob Johnston
录制地点：纽约、纳什维尔、怀特岛
榜单最高排名：1（英国）；4（美国）

NEW MORNING

1. If Not For You　★★★★
2. Day Of The Locusts　★★★★
3. Time Passes Slowly　★★★
4. Went To See The Gypsy　★★★
5. Winterlude　★★★★★
6. If Dogs Run Free　★★★
7. New Morning　★★★★
8. Sign On The Window　★★★
9. One More Weekend　★★★
10. The Man In Me　★★★★★
11. Three Angels　★★
12. Father Of Night　★★★

发行日期：1970 年 10 月 19 日
厂牌：哥伦比亚唱片公司
制作人：Bob Johnston
录制地点：纽约哥伦比亚录音室
榜单最高排名：1（英国）；7（美国）

PAT GARRETT & BILLY THE KID

1. Main Title Theme（Billy）　★★★★★
2. Cantina Theme（Workin'For The Law）
★★★★
3. Billy 1　★★★★★
4. Bunkhouse Theme　★★★★★
5. River Theme　★★★★
6. Turkey Chase　★★★
7. Knockin'On Heaven's Door　★★★★★
8. Final Theme　★★★
9. Billy 4　★★★★★
10. Billy 7　★★★★

发行日期：1973 年 7 月 13 日
厂牌：哥伦比亚唱片公司
制作人：Gordon Carroll
录制地点：哥伦比亚广播公司录音室、墨西哥城
榜单最高排名：29（英国）；16（美国）

DYLAN

1. Lily Of The West ★★★
2. Can't Help Falling In Love ★★
3. Sarah Jane ★★★
4. The Ballad Of Ira Hayes ★★
5. Mr Bojangles ★
6. Mary Ann ★★★
7. Big Yellow Taxi ★
8. A Fool Such As I ★★★
9. Spanish Is The Loving Tongue ★★

发行日期：1973 年 11 月 19 日
厂牌：哥伦比亚唱片公司
制作人：Bob Johnston
录制地点：纽约、纳什维尔
榜单最高排名：无（英国）；17（美国）

PLANET WAVES

1. On A Night Like This ★★★
2. Going, Going, Gone ★★★★
3. Tough Mama ★★★★
4. Hazel ★★★
5. Something There Is About You ★★★★
6. Forever Young ★★★★
7. Forever Young ★★
8. Dirge ★★★★
9. You Angel You ★★★
10. Never Say Goodbye ★★★
11. Wedding Song ★★★★

发行日期：1974 年 1 月 17 日
厂牌：Asylum 唱片公司
制作人：Rob Fraboni
录制地点：加利福尼亚洛杉矶乡村录音室
榜单最高排名：7（英国）；1（美国）

BLOOD ON THE TRACKS

1. Tangled Up In Blue ★★★★★
2. Simple Twist Of Fate ★★★★★
3. You're A Big Girl Now ★★★★★
4. Idiot Wind ★★★★
5. You're Gonna Make Me Lonesome When You Go ★★★★★
6. Meet Me In The Morning ★★★★
7. Lily, Rosemary And The Jack Of Hearts ★★★
8. If You See Her, Say Hello ★★★★★
9. Shelter From The Storm ★★★★★
10. Buckets Of Rain ★★★★

发行日期：1975 年 1 月 17 日
厂牌：哥伦比亚唱片公司
制作人：Phil Ramone
录制地点：纽约 A&R 录音室、明尼阿波利斯 Sound 80 录音室
榜单最高排名：4（英国）；1（美国）

THE BASEMENT TAPES

1. Odds And Ends ★★★★★
2. Orange Juice Blues（Blues For Breakfast）[The Band] ★★★
3. Million Dollar Bash ★★★★
4. Yazoo Street Scandal [The Band] ★★★
5. Goin' To Acapulco ★★★★★
6. Katie's Been Gone [The Band] ★★★★
7. Lo And Behold! ★★★★★
8. Bessie Smith [The Band] ★★★★
9. Clothes Line Saga ★★★
10. Apple Suckling Tree ★★★★
11. Please, Mrs Henry ★★★
12. Tears Of Rage ★★★★★
13. Too Much Of Nothing ★★★★★
14. Yea! Heavy And A Bottle Of Bread ★★★★★
15. Ain't No More Cane [The Band] ★★★★★
16. Crash On The Levee（Down In The Flood）★★★★★
17. Ruben Remus [The Band] ★★★
1.8 Tiny Montgomery ★★★★★
19. You Ain't Goin' Nowhere ★★★★★
20. Don't Ya Tell Henry [The Band] ★★★★
21. Nothing Was Delivered ★★★★
22. Open The Door, Homer ★★★★
23. Long Distance Operator [The Band] ★★★★
24. This Wheel's On Fire ★★★★★

发行日期：1975 年 6 月 26 日
厂牌：哥伦比亚唱片公司
制作人：Dylan、The Band 乐队
录制地点：纽约 Big Pink（1967 年至 1968 年）、马里布（1975 年）
榜单最高排名：8（英国）；7（美国）

DESIRE

1. Hurricane ★★★★
2. Isis ★★★★★
3. Mozambique ★★★
4. One More Cup Of Coff ee ★★★★
5. Oh, Sister ★★★★
6. Joey ★★★
7. Romance In Durango ★★★
8. Black Diamond Bay ★★★★
9. Sara ★★★★

发行日期：1978 年 1 月 5 日
厂牌：哥伦比亚唱片公司
制作人：Don DeVito
录制地点：纽约哥伦比亚录音室 E 号录音室
榜单最高排名：3（英国）；1（美国）

STREET LEGAL

1. Changing Of The Guards ★★★★
2. New Pony ★★★
3. No Time To Think ★★★
4. Baby, Stop Crying ★★★
5. Is Your Love in Vain? ★★
6. Señor（Tales Of Yankee Power）★★★★★
7. True Love Tends To Forget ★★
8. We Better Talk This Over ★★★
9. Where Are You Tonight?（Journey Through Dark Heat）★★★★

发行日期：1978 年 6 月 15 日
厂牌：哥伦比亚唱片公司
制作人：Don DeVito
录制地点：加利福尼亚圣塔莫妮卡 Rundown 录音室
榜单最高排名：2（英国）；11（美国）

SLOW TRAIN COMING

1. Gotta Serve Somebody ★★★★★
2. Precious Angel ★★★
3. I Believe In You ★★★★
4. Slow Train ★★★★★
5. Gonna Change My Way Of Thinking ★★★
6. Do Right To Me Baby（Do Unto Others）
★★★★
7. When You Gonna Wake Up ★★★
8. Man Gave Names To All The Animals ★★★
9. When He Returns ★★★★★

发行日期：1979 年 8 月 20 日
厂牌：哥伦比亚唱片公司
制作人：Barry Beckett、Jerry Wexler
录制地点：亚拉巴马州马斯尔肖尔录音室
榜单最高排名：2（英国）；3（美国）

SHOT OF LOVE

1. Shot Of Love ★★★★
2. Heart Of Mine ★★
3. Property Of Jesus ★★★
4. Lenny Bruce ★★
5. Watered-Down Love ★★★
6. The Groom's Still Waiting At The Altar
★★★★
7. Dead Man, Dead Man ★★★
8. In The Summertime ★★★
9. Trouble ★★★★
10. Every Grain Of Sand ★★★★★

发行日期：1981 年 8 月 12 日
厂牌：哥伦比亚唱片公司
制作人：Chuck Plotkin、Bob Dylan、Bumps
Blackwell
录制地点：洛杉矶三叶草录音室
榜单最高排名：6（英国）；33（美国）

EMPIRE BURLESQUE

1. Tight Connection To My Heart（Has Anybody
Seen My Love）★★★★
2. Seeing The Real You At Last ★★★
3. I'll Remember You ★★★★
4. Clean Cut Kid ★★★
5. Never Gonna Be The Same Again ★★★
6. Trust Yourself ★★★
7. Emotionally Yours ★★★
8. When The Night Comes Falling From The
Sky ★★★★
9. Something's Burning, Baby ★★★
10. Dark Eyes ★★★★

发行日期：1985 年 5 月 30 日
制作人：Bob Dylan
录制地点：好莱坞切诺基录音室、纽约发电站录
音室、纽约德尔塔声录音室、纽约正轨、纽约
试用录音室
榜单最高排名：11（英国）；33（美国）

SAVED

1. A Satisfied Mind ★★★★
2. Saved ★★★★
3. Covenant Woman ★★★★
4. What Can I Do For You? ★★★
5. Solid Rock ★★★
6. Pressing On ★★★★★
7. In The Garden ★★★★
8. Saving Grace ★★★★
9. Are You Ready ★★★★

发行日期：1980 年 6 月 23 日
厂牌：哥伦比亚唱片公司
制作人：Barry Beckett、Jerry Wexler
录制地点：亚拉巴马州谢菲尔德马斯尔肖尔录
音室
榜单最高排名：3（英国）；24（美国）

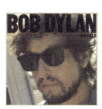

INFIDELS

1. Jokerman ★★★★
2. Sweetheart Like You ★★★★
3. Neighborhood Bully ★★★
4. License To Kill ★★★
5. Man Of Peace ★★★
6. Union Sundown ★★★
7. I And I ★★★
8. Don't Fall Apart On Me Tonight ★★★★

发行日期：1983 年 10 月 27 日
厂牌：哥伦比亚广播公司
制作人：Bob Dylan、Mark Knofler
录制地点：纽约发电站录音室
榜单最高排名：9（英国）；20（美国）

KNOCKED OUT LOADED

1. You Wanna Ramble ★★★
2. They Killed Him ★★
3. Drifin' Too Far From Shore ★
4. Precious Memories
5. Maybe Someday ★★★
6. Brownsville Girl ★★★★★
7. Got My Mind Made Up ★★★
8. Under Your Spell ★

发行日期：1986 年 7 月 14 日
厂牌：哥伦比亚唱片公司
录制地点：1984 年中期，纽约德尔塔声音录音
室；1984 年 12 月到 1985 年 2 月，洛杉矶切
诺基录音室；1985 年 11 月，伦敦教堂录音室；
1986 年 5 月，加州范－纳依斯声音城市录音室、
1986 年 4 月到 1986 年 5 月，托潘加峡谷地平
线录音室。
榜单最高排名：35（英国）；54（美国）

DOWN IN THE GROOVE

1. Let's Stick Together ★
2. When Did You Leave Heaven? ★
3. Sally Sue Brown ★
4. Death Is Not The End ★★
5. Had A Dream About You, Baby ★
6. Ugliest Girl In The World ★
7. Silvio ★★
8. Ninety Miles An Hour（Down A Dead End Street） ★★★★
9. Shenandoah ★★★★
10. Rank Strangers To Me ★★★★

发行日期：1988 年 5 月 31 日
厂牌：哥伦比亚唱片公司
制作人：佚名
录制地点：1983 年，纽约发电站录音室；1986 年，伦敦城镇之家录音室；1987 年，洛杉矶日落录音室及其他
混音：好莱坞日落录音室
榜单最高排名：32（英国）；61（美国）

OH MERCY

1. Political World ★★★★
2. Where Teardrops Fall ★★★
3. Everything Is Broken ★★★
4. Ring Them Bells ★★★★★
5. Man In The Long Black Coat ★★★★★
6. Most Of The Time ★★★★★
7. What Good Am I? ★★★★★
8. Disease Of Conceit ★★★
9. What Was It You Wanted ★★★★
10. Shooting Star ★★★★

发行日期：1989 年 9 月 18 日
厂牌：哥伦比亚唱片公司
制作人：Daniel Lanois
录制地点：1989 年 2 月到 1989 年 7 月，路易斯安那州新奥尔良录音室
榜单最高排名：6（英国）；30（美国）

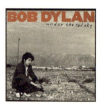

UNDER THE RED SKY

1. The Next Day ★★★★
2. Dirty Boys ★★★★
3. The Stars(Are Out Tonight) ★★★★
4. Love Is Lost ★★★★★
5. Where Are We Now? ★★★★★
6. Valentine's Day ★★★★
7. If You Can See Me ★★★
8. I'd Rather Be High ★★★
9. Boss Of Me ★★★
10. Dancing Out In Space ★★★
11. How Does The Glass Grow? ★★★
12. (You Will)Set The World On Fire ★★★
13. You Feel So Lonely You Could Die ★★★★
14. Heat ★★
15. So She ★★★
16. Plan ★★
17. I'll Take You There ★★★

发行日期：1990 年 9 月 10 日
厂牌：哥伦比亚唱片公司
制作人：Jack Frost、Don Was、David Was
录制地点：洛杉矶大洋路录音室、洛杉矶唱片工场录音室、洛杉矶复杂录音室、洛杉矶魔术师录音室
榜单最高排名：13（英国）；38（美国）

GOOD AS I BEEN TO YOU

1. Frankie & Albert ★★★★
2. Jim Jones ★★★★
3. Blackjack Davey ★★★★
4. Canadee-i-o
5. Sittin'On Top Of The World ★★★
6. Little Maggie ★★★
7. Hard Times ★★★★
8. Step It Up And Go ★★★
9. Tomorrow Night ★★★★
10. Arthur McBride ★★★★
11. You're Gonna Quit Me ★★★★
12. Diamond Joe ★★★★
13. Froggie Went A Courtin' ★★★

发行日期：1992 年 11 月 3 日
厂牌：哥伦比亚唱片公司
制作 & 监制：Debbie Gold
录制 & 混音：Micajah Ryan
录制地点：加州马里布 Dylan 的车库
榜单最高排名：18（英国）；51（美国）

WORLD GONE WRONG

1. World Gone Wrong ★★★★
2. Love Henry ★★★★
3. Ragged & Dirty ★★★
4. Blood In My Eyes ★★★★★
5. Broke Down Engine ★★★
6. Delia ★★★★★
7. Stack A Lee ★★★★
8. Two Soldiers ★★★★
9. Jack-A-Roe ★★★
10. Lone Pilgrim ★★★

发行日期：2006 年 8 月 29 日
厂牌：哥伦比亚唱片公司
制作人：Bob Dylan
录制 & 混音：Micajah Ryan
录制地点：加州马里布 Dylan 家
榜单最高排名：35（英国）；70（美国）

TIME OUT OF MIND

1. Love Sick ★★★★
2. Dirt Road Blues ★★★★
3. Standing In The Doorway ★★★
4. Million Miles ★★★
5. Tryin' To Get To Heaven ★★★★
6. 'Til I Fell In Love With You ★★★
7. Not Dark Yet ★★★★★
8. Cold Irons Bound ★★★★★
9. Make You Feel My Love ★★★
10. Can't Wait ★★★
11. Highlands ★★★★

发行日期：1997 年 9 月 30 日
厂牌：哥伦比亚唱片公司
制作人：Daniel Lanois
录制地点：迈阿密标准（Criteria）录音室
榜单最高排名：10（英国）；10（美国）

"LOVE AND THEFT"

1. Tweedle Dee & Tweedle Dum ★★★★★
2. Mississippi ★★★★★
3. Summer Days ★★★★★
4. Bye And Bye ★★★★
5. Lonesome Day Blues ★★★★★
6. Floater（Too Much To Ask） ★★★★★
7. High Water（For Charley Patton） ★★★★★
8. Moonlight ★★★★
9. Honest With Me ★★★★
10. Po' Boy ★★★★★
11. Cry A While ★★★★★
12. Sugar Baby ★★★★★

发行日期：2001 年 9 月 11 日
厂牌：哥伦比亚唱片公司
制作人：Jack Frost（Bob Dylan）
录制地点：纽约索尼录音室
榜单最高排名：3（英国）；5（美国）

TOGETHER THROUGH LIFE

1. Beyond Here Lies Nothing ★★★★★
2. Life Is Hard ★★★★★
3. My Wife's Home Town ★★★★★
4. If You Ever Go To Houston ★★★★
5. Forgetful Heart ★★★★★
6. Jolene ★★★
7. This Dream Of You ★★★★
8. Shake Shake Mama ★★★
9. I Feel A Change Comin' On ★★★★★
10. It's All Good ★★★★★

发行日期：2009 年 4 月 28 日
厂牌：哥伦比亚唱片公司
制作人：Jack Frost
录制地点：2008.12
榜单最高排名：1（英国）；1（美国）

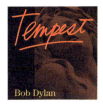

TEMPEST

1. Duquesne Whistle ★★★★
2. Soon After Midnight ★★★★
3. Narrow Way ★★★
4. Long And Wasted Years ★★★★
5. Pay In Blood ★★★
6. Scarlet Town ★★★★
7. Early Roman Kings ★★★
8. Tin Angel ★★★★
9. Tempest ★★★★★
10. Roll On John ★★★★

发行日期：2012 年 9 月 10 日
厂牌：哥伦比亚唱片公司
制作人：Bob Dylan
录制地点：加州圣莫尼卡 Groove Master 录音室
榜单最高排名：3（英国）；3（美国）

MODERN TIMES

1. Thunder On The Mountain ★★★★★
2. Spirit On The Water ★★★★
3. Rollin' And Tumblin' ★★★★★
4. When The Deal Goes Down ★★★★
5. Someday Baby ★★★★★
6. Workingman's Blues #2 ★★★★★
7. Beyond The Horizon ★★★★★
8. Nettie Moore ★★★★
9. The Levee's Gonna Break ★★★★
10. Ain't Talkin' ★★★★★

发行日期：2006 年 8 月 29 日
厂牌：哥伦比亚唱片公司
制作人：Jack Frost（Bob Dylan）
录制地点：纽约索尼录音室
榜单最高排名：3（英国）；1（美国）

CHRISTMAS IN THE HEART

1. Here Comes Santa Claus ★★★★
2. Do You Hear What I Hear? ★★★★
3. Winter Wonderland ★★★★
4. Hark The Herald Angels Sing ★★
5. I'll Be Home for Christmas ★★★★★★
6. Little Drummer Boy ★★
7. Christmas Blues ★★★★★★
8. O Come All Ye Faithful（Adeste Fideles） ★★
9. Have Yourself A Merry Little Christmas ★★★★
10. Must Be Santa ★★★★★★★★
11. Silver Bells ★★★★
12. The First Noel ★★
13. Christmas Island ★★★★★★
14. The Christmas Song ★★★★
15. O Little Town of Bethlehem ★★

发行日期：2009 年 10 月 13 日
厂牌：哥伦比亚唱片公司
制作人：Jack Frost
榜单最高排名：40（英国）；23（美国）

SHADOWS IN THE NIGHT

1. I'm A Fool To Want You ★★★★
2. The Night We Called It A Day ★★★★
3. Stay With Me ★★★
4. Autumn Leaves ★★★★★
5. Why Try To Change Me Now ★★★
6. Some Enchanted Evening ★★★★★
7. Full Moon And Empty Arms ★★★★
8. Where Are You? ★★★★
9. What'll I Do ★★★
10. That Lucky Old Sun ★

发行日期：2015 年 1 月 30 日
厂牌：哥伦比亚唱片公司
制作人：Jack Frost
录制地点：加州好莱坞国会大厦 B 号录音室
榜单最高排名：1（英国）；7（美国）

阻止我

如果你之前曾听闻此事

1992 年 10 月，纽约：ALLAN JONES
带头意外地闯入了 Bob Dylan 的私人领地。

不管怎样，我来到了纽约，去参加"哥伦比亚唱片公司 Bob Dylan 纪念演唱会"，这场盛大的演出是 Dylan 的唱片公司为了庆祝他第一张专辑发行 30 周年而举办的。演出设在麦迪逊花园，Dylan 的很多老朋友都来为他祝贺。除了 Neil Young、George Harrison、Eric Clapton、Johnny Cash、Kris Kristofferson、Roger McGuinn 和 Tom Petty 之外，Lou Reed、Eddie Vedder、Stevie Wonder、Chrissie Hynde、Sinéad O'Connor 等巨星都将登台献艺，演唱自己挑选的 Dylan 的歌曲。而 Dylan 本人则将最后登台，结束这场演出。

哥伦比亚唱片公司十分重视这场演出，并邀请了来自全球各地的记者。记者们拥挤在麦迪逊广场花园的媒体区，领取他们的工作证、记者服、名牌、手环，以及有颜色区分的入场券。出租车司机尽可能把车开到了场馆附近，然后一帮欧洲记者从车中鱼贯而出，结果我们也立即陷入了一场混乱之中，所有在场各路媒体都恐慌起来，场面如同争抢沉船上的最后一艘救生船一样。聚光灯无时无刻不在闪烁。美国各大电视台也都前来报道。人们拿着摄像机、写字板，冲着对讲机大吼，使现场更加混乱。就在此时，一阵邪风不知道从哪儿吹来，把我的头发都吹乱了，而且我现在特别想喝一杯，所以只想赶快入场，找个最近的吧台坐下。然而残酷的现实是，我们正排在这条缓慢蠕动，甚至可能不会再动的队伍的最末端。经过仿佛几个世纪的漫长等待后，我们终于走出了这条外围的警戒线，但却又排上了另一条搭电梯的长队——我甚至不确定要去我们最终就座的大场馆里，是该坐上行还是下行的电梯。不用说，这条队伍也要慢慢排下去。我当时连把人推下悬崖摔死的心都有了。

不知怎么，我就领着一群由欧洲记者组成的突击小分队爬了几级楼梯，发现了两个巨大的货梯。货梯门内光线昏暗，布满锁链和锈锈作响的机器，让人联想起电影《异形》里面"诺史莫"号飞船宽阔的货舱。我们选了左边的电梯，完全不知道它要去哪儿。里面有一个巨大的红色按钮，于是我就按了。这些忠实地追在我身后的记者们开始有一点害怕，我们脚下隐藏着的齿轮，发出阵阵刺耳又惊悚的金属摩擦声。

电梯里灯光忽明忽暗，有些阴森，这可把几个比利时人吓到了，其中一个人已经开始小声啜泣。突然，灯完全灭掉了，让人更加警觉，接着，电梯剧烈地震动了一下，然后停住了。似乎是生锈太严重，电梯门很不情愿地缓缓打开，但停在了几层，楼里却没有标着。我已经完全不知道自己在哪儿了，但觉得还是不告诉大家为好。"走这边！"我大喊道，沿着一条空得有些瘆人的走廊大步走了下去，我们先右转，后左转，再右转，但走廊里仍然空无一人，就好像在紧急撤离中，所有人都跑了（什么都别带，包括孩子！），只有我们还不知道消息。看起来，我们要被永远困在这个迷宫里了。而就在此时，我突然发现前方一扇打开的门，里面有啤酒、葡萄酒、三明治、水果、冷肉以及插满鲜花的花瓶——连花都有，还真周到啊。我们得救了！

我正准备打开一瓶喜力，一只大手忽然抓住了我的肩膀。那手仿佛有整个明尼阿波利斯那么大，差点把我的骨头捏碎。神奇的是，这人我还认识：他就是 Big Jim Callaghan，明星保镖，我第一次见到他的时候他在给 Elvis Costello 做贴身保镖。"Jim！"我招呼他，就跟我是聚会的主人一样。"来，喝一杯呗！"我接着说，高傲地指指身后的桌子。Big Jim 拍了拍我的头，差点没把它拍碎。"出去！"他说，还画蛇添足地强调道："立刻，马上。"Big Jim 一向好讲话，怎么突然脾气这么暴躁了。他似笑非笑地指了指门上的牌子后，我才发现我进来时根本没注意门上的牌子。门上赫然写着：BOB DYLAN 私人接待室。

好吧，在遭遇了这场不幸的误会，又被斥责一顿，并且趁 Big Jim 没注意，偷偷往包里塞了两罐啤酒之后，我终于坐在了麦迪逊广场花园 110 区的座位上。不过在 John 'Cougar' Mellencamp 胡乱翻唱 Like A Rolling Stone 的时候，我还是气得咬牙切齿，简直想把他发配去做苦工。漫长的夜晚才刚刚开始，接下来高潮迭起，Lou Reed 无与伦比地演绎了专辑 Infidels 的未收录歌曲 Foot Of Pride，Eddie Vedder 演唱的 Masters Of War 充满激情，Neil Young 则选了 Just Like Tom Thumb's Blues，而 Sinéad 由于近期针对教皇的言论被观众嘘下了台，多少也算贡献了一些看点。

整场演出持续了数小时。最后，Dylan 身着整洁的黑色斗牛士服装压轴出场。他演唱了十分庄重的 Song For Woody 和暴风骤雨般的 It's Alright, Ma...，并带领众明星演唱了 Knockin' On Heaven's Door。唱完后，其他明星人员开始退场，Dylan 看上去像是要和其他人一起下台，但他还是留了下来，独自站在聚光灯下，演唱起那首令人无力抵抗的 Girl From The North Country。一曲终了，他环顾四周，本来拥挤的舞台已经空无一人。他似乎还有些惊讶，于是，他也终于离开了舞台。

Alan Jones

Dylan 的纪念演唱会座无虚席，嘉宾包括 George Harrison（左），纽约，1992 年